A ORDEM JURÍDICA MEDIEVAL

PAOLO GROSSI

A ORDEM JURÍDICA MEDIEVAL

tradução de DENISE ROSSATO AGOSTINETTI
Revisão técnica de RICARDO MARCELO FONSECA

wmf **martinsfontes**

Esta obra foi publicada originalmente em italiano com o título
L'ORDINE GIURIDICO MEDIEVALE
por Gius. Laterza & Figli
Copyright © 2013, 2006, Gius. Laterza & Figli
Esta tradução de L'ordine giuridico medievale (a nova edição de 2006) é publicada através de acordo com Gius. Laterza & Figli SpA, Roma-Bari.
Copyright © 2014, Editora WMF Martins Fontes Ltda.,
São Paulo, para a presente edição.

1ª edição 2014
2ª tiragem 2022

Tradução *Denise Rossato Agostinetti*

Revisão de tradução *Silvana Cobucci Leite*
Revisão técnica *Ricardo Marcelo Fonseca*
Acompanhamento editorial *Luzia Aparecida dos Santos*
Revisões *Otacílio Nunes Jr. e Solange Martins*
Projeto gráfico *A+ Comunicação*
Edição de arte *Katia Harumi Terasaka*
Produção gráfica *Geraldo Alves*
Paginação *Studio 3 Desenvolvimento Editorial*

Dados Internacionais de Catalogação na Publicação (CIP)
(Câmara Brasileira do Livro, SP, Brasil)

Grossi, Paolo
  A ordem jurídica medieval / Paolo Grossi ; tradução de Denise Rossato Agostinetti ; revisão técnica de Ricardo Marcelo Fonseca. – São Paulo : Editora WMF Martins Fontes, 2014. – (Biblioteca jurídica WMF).

  Título original: L'ordine giuridico medievale.
  ISBN 978-85-7827-777-2

  1. Direito medieval I. Título.

13-12672   CDU-34:94(100)"05"

Índices para catálogo sistemático:
1. Direito medieval   34:94(100)"05"

Todos os direitos desta edição reservados à
Editora WMF Martins Fontes Ltda.
Rua Prof. Laerte Ramos de Carvalho, 133 01325.030 São Paulo SP Brasil
Tel. (11) 3293.8150 e-mail: info@wmfmartinsfontes.com.br
http://www.wmfmartinsfontes.com.br

ÍNDICE

Introdução do autor à edição brasileira, XI
Nota do revisor técnico, XV
Dez anos depois de Ovidio Capitani e Paolo Grossi, XIX
Nota ao prefácio, XXV

I. INTRODUÇÃO 5

1. O que o leitor pode esperar deste livro – 2. Sobre alguns limites do nosso campo de observação – 3. Para a compreensão da experiência jurídica medieval: disponibilidade cultural e modelos mentais – 4. Uma breve exposição sobre continuidade e descontinuidade: alguns equívocos a evitar – 5. O significado de um título. A construção jurídica medieval como interpretação de uma ordem subjacente – 6. Algumas considerações entre crônica e história

II. PRESSUPOSTOS ORDENADORES 21

1. Um esclarecimento necessário – 2. Historicidade do direito – 3. História do direito como história de experiências jurídicas – 4. A experiência jurídica medieval e sua constituição unitária – 5 – Idade Média: uma experiência jurídica para múltiplos ordenamentos jurídicos

PRIMEIRA PARTE · FUNDAÇÃO DE UMA EXPERIÊNCIA
JURÍDICA. A OFICINA DA PRÁXIS 45

III. A ESPECIFICIDADE DA EXPERIÊNCIA EM FORMAÇÃO E
SEUS INSTRUMENTOS INTERPRETATIVOS 47

1. A especificidade da experiência jurídica medieval e seus instrumentos interpretativos – 2. A incompletude do poder político – 3. A relativa indiferença do poder político pelo direito. A autonomia do direito – 4. Pluralismo do direito medieval – 5. Sua factualidade – 6. Sua historicidade – 7. O declínio da cultura jurídica. Naturalismo e primitivismo na fundação da nova experiência – 8. Sobre o primitivismo protomedieval, em particular – 9. Reicentrismo da nova experiência jurídica – 10. Fatos normativos fundamentais: terra, sangue, duração – 11. Certezas fundamentais: imperfeição do indivíduo e perfeição da comunidade – 12. Certezas fundamentais: o direito medieval como ordem jurídica

IV. FIGURAS DA EXPERIÊNCIA 107

1. O costume como "constituição" – 2. Príncipe, indivíduos e coisas na espiral do costume – 3. As situações reais – 4. Os negócios intervivos – 5. Sobre os contratos agrários, em particular

V. PRESENÇA JURÍDICA DA IGREJA 135

1. Uma opção pelo direito: a formação de um direito "canônico" – 2. Originariedade e originalidade do direito canônico: a imobilidade do direito "divino", a elasticidade do direito "humano"

SEGUNDA PARTE · EDIFICAÇÃO DE UMA EXPERIÊNCIA
JURÍDICA. O LABORATÓRIO SAPIENCIAL 155

VI. A MATURIDADE DE UMA EXPERIÊNCIA JURÍDICA E SUAS
TIPICIDADES EXPRESSIVAS 157

1. Entre os séculos XI e XII: continuidade e maturidade dos tempos – 2. Os sinais da continuidade: o "princeps-iudex" e a produção do direito. O poder político como "iurisdictio" – 3. Os sinais da continuidade: a "lex" como revelação de uma ordem jurídica preexistente. A consciência da filosofia política – 4. Os sinais da continuidade: a "lex" como revelação de uma ordem jurídica preexistente. A consciência da ciência jurídica – 5. A civilização tardo-medieval e sua dimensão sapiencial. O papel primordial da ciência na sociedade – 6. Experiência jurídica e ciência jurídica. A experiência confia à ciência a sua edificação – 7. A "solidão" da ciência jurídica medieval, a busca de um momento de validade e a redescoberta das fontes romanas: "glosadores" e "comentadores" – 8. A ciência jurídica entre validade e efetividade – 9. A ciência jurídica medieval como "interpretatio" – 10. A dimensão funcional da "interpretatio" – 11. Os sinais da continuidade: a "aequitas" e a dimensão factual do direito – 12. Os sinais da continuidade: o costume e a dimensão factual do direito – 13. Os sinais da continuidade: dimensão factual do direito e novas figuras jurídicas – 14. Os sinais da continuidade: perfeição da comunidade e imperfeição do indivíduo

VII. PRESENÇA JURÍDICA DA IGREJA 249

1. A consolidação do direito canônico clássico: o "Corpus iuris canonici" – 2. "Aequitas canonica" – 3. O limite extremo do "caminho" equitativo: "dissimulatio" e "tolerantia" canônicas – 4. Incidências canonistas: equidade canônica, "simplicidade canônica" e teoria do contrato – 5. Incidências canonistas: ideário teológico e conceito de pessoa jurídica

VIII. PLURALISMO JURÍDICO DA IDADE MÉDIA TARDIA: DIREITO COMUM E DIREITOS PARTICULARES 273

1. As diversidades na unidade – 2. Significado do "direito comum" – 3. Significado da relação entre direito comum ("ius commune") e direitos particulares ("iura própria")

IX. FIGURAS DA EXPERIÊNCIA 291

1. Práxis e ciência no seu papel organizativo: os direitos reais – 2. Sobre a "realização" do contrato de locação de coisas, em particular – 3. Práxis e ciência no seu papel organizativo: sobre algumas estruturas negociais entre vivos

Índice onomástico, 313

*A Mario, Pietro, Maurizio, Paolo, Bernardo, Luca, Giovanni,
ontem, meus alunos nos cursos universitários;
hoje, meus colegas e mestres.*

INTRODUÇÃO DO AUTOR À EDIÇÃO BRASILEIRA

Um dos eventos mais positivos da minha – já longa – vida foi seguramente o encontro com um jovem estudioso brasileiro ávido de saber e à procura de uma melhor consciência metodológica para o seu caminho no interior da ciência jurídica. Este jovem, Ricardo Fonseca, munido da humildade que é própria dos verdadeiros homens de ciência, entendeu que poderia encontrar em Florença o clima intelectual, os instrumentos e os homens adequados para instaurar um colóquio culturalmente fértil. Por anos eu e ele dialogamos, durante sua longa estadia florentina e depois de seu retorno para Curitiba, tendo eu a grande satisfação de vê-lo crescer até se tornar este personagem de ponta na ciência jurídica brasileira e este autêntico *Maestro* universitário que ele hoje é, para vantagem indubitável da Faculdade de Direito da Universidade Federal do Paraná, onde é atualmente admirado diretor. Testemunha viva do nosso colóquio científico é esta tradução em língua portuguesa – por ele desejada e viabilizada – de um meu afortunado volume dedicado a identificar os valores fundamentais que sustentam e caracterizam a experiência jurídica medieval.

    Acredito que esta tradução, além de ser o fruto da sincera amizade entre Ricardo Fonseca e eu, tenha algumas razões substanciais que a justifiquem plenamente.

A primeira é a seguinte. Quando eu, no fim de 1976, visitei pela primeira vez o Brasil como docente universitário, as faculdades jurídicas brasileiras, sob o ponto de vista da história do direito medieval e moderno, assemelhavam-se a uma espécie de terreno desértico no qual se destacavam somente algumas pesquisas histórico-jurídicas pessoais da parte de algum raro cultor do direito positivo vigente que fosse intelectualmente curioso. Hoje, a história do direito não é mais o inútil ornamento oferecido por um tempo que está irremediavelmente passado. A conquistada convicção epistemológica da historicidade do direito encontra na comparação vertical a indispensável riqueza para uma valorização completa do presente e no historiador do direito, o estimulador de uma mais afinada consciência crítica da parte do jusprivatista e do juspublicista.

A segunda razão está na própria experiência histórica vivida pelo grande universo jurídico brasileiro, no qual vigorou, até a primeira codificação civil de 1916, o velho "direito comum" de características medievais integrado no plano legislativo pelas Ordenações Filipinas de 1603, onde o direito não se identificava com a lei, com um complexo de leis, mas se manifestava graças a uma rica pluralidade de fontes.

Mas existe uma terceira razão, e seguramente a mais forte. Hoje, vivemos uma crise profunda das certezas e das convicções propostas durante a modernidade e sobretudo nos séculos XVIII e XIX, como valores indiscutíveis e imodificáveis do planeta do *civil law* (a Europa continental com as suas colônias). Hoje, vivemos uma crise profunda do Estado enquanto produtor do direito e da lei como fonte única (ou absolutamente prevalecente) do direito. Redescobrir a mensagem proveniente da ordem jurídica medieval, onde se vive um direito sem Estado e onde a lei tem um papel menor com relação à ciência jurídica e à jurisprudência prática, pode ser frutuoso. Certamente não para restaurar um modelo restritivo para as nossas exigências atuais, mas sim para representar um momento dialético capaz de nos oferecer preciosas ocasiões de reflexão crítica.

Espero que, por essas três razões, o leitor brasileiro não me desminta e que o volume possa ter um bom número de leitores.

Paolo Grossi

NOTA DO REVISOR TÉCNICO

A edição do livro que o leitor tem em mãos, que recebe acolhimento em língua portuguesa pela sensibilidade cultural da Editora WMF Martins Fontes, é um advento que deve ser ressaltado por vários aspectos. Primeiro, pelo fato de prosseguir a divulgação em nosso idioma da vasta e erudita obra de um dos maiores juristas europeus da atualidade. Paolo Grossi – hoje professor emérito da Università degli Studi di Firenze, membro da Accademia dei Lincei, doutor *honoris causa* em mais de uma dezena de universidades e juiz da Corte Constitucional italiana – começou a ter sua obra divulgada no Brasil há pouco tempo, com a edição, em 2004, do livro *Mitologias jurídicas da modernidade* (ed. Fundação Boiteux, 2ª ed.), que reúne estudos cruciais para a crítica da modernidade jurídica a partir de acuradas lentes histórico-jurídicas. A partir daí, viu-se a publicação de preciosos livros/coletâneas (*História da propriedade e outros ensaios*, ed. Renovar, 2006) e *O direito entre poder e ordenamento*, ed. Del Rey, 2010, além de um livro de introdução ao direito (*Primeira lição sobre direito*, ed. Forense, 2006) que recebeu dezenas de edições e de traduções na Itália e fora dela. Essa recepção tardia, para o bem do leitor brasileiro, está sendo compensada agora com uma profusa circulação das reflexões desse autor, não só nas suas obras publicadas, mas também na infinidade de livros, artigos, teses e dissertações que hoje trilham os caminhos de uma nova historiografia jurídica em larga medida inspirada pelo grande autor florentino.

Em segundo lugar, é auspiciosa esta publicação pelo próprio valor intrínseco da obra. *A ordem jurídica medieval* – originalmente editado na Itália em 1995 – é já um livro clássico. Com redação rica, envolvente e vigorosa, parte de premissas metódicas que pretendem encontrar as grandes linhas e os marcos caracterizantes deste universo jurídico tão rico e tão pouco conhecido do leitor brasileiro que é o direito medieval. O propósito do autor é, declaradamente, de síntese: quer navegar nos mares da "longa duração" e das "mentalidades" jurídicas (explicitamente inspirado na historiografia francesa dos *Annales*) com o propósito de buscar os horizontes de uma experiência jurídica complexa e profundamente diferente da moderna. E buscar essas grandes linhas não significa ignorar e desprezar a rica conflitualidade histórica que naturalmente está presente nesse período que abarca praticamente todo um milênio, como parte da fortuna crítica que acompanhou o sucesso deste livro pareceu entender (fortuna crítica que foi e é proporcional ao seu impacto na historiografia jurídica europeia).

E ao traçar essas linhas magistralmente neste livro, o perfil crítico de sua historiografia jurídica se mostra: a comparação (que é apanágio do trabalho historiográfico, como ensina Marc Bloch) que inevitavelmente ocorre no cotejo entre os tempos medievais e os nossos tempos jurídicos tem como efeito natural uma relativização e "desabsolutização" da experiência jurídica atual, uma espécie de desconforto com o conformismo produzido por uma retórica ilustrada que em muitas situações nos fez acreditar que o direito burguês era o ponto de chegada definitivo e enfim "racional" de uma trajetória em que a atualidade nos é apresentada como o cume civilizacional do nosso direito. Não se negam (o autor não

nega), ao se comparar a experiência jurídica moderna com a medieval, os indiscutíveis ganhos que o direito liberal-codificado-
-constitucionalizado trouxe em termos sociais e políticos (dentre tantos, o princípio da igualdade formal); mas apreender o funcionamento da ordem jurídica medieval pelas linhas de Grossi (e compreender os mecanismos de um direito sapiencial, científico, ordenador, que não tinha a necessidade da força do comando estatal) inevitavelmente nos dá a noção, num sentido crítico, dos limites da experiência jurídica moderna. Não é por acaso, enfim, que este livro gerou, além de críticos, leitores apaixonados e que esta obra está hoje na 16ª edição na Itália.

Existe, enfim, uma terceira razão para que o público brasileiro receba com entusiasmo a edição desta obra. É que algum leitor distraído (ou tomado por algum chauvinismo) poderia se questionar sobre qual a relevância específica deste estudo sobre o medievo para nós. Esse leitor, separando de modo fixo e artificial os mundos culturais brasileiro e europeu, poderia concluir apressadamente que esta discussão sobre a Idade Média em nada interessa ao jurista brasileiro. Deixemos de lado a discussão já travada insistentemente pela nossa historiografia (e que agora não nos interessa) sobre a existência ou não de um "feudalismo" no Brasil. Deixemos também de lado o fato (dificilmente questionável) de que o saber jurídico brasileiro moderno, desde o momento de sua constituição e consolidação, recebeu e na maioria das vezes se inspirou nos modelos europeus e norte-americanos (embora sempre tenha trabalhado essa matéria-prima a seu modo e tenha produzido uma experiência jurídica muito peculiar). Fixemo-nos somente num ponto, nem sempre percebido: até a codificação civil brasileira de 1916, a experiência jurídica brasileira (sobretudo no âmbito do direito privado) tem um forte matiz pré-moderno. Isso quer dizer, em termos de direito, que nossa cultura, ao não conhecer o código, não valorizava tanto o advento legislativo, e que em contrapartida cultuava (e transformava em fonte primária de direito) a doutrina antiga, o precedente, a força do costume. Isso quer dizer (e a jurisprudência brasileira pré-1916 demonstra isso) que estavam vigentes em grande medida as velhas Ordenações Filipinas do início do século XVII, que, sendo espelho e herança das Afonsinas e Manuelinas que as precederam, são uma genuína expressão do *ius commune* europeu – vale dizer, do direito de marca e funcionamento tipicamente medievais, que são analisados acuradamente neste livro. Ou seja: apesar de o direito brasileiro ao longo do século XIX e início do XX ter como sua marca a crise entre o novo e o velho, entre o pré-moderno e o moderno, entre os padrões do *ius commune* e os da lei escrita, de uma coisa o jurista atual pode estar certo: a formação da experiência jurídica brasileira tem muito a ver com a ordem jurídica medieval. Afortunadamente, hoje o leitor brasileiro tem, para a compreensão desse período e dessa experiência, um guia prestigioso e seguro.

Ricardo Marcelo Fonseca
Professor associado da UFPR
Pesquisador do CNPq
Presidente do IBHD (Instituto Brasileiro
de História do Direito)

DEZ ANOS DEPOIS

O fato de este livro ter sido reimpresso dez anos depois de ter sido publicado, sem nenhuma modificação, correção de expressões ou de conceitos nem acréscimo de caráter bibliográfico acadêmico, de se apresentar na sua autêntica pureza, despojada de esquematismos e das rígidas estruturas dos manuais (Grossi nunca pretendeu escrever um manual: *pour cause!*), faz dele essencialmente um clássico. É um livro que se aceita (ou, em última instância, se rejeita) no seu todo, justamente por sua absoluta originalidade, por um lado, e pela proposta de implicações jurídicas e filosóficas, de ascendências nobres e difíceis (Santi Romano!), de referências e enriquecimentos lexicais amadurecidos na oficina intelectual do autor, por outro.

Por esse motivo, o sentido medieval do direito (a ordem jurídica medieval) é absolutamente incomensurável com as sucessões cronológicas, remete às necessidades "primordiais" da certeza recíproca fundamentada na moral e consagrada pelo costume, verifica funções salvíficas da coletividade em valores assumidos por corporações que não podem ser rígidas e fixadas de uma vez por todas, pois, com o tempo, tornam-se inadequadas para expressar realidades espirituais ("pneumáticas") que se nutrem de autorreferência, não de confrontações com o texto imutável de uma norma codificada. O fato de a mais evidente dessas realidades, a Igreja, acabar enrijecendo essa função salvífica, enquadrando-a numa relação de dependência meramente formal – basta pensar em Bonifácio VIII! –, é apenas a prova de que, salvo as condições espirituais de certeza metatemporal coletiva, impõe-se a proteção formal do indivíduo, que vive numa sociedade de pessoas que se tornaram iguais pela aceitação de um mesmo esquema de direitos e de deveres preestabelecidos. Essa situação sem dúvida pode ser encontrada também em contextos cronológicos "medievais", que apresentam sinais de configuração "estatal", o que obriga a falar de Estado mesmo para determinados contextos cronológicos e políticos: mas só a preguiça mental ou a impaciência intelectual para apreender em estado genético os traços inequívocos de uma nova consciência da realidade histórica, em que o "particular" se autodeclara e se absolutiza na manutenção de determinadas formas políticas que preservem as características da permanência abstrata de símbolos contra os abalos da história, só esses motivos, dizíamos, nos levam a chamar esse período genericamente de "Idade Média". Na essência, essa nos parece a origem da legalidade moderna, na coerente apresentação de Grossi. Fica claro, portanto, que não se deve mais falar de Idade Média no que de mais peculiar o próprio Grossi nela encontrou: com a única preocupação de identificar o *proprium* daquilo que ele considerava fundamental, não a ausência desse *proprium*, ou pior, a permanência, talvez "latente", de características de uma ordem jurídica que desaparecera no século V e exigia e conservava, em novas dimensões, as razões de uma vida associada não mais mantidas pelas estruturas do mundo passado, para "confiá-las" às catalogações bem organizadas das normas positivas de um futuro cujos limites cronológicos certamente não podiam mais ser definidos como próprios da Idade Média.

Em outra ocasião, e com uma amplitude de discussões e de referências que razões editoriais me impedem de reproduzir aqui, espero retomar essas avaliações, sobre as quais se pode dizer – como já se disse – que propõem a todos, sejam eles historiadores, juristas ou filósofos, uma profunda reconsideração *da* e *sobre a* Idade Média.

Ovidio Capitani

Dez anos de vida de um livro! Um número redondo que obriga o autor a se fazer, com absoluta sinceridade, a impiedosa pergunta se e como a obra suportou o inevitável desgaste do tempo.

O balanço parece lisonjeiro: onze edições (na realidade, reimpressões) pela editora italiana, algumas traduções já definidas ou em curso, a adoção por parte de colegas para seus cursos universitários.

Muitas as resenhas e as "apresentações" públicas. Em vez de destacar algumas poucas avaliações preconcebidas e declaradamente sectárias, gostaria de considerar com seriedade, e com o espírito agradecido, as discussões movidas por uma atitude serenamente crítica; discussões bem-vindas, a partir do momento em que, por ser o volume nada mais que uma interpretação do ordenamento jurídico medieval, eu mesmo – no prefácio – esperava que fosse discutido por colegas competentes e objetivos, o que felizmente ocorreu.

Mesmo assumindo uma atitude de escuta sincera e plenamente disposto a adotar as observações indicadas, continuo convencido da consistência da estrutura do volume e de suas escolhas essenciais.

A primeira escolha é fruto da convicção da especificidade histórica da civilização jurídica medieval. Não se trata de uma análise pró-medievalista e de uma reproposição disfarçada de valores medievais para a solução dos problemas atuais e futuros. Quem é meu leitor, ainda que de páginas recentes[1], sabe muito bem que sou absolutamente avesso a tais ingenuidades anti-históricas, e que acima de tudo as considero metodologicamente incorretas. Ao contrário, estou convencido da acentuada especificidade do ordenamento jurídico medieval em relação à modernidade, e estou igualmente convencido de que um sulco de profunda descontinuidade não pode deixar de separar os dois universos históricos. E julguei necessário destacar essa especificidade no livro. É isso.

Outro ponto importante que afirmo com veemência é a unidade substancial da civilização jurídica medieval, ainda que – à primeira vista – a chamada baixa Idade Média, rural e urbana, agrária, mas também mercantil, repleta de um admirável florescimento do saber, possa parecer profundamente diferente da chamada alta Idade Média, predominantemente rural e agrária, permeada de traços – que não hesitei em qualificar – primitivistas. Insisto em reafirmar essa escolha: a Idade Média jurídica fundamenta-se numa constituição consuetudinária, numa ordem fundamental, em relação à qual é secundário que a superfície sofra variações e tenha como intérprete um grande doutor como Bártolo ou um simples prático munido apenas de bom senso e sensibilidade. A ideia central – vivamente expressa a partir do título – consiste em entender o direito como uma ordem subjacente, que deve ser lida nas tramas da natureza e da sociedade, que deve ser interpretada e reduzida a regras para a vida cotidiana.

E insisto também em reafirmar a rejeição de esquemas interpretativos excessivamente impregnados de significados modernos

---

[1] Cf. o mais recente trabalho, "Unità giuridica europea: un medioevo prossimo futuro?", *Studi medievali*, s. III, XLIV, 2003, de Claudio Leonardi, pp. 1.117 ss.

e, portanto, alheios à civilização medieval, e, por conseguinte, fonte de equívocos e até mesmo enganosos. Refiro-me, sobretudo, aos termos "Estado" e "soberania", totalmente inadequados para expressar convenientemente a ordem jurídica medieval em sua singular peculiaridade. Como algum tempo depois da publicação do volume pensei em justificar mais amplamente também num plano teórico, a ordem jurídica medieval consiste num "direito sem Estado"[2]. O que proponho é uma depuração intelectual e lexical absolutamente necessária.

Coloquei-me um outro problema: modificar o texto? Complementá-lo? Atualizá-lo? O valor (ou, para alguns, o ponto fraco) do volume é consistir numa interpretação do universo jurídico medieval. Foi essa, e somente essa, a intenção do projeto intelectual de seu autor. O mérito (ou, para alguns, o defeito) está na estrutura, no seu módulo de construção. Portanto, preferi deixar o volume intacto, sem sobrecarregá-lo com um aparato bibliográfico atualizado (aparato que, de resto, mesmo na redação de dez anos atrás, reduzi deliberadamente ao mínimo essencial).

Assim, confio o livro na sua roupagem originária à atenção dos leitores do próximo decênio, na esperança de que continue a obter o sucesso alcançado até hoje.

P.G.

Cittile in Chianti, Natal de 2005

---

[2] *Un diritto senza Stato. La nozione di autonomia come fondamento della costituzione giuridica medievale* (1996), atualmente em *Assolutismo giuridico e diritto privato*, Milão, Giuffrè, 1998 (em alemão foi publicado em *Staat, Politik, Verwaltung in Europa. Gedächtnisschrift für Roman Schnur*, Berlim, Duncker und Humblot, 1997).

NOTA AO PREFÁCIO

A Editora Laterza – que se mostrou muito paciente comigo – lembra-me, gentilmente, mas com firmeza, que os prazos constantes no contrato há muito expiraram.
Entrego com alguma relutância o texto datilografado e escrevo aqui, como justificativa, o principal motivo de minha demora: este livro se distingue de todos os estudos anteriores sobre direito medieval, não por ter uma estrutura melhor ou pior, mas por escolher um caminho de abordagem diferente. É a tentativa de compreender uma mentalidade jurídica, seu código mais secreto (no sentido e nos limites esclarecidos na Introdução a seguir). Isso o torna discutível do começo ao fim; espero até que mereça ser discutido. De fato, o autor o considera, com sincera humildade, nada mais que um experimento e, como todos os experimentos, aberto a correções, modificações e acréscimos, que encontrarão plena acolhida, caso o livro tenha um mínimo de sorte e exista a possibilidade de mais uma edição.

P.G.

Cittile in Chianti, Dia de Todos os Santos, 1994

A ORDEM JURÍDICA MEDIEVAL

ADVERTÊNCIA Pareceu-nos desnecessário aceitar o desconhecimento geral da língua latina a ponto de impedir ao leitor menos versado um contato direto com a fonte – sempre muito esclarecedor – na sua redação originária. Por essa essencial e bem fundamentada razão, as passagens são todas reproduzidas em latim.

No entanto, conhecendo as atuais dificuldades de abordagem, e diante da necessidade de facilitar a leitura do público em geral, sobretudo do estudante, optamos por fornecer também a tradução de todas as passagens inseridas no texto, e que por isso são particularmente relevantes para compreender a organização dos argumentos, tradução essa que pode ser lida na sequência do próprio texto ou na respectiva nota de rodapé.

[...] le cose tutte quante
hanno ordine tra loro, e questo è forma
che l'universo a Dio fa simigliante
[...]
Nell'ordine ch'io dico sono accline
tutte nature [...].*

DANTE, *Paraíso*, I, 103

Mundus enim iste unus dicitur unitate ordinis, secundum quod quaedam ad alia ordinantur. Quaecumque autem sunt a Deo, ordinem habent ad invicem et ad ipsum Deum.**

S. TOMÁS DE AQUINO, *Summa theologica*, I, q. 47, a. 3

---

* Todas as coisas / têm ordem entre si, e esta é forma / que torna o universo semelhante a Deus / [...] Na ordem a que me refiro estão dispostas todas as naturezas [...]. [N. da E.]
** Pois se diz que neste mundo existe unidade e harmonia uma vez que umas coisas estão ordenadas a outras. Todas as coisas que provêm de Deus estão ordenadas entre si e também ao próprio Deus. [N. da E.]

CAPÍTULO UM

INTRODUÇÃO

1. O que o leitor pode esperar deste livro

Se porventura este livro caísse nas mãos de um historiador do direito, não hesitaria em pedir-lhe que o deixasse imediatamente de lado: é um livro que não terá utilidade para ele.

Não é um "manual" exaustivo de direito medieval, não é um repertório repleto de dados e informações (ao contrário, intencionalmente, contém poucos). É, antes, algo mais elementar, segundo a intenção original do autor fielmente reproduzida no projeto aqui apresentado: apenas uma tentativa de compreensão, um ponto de partida para compreender uma experiência jurídica muito peculiar, complexa, amparada e defendida por elementos difíceis de decifrar. Apenas a tentativa de acompanhar o leitor desprovido (munido apenas de um manual básico de direito e de uma história elementar da Idade Média) na prazerosa aventura de entender a fisionomia e o espírito dessa experiência jurídica, desobrigando-o de uma erudição que provavelmente o autor não possui e que tampouco serviria para tal finalidade, e apontando para algumas expressões fundamentais capazes de nos restituir seus traços essenciais.

Convencidos de que fisiologicamente o direito não é (ou nunca é apenas) nem um conjunto de formas que limitam o devir da vida social, nem um conjunto de regras autoritárias para manter o poder constituído, ou seja, não é um artifício, mas possui um significado essencialmente ontológico, penetra nas origens mais profundas de uma civilização e expressa suas raízes e valores; convencidos, portanto, de que preceitos, institutos e organismos jurídicos exprimem, observando bem, muito mais do que cada um dos aspectos particulares parece indicar, procuramos penetrar nesse terreno secreto, nesse reticulado oculto do qual são manifestações exteriores, descendo ao campo árduo, arriscado, mas compensador, das mentalidades.

A referência às mentalidades terá para alguns – para muitos – um sabor passadista: até alguns anos atrás, era lugar-comum largamente empregado em toda pesquisa historiográfica que pretendesse mostrar-se de acordo com os parâmetros da época. Com a diminuição dos entusiasmos pelas metodologias parisienses[1], caiu em desuso, tornando-se quase que obstinadamente evitado.

Queremos apenas manter as escolhas metodológicas que adotamos no distante ano de 1968, ao redigir o "curso" universitário sobre as situações reais[2]: o direito se manifesta através de um universo de sinais que são os inúmeros institutos da organização e do fluxo jurídico, pontas visíveis de um enorme universo submerso de valores históricos, precisamente o substrato das menta-

---

[1] Referência à chamada "nouvelle histoire", ampla e significativa corrente historiográfica do século XX, na França, que encontra seu momento de maturidade no programa de dois historiadores ilustres, Lucien Febvre e Marc Bloch, e da revista-manifesto *Annales d'histoire économique et sociale*, fundada em Paris em 1929. A mensagem da escola consiste sobretudo em um deslocamento da atenção historiográfica de uma dimensão política e cronológica (*événementielle*) para a social e econômica, com uma extrema sensibilidade pelo terreno das mentalidades (um primeiro testemunho desse ponto de vista é o volume clássico de Bloch sobre *Les Rois thaumaturges*, publicado em 1924).

[2] P. Grossi, *Le situazioni reali nell'esperienza giuridica medievale. Corso di storia del diritto*, Pádua, Cedam, 1968.

lidades. Adoções e tutelas, vendas e locações, testamentos e doações devem, portanto, ser submetidos pelo historiador do direito a uma dupla leitura que esclareça, preliminarmente, a invenção técnica, o mecanismo técnico chamado a regular determinados aspectos da vida social, mas não pode deter-se nesse nível formal. O prudente conhecimento das técnicas criadas por legisladores, juízes, notários, doutores e por particulares deve ser entendido como o instrumento para se aprofundar mais e recuar mais no tempo; é o pressuposto indispensável para apreender esse reticulado não escrito, mas presente e premente, que é o terreno das mentalidades jurídicas.

Muitas vezes uma determinada escolha técnica na elaboração de um instituto jurídico é o sinal de uma escolha mais importante ocorrida no nível do costume jurídico, chega a ter uma base antropológica, diz respeito à visão de uma civilização histórica sobre as relações essenciais entre homem, sociedade e natureza. É o terreno das mentalidades, força invisível, impalpável, mas incisiva, que imprime ao universo jurídico um caráter preciso.

2. Sobre alguns limites do nosso campo de observação

Justamente por ser invisível e impalpável, o terreno da mentalidade jurídica circulante só pode ser alcançado com instrumentos seguros de acesso, caso o discurso não queira perder-se no limbo das inconsistências e das ambiguidades.

Os instrumentos mais seguros pareceram ser exatamente aquelas estruturas da vida cotidiana que mencionamos mais acima: adoções e tutelas, vendas e locações, testamentos e doações (institutos que hoje qualificaríamos como de direito privado). Esses instrumentos nos pareceram os alicerces mais confiáveis para a edificação deste livro, os sinais mais adequados para expressar idealidades, ideologias, convicções obstinadamente conservadas e firmemente inscritas no tecido de uma civilização histórica. E isso por dois excelentes motivos: porque, como estruturas organizacionais da vida cotidiana, são manifestações vitais de um corpo social, exprimem fielmente o direito como experiência e mentalidade; porque, num mundo – como o medieval – em que o poder político, em meio a uma relativa indiferença pelo direito, não se ocupa (ou se ocupa pouco) de regular a vida cotidiana dos súditos e deixa que os indivíduos se auto-organizem livremente, essas estruturas são as menos condicionadas por ingerências da autoridade e nos dão a mensagem mais genuína das forças – espirituais, culturais, sociais – efetivamente circulantes na sociedade.

É por esse motivo que, nestas páginas, os aspectos publicistas e penalistas da dimensão jurídica terão uma consideração menor. E esse é um primeiro limite deste livro, sobre o qual o leitor deve ser advertido: nele se tentará uma reconstrução da mentalidade jurídica medieval, sobretudo do ponto de vista daquele que hoje chamaríamos direito privado.

Gostaríamos de mencionar um segundo limite, embora bastante relativo, que diz respeito ao espaço do campo de observação. Não há dúvida de que esse espaço é europeu, só pode ser europeu[3]. De fato, nenhuma civilização jurídica conheceu um tecido unitário autenticamente europeu como a Idade Média. Se logo abaixo destas superfícies formais, que são o Império carolíngio e o germânico, é fácil constatar de imediato a presença de um mosaico político extremamente denso, que no decorrer da época medieval se torna cada vez mais fragmentação de uma unidade, é igualmente fácil constatar que o tecido jurídico continua a manter seu caráter unitário substancial. O mosaico dos direitos esta-

---

[3] Que, obviamente, não é a dimensão geográfica que imaginamos hoje, mas que durante a Idade Média vê progressivamente expandir seus próprios limites.

tais, o mosaico profundamente fragmentado ao qual nós, modernos, estamos habituados até hoje, é um fato histórico posterior, cuja realidade embrionária aflora no momento de extremo declínio da civilização medieval, e aflora como primeiras manifestações de um processo tumoral que condena lentamente à morte o velho organismo jurídico.

O fato de essa unidade interespacial ser a principal característica do direito medieval é demonstrado por essa civilização no momento da sua plena maturidade, ou seja, do século XII ao XIV, que corresponde exatamente ao período que os historiadores costumam chamar de direito comum, de *ius commune*: surgem direitos particulares, mas permanece intacto o respiradouro jurídico e o grande pulmão jurídico de um direito – o direito comum – não empobrecido em projeções territoriais particulares. O exemplo mais eloquente é a Itália centro-setentrional, em que a experiência jurídica é constituída de uma convergência harmônica de volições normativas atomísticas – as das cidades comunais – concebidas como peculiaridades no tecido universal do direito comum, no qual se complementam e se realizam através de uma trama complexa que não convém ainda antecipar, mas cuja mensagem universalista é importante, por ora, apenas sublinhar.

O historiador certamente tem de lidar com esse panorama autenticamente europeu, e seria pouco perspicaz e esclerosante pretender separar o que não era separado. Esse também será o ponto de vista de que parte o nosso livro, e será igualmente esse – cabe-me afirmá-lo com vigor – o axioma metodológico que convictamente o sustenta.

Há apenas um limite que – honestamente – nos cabe assinalar: será dado especial destaque às fontes da região italiana. Não por um nacionalismo tacanho e risível, é claro, nem tampouco apenas porque se trata das fontes que o autor – na estreiteza de seus conhecimentos – domina melhor, mas porque a região italiana constitui, para a história do direito medieval, um momento central e vital que de fato se encontra no cerne de toda a dinâmica histórica: basta pensar que aquele grande fenômeno europeu há pouco mencionado, o *ius commune*, é fenômeno de origem e cunho tipicamente "italianos", adquirindo forma e conteúdos no florescimento universitário italiano do século XII.

Seja como for, faremos o possível para garantir sempre ao leitor aquela amplitude de visão que, por si só, pode dar-lhe a dimensão do direito medieval como tecido vivo de uma realidade europeia.

3. Para a compreensão da experiência jurídica medieval: disponibilidade cultural e modelos mentais

Compreensão, conforme dissemos; tentativa de compreensão, ou seja, tentativa – e agrada-nos resgatar a forte indicação etimológica que esse termo traz – de perceber, captar e assimilar o caráter da experiência jurídica medieval.

A tarefa não será fácil: em primeiro lugar, porque se trata de perceber um conjunto de valores que a experiência moderna rejeitou, exilou e difamou, criando na consciência do observador um emaranhado de preconceitos arriscados e enganosos; em segundo lugar (mas não menos importante), porque se trata de um tempo histórico forte dotado de sua própria especificidade, uma especificidade que também marca intensamente o mundo do direito. Em suma, a partir de agora, o leitor deve perceber o direito medieval como um universo jurídico distinto e completo, ou seja, marcado por uma substancial descontinuidade com o "clássico" e com o "moderno", e marcado por sua completude.

A retórica ideologicamente imbuída do humanismo renascentista, ao rotular como Idade Média – *media aetas* – o período que lhe é anterior, aquele que se estende por quase um milênio do século V d.C. ao século XV, pretendeu indicar – caracterizando-a maliciosamente como época transitória – sua não autonomia, sua fragilidade como momento histórico. É uma perspectiva distorcida, que há tempos a historiografia procura eliminar, e o historiador do direito pode, com plena consciência, unir sua voz para contestar semelhante distorção: a construção medieval de uma ordem jurídica própria está de acordo com uma intensa originalidade decorrente de sua intensa historicidade; um conjunto harmônico de construções típicas, por serem adequadas e inerentes às exigências históricas, fundadas nos novos valores emergentes e, como tais, reflexos da sociedade nas suas raízes mais remotas.

Poupamos o leitor de afirmações que possam parecer evidentes, reservando-nos – assim esperamos – a explicação adequada nas páginas do livro. Damos por demonstrada essa intensa historicidade e dela extraímos alguma lição que sirva a nós mesmos e ao nosso trabalho, para evitar riscos que recaiam pesadamente em nosso caminho. Historicidade significa insularidade; relativa – é óbvio –, mas insularidade. Não por acaso falávamos mais acima de universo jurídico caracterizado por uma extraordinária completude. Isso significa que é preciso confrontar regras e formas jurídicas sobretudo com o patrimônio subjacente de valores fundamentais; que a análise deve ser antes de tudo sincrônica, mensurando regras e formas com as forças que circulam no interior do universo; que devemos nos precaver (ou ao menos desconfiar firmemente) de comparações diacrônicas fáceis, demasiado fáceis e simplistas.

Ao comparar a experiência jurídica medieval com a clássica e a moderna, deve-se ter o maior cuidado com dois simplismos: de um lado, ceder à fácil hipótese de entender o período medieval como continuação do período romano; de outro, transplantar para o período medieval, sem filtros adequados, conceitos e linguagem que nos são próprios e inatos. Isso significaria, em ambas as hipóteses, colocar o universo tipicamente medieval no leito de Procusto de modelos que lhe são – ora mais, ora menos – estranhos. O estudo da experiência jurídica medieval, precisamente por sua especificidade, exige antes uma absoluta disponibilidade por parte do observador, e entendemos por disponibilidade uma depuração interior que elimine dos olhos lentes deformadoras que nunca nos permitirão descobrir o aspecto essencial da experiência histórica.

É óbvio que nem por isso o historiador do direito medieval deixará de ser um personagem que vive, em carne e osso, no ano da graça de 1994; e é igualmente óbvio que esse mesmo historiador não poderá deixar de se familiarizar com o majestoso e incisivo "predecessor" do direito romano clássico, pós-clássico e justinianeu. Ele é convidado apenas a não criar em sua mente modelos culturais para avaliar e, por conseguinte, distorcer, obscurecer, menosprezar as especificidades medievais.

Vamos dar alguns exemplos para que fique totalmente claro. A era do direito medieval plenamente desenvolvido é a era do direito comum, quando grande parte do trabalho dos juristas se realiza – como veremos – com base na descoberta dos textos romanos do *Corpus iuris* de Justiniano. Pois bem, não existiria nada mais anti-histórico do que pensar – como já ocorreu no passado[4] – numa espécie de "direito romano modernizado". Os homens do direito comum são apenas formalmente romanistas, ao passo que

---

[4] Seria preciso mencionar aqui grandes nomes como os de Friedrich Karl von Savigny (na primeira metade do século XIX), de Biagio Brugi (entre os séculos XIX e XX) e de Salvatore Riccobono (inclusive nos anos 1920 e 1930). Mais alarmante é o fato de que, na recente década de 1950, foi lançada, em nível transnacional, uma importante pesquisa coletiva para um sistematização das fontes jurídicas medievais, e ninguém hesitou em intitulá-la, à la Savigny, de *Ius romanum medii aevi*.

o texto romano é quase sempre apenas a cobertura de autoridade (mais adiante, diremos o momento de validade) de uma construção jurídica que se desenvolve de maneira autônoma e que encontra a própria fonte substancial (mais adiante, diremos o momento de efetividade) na incandescência dos fatos econômicos e sociais mais recentes da civilização medieval.

E mais: nós, modernos, costumamos usar conceitos e termos como "Estado", "soberania", "lei", "legalidade", "interpretação", impregnando-os com aqueles conteúdos que a consciência moderna sedimentou de maneira profunda; conceitos e termos comprometidos inevitavelmente por esses conteúdos. Se, como fazem com desenvoltura os historiadores e também os historiadores do direito, tais conceitos e termos são transplantados para o tecido medieval como se um *continuum* ligasse esse tecido a nós; se, por sua vez, como efetivamente ocorre, a correlação medieval/moderno segue os preceitos da descontinuidade com uma mudança dos valores de sustentação do universo político e jurídico, então esses conceitos-termos se resolvem numa extrapolação da realidade histórica e, em vez de instrumentos de compreensão, funcionam mais como perigosas fontes de mal-entendidos e de equívocos.

Mais adiante desenvolveremos essas observações metodológicas básicas, mas desde já gostaríamos de antecipar ao leitor os axiomas elementares que pretendemos rigorosamente seguir. Nossa tentativa só se aproximará de uma experiência bem-sucedida de compreensão se mantiver uma postura respeitosa e aberta, deixando que as fontes históricas expressem sem restrições a própria mensagem. A verdadeira (e grande) lição do historiador não é projetar a esmo modelos anacrônicos, mas traduzir a especificidade de uma figura em toda sua completude.

4. Uma breve exposição sobre continuidade e descontinuidade: alguns equívocos a evitar

Essa obstinada insistência na compreensão como atitude metódica e, portanto, essa persistência na descontinuidade entre medieval e clássico, entre medieval e moderno, não significa de modo algum que tratamos com desinteresse de algo que nos é alheio e indiferente.

Pelo contrário, nosso objeto historiográfico – como todo objeto historiográfico –, para se constituir como tal, deve inserir-se de forma bem viva e vital dentro de nós como parte irrenunciável de nosso presente espiritual. Compreender as experiências históricas na sua descontinuidade como expressões de distintas maturidades dos tempos não afeta aquele *continuum* diverso que deve sempre se instaurar entre os olhos do observador, entre seu presente espiritual e a realidade observada, aparentemente distante, talvez até temporalmente remota, e que consiste em apanhar o fio, que hoje corre de maneira segura e ininterrupta, em sentido contrário, em busca de raízes espirituais: um *continuum* que é continuidade espiritual e nunca irá se referir nem ao pó nem ao barro do passado (sobre o qual, com mérito e dignidade, irá aventurar-se o zelo do sapientíssimo erudito), mas aos grandes problemas, aqueles ligados à vida que flui ininterruptamente na história, mas que toda civilização vive a seu modo. O historiador – e menos ainda o historiador do direito – não é um contador de grãos de poeira depositados nas estantes do passado nem um embalsamador de cadáveres.

A história – a verdadeira história – jamais é fuga, desvio ou diversão em relação aos dias atuais. É antes a busca de bases mais sólidas, de uma identidade essencial para além e por sobre a incidentalidade, em que a comparação, a comparação vertical entre as diversas maturidades dos tempos, exerce um papel acentuado.

Em outros termos, o historiador se distancia do hoje assim como o filho pródigo se afasta da casa paterna, segundo a esplêndida transfiguração da parábola evangélica proposta por André Gide: para buscar o que ele efetivamente é, para entender o significado oculto de sua atual existência[5]. De fato, o cadáver que jaz sobre nossa mesa de dissecações ideal tem um grande e único privilégio. No que se refere ao presente/atual – que é a mais frágil e tênue das dimensões temporais, que é manco e cego, já que se coloca, na essência, como fato incompleto –, tem o mérito de constituir uma experiência completamente vivenciada e realizada, uma vida manifestada em toda sua plenitude, fruto perfeito das várias maturidades dos tempos. Desse modo, possui ao menos este valor: sua voz não é unilateral e imprecisa, mas completa, e se desenvolveu na existência histórica em todas as variações possíveis de tons.

Para concluir, é importante transcrever aqui, selando esta introdução, a frase de Aléxis de Tocqueville com a qual iniciamos o curso de 1968 sobre as situações reais (e com a mesma convicção de 26 anos atrás): "J'ai fait comme ces médécins qui, dans chaque organe éteint, essayent de surprendre les lois de la vie."[6] O historiador, o verdadeiro historiador, alcança um passado que é apenas ilusoriamente uma realidade extinta, que na verdade é um momento indissolúvel da vida, marcado por ele, por seu presente, pela vitalidade e vivacidade. Contanto, é claro, que se observe a vida, suas bases, sua ordem interior, com a mesma atitude do patologista que examina os corpos mortos não por

---

[5] A. Gide, "Le retour de l'enfant prodigue", in id., *Romans, récits et soties, ouevres lyriques*, Paris, Gallimard, 1964, p. 484: "que cherchais-tu? Je cherchais... qui j'étais".
[6] ("Fiz como aqueles médicos que, em cada órgão extinto, procuram surpreender as leis da vida.") A frase foi extraída do brilhante prefácio a G. Candeloro (org.), *L'antico regime e la rivoluzione*, Milão, Rizzoli, 1989, p. 32.

mórbida necrofilia, mas para neles encontrar uma regra capaz de abarcar o presente e oferecer bases mais seguras para o futuro. O material do passado responderá e corresponderá ao pedido de socorro do pesquisador.

5. O significado de um título. A construção jurídica medieval como interpretação de uma ordem subjacente

Julgamos necessário nos deter um momento para justificar o título escolhido para este livro: por que não falar simplesmente de "direito medieval", ou, segundo as opções metodológicas que serão posteriormente indicadas, de "experiência jurídica medieval"? E mais: qual o sentido diferencial de falar em "ordem jurídica medieval", quando sempre, em qualquer contexto histórico, o direito é ordenamento do social e a ciência jurídica – ciência rigorosa – tem uma natureza interior organizativa?

Nossa escolha foi consciente; a inserção da palavra "ordem", obstinadamente intencional. De fato, parece-nos que jamais como na Idade Média o direito representou ou constituiu a dimensão profunda e essencial da sociedade, uma base estável que se destaca do caráter caótico e mutável do cotidiano, isto é, dos eventos políticos e sociais do dia a dia.

A sociedade medieval é jurídica, porque se realiza e se salvaguarda no direito; jurídica é sua constituição mais profunda e nela está seu caráter essencial, seu elemento último. Às desordens da superfície extremamente caótica se contrapõe a ordem da secreta, mas presente, constituição jurídica. Uma ordem que não se deixa afetar pelos grandes ou pequenos episódios da história, pois se coloca além do poder político e de seus detentores, desvinculada das misérias do cotidiano, inserida no terreno profundo e seguro das radicações supremas, dos valores. Um valor – imanente – a natureza das coisas, um valor – transcendente – o Deus nomóteta da tradição canônica, um em absoluta harmonia com o outro, segundo os ditames da teologia cristã, constituem um *ordo*, um *ordo iuris*. Um *ordo iuris* que, portanto, não pode deixar de articular o direito positivo, os vários direitos positivos, em graus ascendentes de manifestações jurídicas que resultam, sem cesuras, das regras transitórias e contingentes da vida cotidiana, numa continuidade simples e espontânea, no nível supremo do direito natural e do direito divino, com toda sua riqueza de princípios normativos eternos e imutáveis, por serem a voz da própria Divindade.

Por isso, a evocação dessa ideia, até no título, não tem funções ornamentais, mas está inserida no cerne da especificidade da experiência jurídica medieval. Nela, toda fonte jurídica assume necessariamente um nítido caráter "interpretativo". Não se pode dizer que o direito é *interpretatio*, pois está além da *interpretatio*, é uma dimensão ôntica que se pressupõe a ela, porém certamente se manifesta como interpretação, como constatação – seja ela *declaratio, additio, correctio, novatio* – de algo que existe, que não se cria, mas que se pode apenas declarar, complementar, corrigir, renovar. É sobretudo um intérprete o notário rústico, mas sensível, da alta Idade Média; é sobretudo um intérprete o príncipe que redige conjuntos de normas; é sobretudo um intérprete o cientista da segunda Idade Média, construtor de sólidos arcabouços do conhecimento. E não é de admirar que a Idade Média madura – aquela do direito comum europeu – tenha uma feição científica e não legislativa, e, mais que ao pouco confiável príncipe, demasiadamente absorto no exercício do poder, confie à ciência a sua contínua transformação, e que essa ciência não seja nada mais que *interpretatio*.

A *interpretatio* também não deve ser entendida como exegese de textos romanos, e sim como reapropriação e reconsideração, sob a "proteção" dos textos romanos, de toda uma ordem jurídica, uma ordem de valores jurídicos que afloram – como veremos – na superfície histórica sob a aparência de *aequitas*[7].

Nossa interpretação tampouco pode ser pensada como se estivesse presa ao caminho demasiado estreito de uma atividade meramente cognoscitiva de um texto de lei rígido, que constitui para o intérprete uma restrição formalmente insuperável. Temos de voltar a esse ponto e nos deter nele, pois trata-se de um ponto essencial para nossa reconstrução, mas convém esclarecê-lo desde estas páginas introdutórias: para nós, totalmente imbuídos do nosso consciente ou inconsciente positivismo jurídico[8], a atenção do ordenamento está voltada para o momento de produção do direito, e o temor sempre dominante refere-se a uma interpretação que adquira força autônoma e rompa o rigoroso monopólio legislativo pretendido pelo poder burguês, de forma inteligente, mas impiedosa, na sua clara consciência sobre o enorme valor do direito no Estado e para o Estado. Na civilização medieval, livre das lentes e dos preconceitos positivistas, a atenção está totalmente voltada para o intérprete e para sua fértil atividade, por ser a única capaz de traduzir os valores da constituição oculta, da ordem jurídica fundamental, em regras de vida presentes e eficazes.

6. Algumas considerações entre crônica e história

Como registra o final da nota ao prefácio, esta aventura da nossa vida científica também encontra sua definição e sua reali-

---

[7] Sobre essa fundamental noção de *aequitas*, ver mais adiante, à p. 216.
[8] Entende-se por "positivismo jurídico" aquela atitude que reconhece como normas jurídicas apenas as normas formalmente válidas – promulgadas por uma autoridade formalmente investida de poder – sem se preocupar com seu conteúdo e sua efetiva observância por parte dos membros da sociedade. Na essência, positivismo jurídico significa estatismo e também formalismo.

zação na tranquilidade do esplêndido campo de Chianti, na preservação de um costume rigorosamente observado por mais de 25 anos.

No último volume, publicado há dois anos – uma coletânea de escritos sobre direitos reais –, decidimos destacá-lo na introdução pelo valor evocativo que, a nosso ver, tinha o apelo a uma terra cultivada em parceria, na qual se operara de modo tão singular a relação homem-coisa produtiva. Hoje, o destaque se particulariza ainda mais: não só pela paisagem rural de Chianti, mas por um topônimo específico, o de uma igreja e de um "povo" – Citille in Chianti. E não por uma satisfação pessoal, que pareceria totalmente descabida (ainda que "ille terrarum mihi praeter omnes – angulus ridet"), mas por um significado intensamente expressivo que se mostra em extraordinária sintonia com o conteúdo deste livro.

O topônimo Citille é de fato a adaptação vulgar do latim *Cetinulae*[9], em que o étimo latino formado pelo verbo *caedere* (abater, derrubar o bosque, como no *silvas caedere* de César) indica um tempo primitivo de grande desmatamento e de uma expressiva transformação de terrenos que, no princípio, eram florestas em áreas para cultivo. A igreja de San Donato de Citille, consagrada em 1072[10], representa uma das muitas instalações religiosas e agrícolas com que os monges beneditinos valombrosanos colonizaram o Chianti.

O topônimo Citille remete-nos sugestivamente ao auge da Idade Média, àquele final do século XI que assinala, em toda a Europa, o momento da reconquista da terra. Esse momento está

---

[9] S. Pieri, *Toponomastica della valle dell'Arno*, Bolonha, Forni, 1983 (ed. or. 1919), p. 306.
[10] Ver P. F. Kehr, *Italia pontificia*, v. III, *Etruria*, apud Weidmannos, Berolini, 1908 (reimpressão anastática, 1961), p. 103.

no centro de nosso livro, assim como não pode deixar de estar no centro da essencialmente agrária Idade Média o fato de ser uma civilização concretizada na reconquista, fenômeno ligado à agronomia e à economia, que também passa a ser jurídico, com a necessária reformulação de vários instrumentos jurídicos.

CAPÍTULO DOIS

PRESSUPOSTOS ORDENADORES

1. Um esclarecimento necessário

O autor deste livro sempre teve e tem (e provavelmente sempre terá) uma grande relutância em discorrer de modo autônomo sobre problemas metodológicos. Embora tenha grande respeito por quem é capaz de fazê-lo, sente-se absolutamente inadequado para isso.

Estes "pressupostos ordenadores" não contradizem essa atitude. Se o autor efetivamente decidiu delongar-se sobre alguns "pressupostos" teóricos e sobre linhas arquitetônicas gerais em que a ordem jurídica medieval será observada e – esperamos – compreendida, só o fez em consideração aos leitores a quem deseja destinar o volume, que não são – como se falou no início – nem historiadores do direito nem juristas dotados de amplo cabedal de cultura, mas estudantes de direito, ou juristas e historiadores que sabem pouco ou quase nada sobre direito medieval. Para todos esses leitores ideais, alguns esclarecimentos não apenas não parecem supérfluos, mas se fazem necessários e úteis para evitar equívocos e mal-entendidos.

As páginas que se seguem constituem um pouco o nosso modo de "lidar" com o leitor, fornecendo-lhe alguns instrumentos de leitura. O assunto será tratado sem arrogância ou pretensões teóricas excessivas, mas com uma abordagem simples, cujo caráter elementar somos os primeiros a reconhecer: um pouco de pão seco – como se diz na Toscana – para um leitor quase em jejum.

Depois de algumas reflexões sobre o tema da historicidade do direito, muitas vezes ignorado ou propositalmente evitado, começaremos a estabelecer os pressupostos mais propriamente ordenadores, propondo as noções de experiência jurídica e de ordenamento jurídico como esquemas sistematizadores e instrumentos adequados para a compreensão do direito medieval.

2. Historicidade do direito

Não há dúvida de que para o não jurista – ou para o jurista relativamente consciente – o direito assume hoje uma dimensão tipicamente "autoritária", ou seja, mostrando-se como um instrumento da autoridade do Estado que se revela nas manifestações normais da lei, do ato administrativo, da sentença judicial; manifestações que assinalam, todas elas, uma superioridade e um distanciamento entre o órgão produtor e a comunidade dos destinatários.

Da mesma forma, não há dúvida de que o produto típico do constitucionalismo moderno, que costumamos chamar de "Estado de direito" – do qual somos herdeiros e em meio ao qual grande parte de nós ainda vive –, com suas arquiteturas formais, sua rigorosa seleção e separação entre o jurídico e o metajurídico, sua substancial identificação do direito na lei como manifestação formal da soberania, reforça uma imagem do direito como algo separado, ou facilmente separável, do devir social e cultural.

Nessa visão, que tende a vincular "naturalmente" a produção do direito aos órgãos do Estado e a fazer do direito uma realidade tipicamente "formal", o fenômeno jurídico sofre uma imobilização e também uma inelutável esclerose. Fonte por excelência, destaca-se a lei, que por sua vocação intrínseca é regra geral, abstrata e rígida, enquanto o ordenamento assume um caráter nitidamente legislativo.

Isso é fruto não apenas de uma ideologia jurídica precisa que se consolidou nos últimos duzentos anos, mas também de exigências igualmente precisas de uma circulação econômico-jurídica capilar e abrangente; ou seja, é uma meta inevitável do mundo jurídico moderno, que ninguém pode contestar, mas cujas implicações negativas devem ser ressaltadas.

De fato, apesar de, no plano teórico, o chamado estatalismo jurídico parecer definitivamente superado pela mais atenta reflexão doutrinal ao menos dos últimos oitenta anos, continua a circular na sociedade em geral, e também entre os operadores do direito, uma concepção rudimentar que reduz o direito a um conjunto de comandos, e o produtor do direito sobretudo à autoridade dotada de poderes eficazes de coação.

Trata-se de uma concepção reducionista do fenômeno jurídico, que desse modo corre o risco de sofrer um afastamento condenável e artificial do conjunto da realidade social que lhe deu origem e na qual vive. O grande risco que se corre com essa identificação é, acima de tudo, o de não se conseguir perceber que a essência do direito é sua historicidade, ou seja, o fato de consistir na própria dimensão da vida associativa, expressão natural e inseparável da comunidade que, ao produzir o direito, vive sua história em toda sua plenitude.

Se é verdade que o direito encontra hoje "normalmente" no legislador e na administração pública seus produtores habituais, também é verdade (e hoje é admitido como algo indiscutível) que a produção do direito é privilégio existencial de toda aglomeração social que pretenda viver plenamente sua liberdade na história: da estrutura majestosa e monstruosa do Estado à de uma comunidade tênue no espaço e no tempo, existe o milagre daquela especificidade social que é o direito, sempre que a *societas* se auto-organiza e une o fato material da organização à consciência difusa do valor primário e autônomo do ordenamento criado.

Portanto, o direito não é produzido apenas pela macroentidade estatal, mas por um feixe ilimitado e ilimitável de estruturas sociais em cujo interior podem encontrar lugar, sob certas condições, tanto a comunidade internacional como uma confissão religiosa, tanto a família como a associação considerada criminosa e também os mais variados agrupamentos tidos como privados[1]. Segundo um exemplo paradoxal, mas pontual, a própria fila de pessoas diante de um serviço público – a comunidade mais tênue e frágil que se possa imaginar – poderá instituir-se como ordenamento jurídico primário concorrente do Estado, a partir do momento em que se organizar de algum modo e nela circular a consciência de que essa organização é um valor a ser preservado e observado[2].

Resgatar uma visão do direito como ordenamento de todo aglomerado social, afirmar que cada um desses aglomerados pode ser – e na realidade muitas vezes é – um ordenamento jurídico primário, comporta, pois, um duplo significado: resgatar o direito à própria natureza do corpo social e identificá-lo como forma vital desse corpo na história.

A visão do fenômeno jurídico, assim como nos é demonstrada hoje no âmbito do chamado moderno Estado de direito, é unilateral e redutora, inspirada, apesar dos pressupostos econômicos

---

[1] É sem dúvida mérito de um dos maiores juristas do século XX, Santi Romano, a definição de uma proposta teórica tipicamente pluralista, em 1918, no seu bem-sucedido opúsculo *L'ordinamento giuridico*, 2. ed., Florença, Sansoni, 1946. [Ed. bras.: *O ordenamento jurídico*, Trad. Arno Dal Ri Jr. Florianópolis: Fundação Boiteux, 2009. N. da E.]

[2] O exemplo da fila, ainda que vago, encontra-se em W. Cesarini Sforza, filósofo do direito e autor de uma expressiva brochura de teoria geral: *Il diritto dei privati*, Milão, Giuffrè, 1963 (1. ed., 1929), p. 30.

e políticos de cunho liberal, no mais rigoroso absolutismo jurídico[3]. Monismo rígido no plano das fontes, hierarquia das fontes como sua derivação coerente e lógica, princípio de estrita legalidade e certeza do direito são concepções e institutos que até podem representar o mérito histórico do Estado de direito como sistema de garantias para o cidadão abstrato, mas denunciam uma construção do ordenamento que se precipita sobre o tecido da experiência, que tende a se formalizar e a se cristalizar, assim como – inevitavelmente – a se distanciar do devir ininterrupto da sociedade, arriscando-se a se identificar com a mensagem dos detentores do poder.

O historiador, dotado de memória e consciente da variedade das experiências passadas, tem o direito e o dever invioláveis de lembrar a todo jurista que tal estrutura, mesmo aquela que nos circunda e que, portanto, pode parecer natural e imutável, constitui apenas o fruto de um modo muito recente e peculiar de entender o direito, e que não é lícito imobilizá-lo numa espécie de modelo. A história, ao contrário, sobretudo aquela menos recente, nos fornece exemplos de organização jurídica estabelecida segundo os preceitos da mais ampla e rigorosa pluralidade de ordenamentos, resgatando a produção jurídica à pluralidade das forças da experiência e com o resultado de uma construção do direito talvez incerta, talvez transbordante, talvez disforme, mas extraordinariamente inerente às instâncias reais daquelas forças, com um mecanismo de fontes não sufocado na forma legislativa ape-

---

[3] Já discorremos sobre absolutismo jurídico há vários anos e repetidas vezes. Para o leitor que quiser saber mais, remetemos, sobretudo no plano histórico, a P. Grossi, "Assolutismo giuridico e diritto privato nel secolo XIX", *Rivista di storia del diritto italiano*, LXIV (1991); no plano teórico, id., "Epicedio per l'assolutismo giuridico", *Quaderni fiorentini per la storia del pensiero giuridico moderno*, 17 (1988). [Ed. bras.: Grossi, Paolo. *História da propriedade e outros ensaios*. Trad. Luiz Ernani Fritoli e Ricardo Marcelo Fonseca. Rio de Janeiro: Renovar, 2006, pp. 123/137.]

nas, mas aberto numa articulação jurisprudencial, doutrinal e sobretudo consuetudinária.

O historiador, ao se conscientizar de suas certezas profissionais, só pode aliar-se à reflexão filosófica – que rompeu o vínculo necessário entre direito e Estado – para pretender resgatar o direito como natureza própria da sociedade civil, dimensão inelimínavel da socialidade e fruto espontâneo da comunidade que se auto-organiza. Mais que a rigidez, mais que seu fechar-se em proposições normativas genéricas, a historicidade mostra-se como caráter proeminente do fenômeno jurídico. Desse modo, o direito pertence ao relativo da história, à própria vida da sociedade civil no seu devir, é, em suma, por sua estrutura interna, um material que pode e deve, em seu máximo grau, ser observado, percebido e avaliado do ponto de vista histórico.

Preestabelecido e fixado esse axioma metodológico – elementar, mas muitas vezes esquecido –, temos, contudo, de fazer uma complementação necessária. Se é verdade que o direito é história, é mutabilidade, é relatividade extrema no tempo e no espaço, também é verdade que o direito é a tradução de certos esquemas organizativos desde o impreciso terreno social ao terreno mais específico dos valores, e, enquanto percepção de valores, não pode deixar de ser percorrido por uma tendência a se consolidar, a criar raízes muitas vezes profundas, a se tornar também esquema lógico, sistema. O valor – ainda que expressão da variedade e da variabilidade histórica –, justamente por esse mínimo de certeza que deve conter em si, tende a se fixar, a se separar do variável, a permanecer.

E o direito, produto histórico, caracterizado por uma profunda historicidade, sofre uma laceração intrínseca, por sua própria vocação. Certamente é história de um aglomerado social, mas nunca história episódica, constituída de dados efêmeros e de fatos cotidianos, e sim história de estruturas profundas em que sempre se encontram as raízes de uma sociedade. Quer quando representa a tradução, em regras e em institutos, de uma leitura imparcial, isto é, cognoscitiva, do mundo circunstante, quer quando constitui a conquista de interesses particulares, é constante a tendência à persistência, à fixação da regra e do instituto.

O universo jurídico, percorrido por uma contradição interior, insere-se idealmente entre historicidade e sistema. E aí reside o privilégio e o drama do jurista, mediador entre história e valores, necessariamente absorvido por uma dupla disponibilidade dependendo da complexidade de seu objeto cognoscitivo.

Historicidade, portanto, porém singular, dos conteúdos do direito, que exige do jurista uma análise complexa para a correta identificação do próprio material de pesquisa; mas sempre historicidade, mesmo quando o surgimento prepotente dos valores leva legitimamente à estruturação de uma arquitetura lógica, de um sistema de conceitos, de uma "teoria geral", de um arcabouço de noções técnicas.

Cabe ao jurista, de um lado, não zombar da positividade de uma gramática lógica e técnica que lhe é extremamente valiosa como instrumento de conhecimento admiravelmente apropriado e, de outro, não esquecer que essa gramática, antes mesmo de ser escrita nas páginas dos Códigos, está escrita na carne dos homens, e por isso é necessariamente sinal de tempos e de lugares, voz de uma sociedade e de uma cultura, filtro de uma experiência viva.

3. História do direito como história de experiências jurídicas

Afirmar, como fizemos, que o caráter essencial do direito é a historicidade significa apenas liberar o caminho de um primeiro emaranhado de equívocos e permitir ao nosso itinerário um importante axioma metodológico: que o direito, apesar do que possa parecer a um observador comum, é um "material" social e cultural extraordinariamente apto a ser observado e avaliado historicamente. Quando o observamos do ponto de vista histórico, não apenas não lhe causamos nenhum prejuízo, mas utilizamos uma lente apropriada para apreender e valorizar sua trama essencial.

É necessário acrescentar alguns esclarecimentos sobre como ajustaremos nossos olhos a essa lente, com que instrumentos metodológicos vamos organizar nosso discurso histórico-jurídico, dado que o historiador do direito deveria recusar-se a ser identificado como um catalogador de datas e dados, sob pena de colecionar quinquilharias da pseudo-história. Mas o que surge à primeira vista é uma enxurrada de datas e de dados nos quase mil anos de história do homem que nos propomos a estudar, e é um amontoado intricado e invasivo que tende a soterrar o pesquisador. Por esse motivo, organizamos nossa aventura cognoscitiva de maneira firme e clara, como condição de sobrevivência, mas sobretudo como garantia de uma efetiva compreensão da rede essencial de forças que lhe são subjacentes.

Um instrumento adequado para a compreensão e a correta organização do imenso material que temos diante de nós parece ser o esquema da "experiência jurídica" como esquema interpretativo organizativo e unificador do devir histórico-jurídico.

"Experiência jurídica": tal combinação de substantivo e adjetivo não é casual. Trata-se, como se sabe, de uma locução elaborada e proposta nos anos 1930 no âmbito da filosofia jurídica italiana e francesa[4], com a intenção de sublinhar – num momento

---

[4] O mérito é sobretudo de alguns ensaios do filósofo italiano do direito G. Caprograssi, *Studi sull'esperienza giuridica* (1932) e *Il problema della scienza del diritto* (1937), e do sociólogo francês do direito G. Gurvitch, *L'expérience juridique et la*

de idealismo reinante – a irrenunciável humanidade do direito, seu contínuo envolvimento com a vida. "Experiência jurídica" significa, com efeito, um modo peculiar de viver o direito na história, de percebê-lo, conceitualizá-lo e aplicá-lo em conexão com uma determinada visão do mundo social, com determinados pressupostos culturais. Significa, portanto, um conjunto de escolhas peculiares e de soluções também peculiares para os grandes problemas que a realização do direito estabelece segundo os vários contextos históricos.

Essa noção representa necessariamente algo bem mais amplo e qualitativamente diferente de um ou outro regime positivo, de um ou outro projeto político, mas correspondentes a uma área cultural, a uma mentalidade, a um costume semelhante àqueles gerados a partir de escolhas fundamentais da vida em sociedade. Por esse motivo, teremos uma experiência jurídica distinta onde quer que às grandes questões da comunidade que se sucedem na história for dada uma resposta específica e autônoma no plano do direito. Sendo assim, o devir histórico-jurídico pode ser reduzido a uma concatenação de tantas experiências jurídicas quantos forem os momentos histórico-jurídicos relativamente autônomos que o pesquisador identifica e registra.

É um terreno cuja extrema elasticidade não pode deixar de ser ressaltada, um terreno que não se fundamenta em limites precisos e nitidamente visíveis, mas depende de sinais complexos que sejam interpretados de formas variadas pela multiplicidade dos intérpretes. Mas é também o único modo correto para tentar

---

philosophie pluraliste du droit (1937). Dentre os historiadores do direito, R. Orestano foi o que desenvolveu com singular coerência e lucidez o ensino capograssiano. Ver particularmente suas observações esclarecedoras contidas em *Della esperienza giuridica vista da um giurista*, atualmente in id., *Diritto. Incontri e scontri*, Bolonha, Il Mulino, 1981.

dominar sem arbitrariedade esse amontoado de dados e reconduzi-los a uma unidade não fictícia ou meramente formal.

No âmbito histórico, parece-nos que se pode falar de "experiência jurídica medieval" e de "experiência jurídica moderna". No âmbito positivo, é correto identificar uma experiência jurídica de *common law* (referente aos países anglo-saxões), uma experiência jurídica de *civil law* (referente aos países da Europa continental e também da América Latina, todos com regime jurídico codificado) e, dentro de certos limites, ao menos até recentemente, também uma experiência jurídica da *koinê* dos países socialistas, ao passo que seria sem dúvida incorreto falar, a não ser num significado genérico, de experiência jurídica italiana, francesa ou alemã, todas expressões – apesar das manifestações normativas diferenciadas – de um mesmo costume jurídico.

O mérito do esquema da experiência jurídica é o de nunca se pôr como uma armadura artificial e coercitiva na qual colocar à força essa realidade viva que é, por exemplo, o direito medieval. Ao contrário, para quem parte desse ponto de vista, a ordem jurídica medieval não é uma fração qualquer de tempo definida na mesa do estudioso com uma delimitação artificial cômoda, mas é precisamente a superação de qualquer delimitação cômoda, a tentativa de estabelecer limites históricos mais fundamentados.

Toda datação rígida é artificial, mas se nós, quando falamos de experiência jurídica medieval, consideramos solucionado, em sentido positivo, o problema de uma civilização que se constrói com relativa autonomia, de um costume que se enraíza, de um conjunto de valores que emergem e se consolidam, damos ao devir histórico não uma imobilização convencional, mas uma divisão apropriada.

Diante dessa história que se manifesta, pois, como sucessão de experiências jurídicas no tempo, a principal tarefa do historiador do direito, no seu esforço de organização, é portanto – para usar uma linguagem familiar aos juristas – uma ação de fixação dos termos, um reconhecimento dos limites substanciais entre uma experiência jurídica e outra, em que o divisor de águas é validamente indicado não a partir de realidades episódicas, mas de escolhas fundamentais da consciência jurídica que se modifica.

Será uma delimitação necessariamente elástica, mas efetiva. Elástica, pois é ingênuo e inconcebível acreditar que é possível traçar linhas demasiado nítidas de uma demarcação absurda: não podemos esquecer que toda experiência jurídica sempre traz em si – e alimenta, e cultiva – as células tumorais que, cedo ou tarde, a condenarão à morte, e que, na transição de uma à outra, há um momento final e inicial, respectivamente, no qual tudo está sob o signo da fusão e da incerteza. Por esse motivo falamos mais acima de autonomia relativa, tal como se mostra aquela que surge não de um vazio, mas da palingenesia do velho.

É, todavia, uma demarcação efetiva, ou seja, está vinculada a forças históricas bem definidas e não se justapõe a elas. De fato, experiência jurídica é uma noção que, mesmo no campo terminológico, remete à vida do direito, ao fato de que o direito consiste numa dimensão da existência, ao "caráter essencialmente problemático do fenômeno jurídico"[5]. É, enfim, o instrumento para o qual datas e dados estão repletos de uma humanidade premente e tornam-se problemas para o jurista.

Assumir a experiência jurídica como esquema interpretativo significa repudiar a insatisfatória facilidade dos tempos aparentes: de fato, seus tempos são sempre tempos reais, ou seja, dividem-se

---

[5] E. Opocher, verbete "Esperienza giuridica", in *Enciclopedia del diritto*, v. XV, Milão, Giuffrè, 1966, pp. 736 e 744.

não por datas muitas vezes inconsistentes em sua precisão meramente formal, mas por escolhas intelectuais e operacionais. Tempos aparentes, e portanto insatisfatórios, mostram-nos o ano de 476 como atestado da derrocada de um edifício político já desmoronado, ou o ano de 1520 como início de uma reforma religiosa que estava amadurecendo havia dois séculos na nova reflexão antropológica ocidental. O historiador busca tempos mais reais, mais intensamente imersos na vida e mais intensamente significativos; tempos nos quais – permitam-nos o paradoxo – a cronologia e a sucessão têm menos peso que certas raízes profundas no seu nascimento, desenvolvimento e morte.

Essa afirmação é ainda mais válida para o historiador do direito, que ficará menos satisfeito que qualquer outro pesquisador do passado com divisões e limites formais. O jurista não pode deixar de observar os tempos históricos mais profundos, as raízes de uma sociedade e de uma civilização em que o direito se desenvolve. Vamos dizê-lo mais uma vez alto e bom som, para poupar o leitor distraído de possíveis equívocos: para que um fato se torne direito, precisa fixar as raízes naquele nível de fundação do devir histórico que são os tempos profundos da história (e esclarecemos que, neste caso, não entendemos por direito a lei arbitrária ou ocasional, mas aquele conjunto de valores que uma sociedade acredita que deve observar).

Por esse motivo, o historiador do direito, graças ao bom êxito do seu olhar *sub specie iuris*, nunca terá como tarefa principal – ou nunca deveria ter – a história de episódios, de datas, de fatos cotidianos, mas sim de estruturas, de elaborações teóricas, de conquistas duradouras. Por isso, ao longo deste volume – como dizíamos no início – falaremos muito pouco de datas e pouco nos daremos o trabalho de dar informações detalhadas ao leitor. O importante é a fisionomia típica da experiência jurídica que assumimos como objeto de estudo, são os traços essenciais e inconfundíveis que ela apresenta. Todo o restante não é ilegítimo, é até louvável, mas vem depois, ao menos num livro de iniciação como o nosso.

Assim sendo, a história jurídica ocidental irá mostrar-se a nós como uma sucessão de experiências jurídicas, de respostas autônomas – historicamente coerentes – às questões específicas de organização e de construção jurídica formuladas com urgência através dos tempos. Experiências elásticas, multifacetadas, complexas, com variedades de vozes, de aspectos, mas cada qual sustentada por um fluxo unitário que permite e legitima uma tentativa de compreensão unitária.

Uma vez demonstrado quanto será difícil o *thema demonstrandum* das nossas páginas, esclarecemos de antemão, como mais acima mencionávamos, que nosso itinerário irá desenvolver-se dentro dos limites da experiência jurídica medieval como experiência autônoma e distinta da romana e da moderna.

Trata-se de referências históricas que não possuem valor absoluto, ou melhor, seu valor é totalmente relativo, e que podem parecer amplas demais. Percebemos que nos encontramos perante experiências extremamente complexas e diversificadas, mas também notamos que temos diante de nós núcleos problemáticos, cada qual fundado numa antropologia autônoma e unitária, com um lastro estrutural e cultural dotado de peculiaridades próprias de cada uma delas, com uma consequente visão do direito absolutamente singular e autônoma em cada uma delas.

O direito medieval não é apenas o direito aplicado no período que vai dos séculos V a XV d.C; é um conjunto de escolhas inconfundíveis daquele *unicum* histórico que é a civilização jurídica medieval e que, como modo singular de sentir e de viver o direito, constitui a experiência jurídica medieval, com uma estrutura de sustentação unitária sob as mais variadas manifestações.

Uma estrutura de sustentação, uma realidade sólida ainda que não revelada, mas certamente não uma abstração[6].

4. A experiência jurídica medieval e sua constituição unitária

O amplo desenrolar de uma nova mentalidade jurídica, encarnada num conjunto harmônico de comportamentos, regras, reflexões, com sua fisionomia intensamente peculiar, absorve a Europa ocidental por quase um milênio: do século V d.C., quando, sobre as ruínas do antigo, o novo sobressai com extraordinária virulência, aos séculos XIV e XV, repletos de idealidades estranhas à cultura do passado e marcadas por fissuras que, originadas cada vez mais das crescentes disparidades, permitem ao "moderno" lançar suas raízes e se fixar.

É precisamente esse o espaço da experiência jurídica medieval. Este livro destina-se a esboçar os traços dessa experiência jurídica, e não pretendemos aqui antecipar algo de maneira inoportuna; o que se deseja nestas páginas, para evitar possíveis mal-entendidos, é sublinhar sua perfeita coesão.

Alguns dirão que é uma explicação pleonástica: se a ordem jurídica medieval encarna aquele modo autônomo e singular que chamamos de "experiência jurídica", esta só pode caracterizar-se por uma substancial coesão. Esse realce, todavia, justifica-se diante

---

[6] Uma vez estabelecido o problema do devir histórico-jurídico, como fizemos, devemos evitar o fardo quase inútil da chamada questão da continuidade entre Antiguidade e Idade Média; questão mal elaborada como sobrevivência de uma ou outra instituição e quase sempre identificada em um problema vazio de significado, de assonâncias formais, e não de conteúdos historicamente vivos no centro de uma civilização. Para nós, que analisamos os valores fundamentais de uma civilização e as relações simbióticas de cada instituição e concepção no interior dessa civilização; que somos levados a exaltar sincronicamente os vínculos entre direito e estruturas socioculturais na sua relativa autonomia, parece absurdo perguntar se a comuna medieval italiana é ou não a continuidade de formas associativas romanas ou até pré-romanas (pergunta que uma época afligiu à antiga historiografia).

das divisões a que muitas vezes o período medieval é submetido, e às vezes de maneira bastante nítida. É comum dividi-lo em "alta" e "baixa" Idade Média, com uma classificação que não é incorreta (no passado, nós mesmos a utilizamos e ainda poderemos mencioná-la de maneira esparsa), mas que apresenta dois riscos graves que, a nosso ver, devem ser evitados. E por isso não iremos adotá-la, ao menos na articulação essencial do volume.

O primeiro risco consiste na confusão que pode gerar assim que nos distanciamos do âmbito historiográfico italiano: se para nós é natural fixar a linha divisória entre alta e baixa Idade Média por volta do final do século XI, as coisas se complicam bastante nos países transalpinos. Nossa divisão parece confusa para um estudioso alemão habituado a falar de um *Hochmittelalter* [alta Idade Média] até a metade do século XIII, ou também para um historiador da região francesa, onde surgiram propostas diferentes[7].

O segundo risco, ainda maior, é que tal divisão possa gerar a ideia absurda de que se trata de dois momentos tão autônomos que podem ser separados e analisados isoladamente. Preferimos falar de "fundação" e de "edificação", reforçando o caráter unitário do edifício histórico e sobretudo evidenciando sua indivisibilidade. Estamos convencidos dessa coesão, assim como estamos convencidos de que o desenvolvimento posterior já está potencialmente contido no anterior, e que há uma continuidade profunda, íntima, essencial entre os dois momentos da mesma experiência.

Tampouco falarei de um período como preparatório do outro. Ambos os períodos estão empenhados na mesma construção, utilizando – isto sim – materiais diferentes, mas destinados à mesma finalidade construtiva. Se o primeiro período deve ser visto

---

[7] Um exemplo: o do famoso historiador belga François Ganshof, que propõe chamar de "altíssima Idade Média" até o século VIII e de "alta Idade Média" do século IX ao XI.

sobretudo como a oficina da práxis e o segundo como um laboratório sapiencial; se o primeiro tem uma fisionomia totalmente agroflorestal e é o momento de colonização e de reconquista da terra, ao passo que o segundo não tardará a ser também um período de cidades e transações comerciais; se essas considerações irrefutáveis determinam a necessidade de indicar os diversos planos de ação e os vários instrumentos adotados, isso tudo não deve nos desviar de colher o fruto histórico mais robusto, ou seja, a construção de uma experiência unitária.

É importante fazer uma última observação: é com base nessas preocupações que evitaremos, no livro, outra referência comum, que identifica num "renascimento jurídico" o momento de grande florescimento intelectual iniciado por volta do final do século XI. Um grande historiador italiano do direito, Francesco Calasso[8], discorreu de maneira convincente a esse respeito, e nós mesmos o adotamos no nosso antigo "curso" sobre as situações reais[9], e o reencontramos no título de um recente material didático[10] muito respeitado. A preocupação neste caso consiste particularmente na tentativa de evitar o risco de uma divisão qualitativa demasiado marcada entre os dois momentos, antes ou depois do século XI; ou seja, o risco de uma avaliação maniqueísta que, ao fazer uma leitura demasiado intelectualista da história jurídica, relegue implícita e inevitavelmente o período anterior ao lugar-comum dos séculos obscuros. O risco já se mostrava bem presente no distante ano de 1968, quando elaboramos nosso já citado "curso", e na época nos esforçamos para esclarecer que nossa ado-

---

[8] Em sua obra, cuja leitura é proveitosa até os dias atuais, *Medioevo del diritto*, Milão, Giuffrè, 1954.
[9] Cf. mais acima, Introdução, nota 2.
[10] Referência a E. Cortese, *Il rinascimento giuridico medievale*, Roma, Bulzoni, 1992.

ção do ambíguo esquema interpretativo não pressupunha nenhum preconceito sobre as diferentes qualidades dos tempos históricos, entendendo por "renascimento jurídico" apenas um momento de circulação social, econômica e cultural mais intensa[11]. Desta vez preferimos uma escolha mais definida, com a única finalidade de poupar o leitor – que é um leitor quase desprovido de conhecimento histórico-jurídico – de possíveis equívocos.

5. Idade Média: uma experiência jurídica para múltiplos ordenamentos jurídicos

A ordem jurídica medieval como experiência jurídica – como experiência jurídica unitária – é, portanto, extremamente coesa na sua unidade.

No entanto, a experiência jurídica é uma orientação e atitude geral que se torna, por assim dizer, o clima geral de uma dada civilização histórica. Ligada à vida dessa civilização no tempo e no espaço, ela exprime vivamente as forças históricas – materiais e espirituais – que nelas circulam e as traduz em escolhas de vida jurídica. É, portanto, um conjunto de tendências fundamentais, quase uma grande *koinê* antropológica, que, para se realizar, precisa de um prisma que a especifique e a torne concreta, que traduza atitudes e orientações da ação jurídica em esquemas eficazes de vida.

Esse instrumento de especificação e de concretização é precisamente o ordenamento jurídico, ou, melhor dizendo, os muitos, os vários ordenamentos jurídicos mediante os quais a experiência se exprime: organizações da ação jurídica genérica, que permitem a sua tradução em disciplina da vida cotidiana. Se a experiência jurídica é permeada e formada por princípios, idealidades,

---

[11] Grossi, *Le situazioni reali...*, cit., pp. 131-5.

valores, tendências, o ordenamento se constitui – ao contrário – de esquemas capazes de organizar a realidade graças à própria especificidade.

Como já dissemos mais acima, o historiador do direito não hesita em adotar a hipótese teórica de Santi Romano, que revela sua fertilidade também no plano histórico-jurídico. Se até agora nossa referência foi genérica, pois se tratava de especificar a historicidade do direito, agora o discurso pode e deve predispor-se a verificar a proposta metodológica romaniana no tecido da civilização medieval.

Vamos iniciar perguntando quais foram os resultados liberativos da proposta; já aludimos a eles, mas convém insistir e especificar melhor. O direito, enquanto "organização, estrutura, condição da própria sociedade em que se desenvolve e que ele constitui como unidade"[12], era, na sua essência, desagregado do poder político e de sua projeção histórica mais incômoda, o Estado; o direito podia, segundo essa perspectiva, prescindir do poder e do Estado; ressaltava a sugestiva hipótese de um direito sem Estado, sendo este último nada além de um dos milhares de ordenamentos que se manifestaram no decorrer da história humana. Em termos concretos, o direito era ligado à sociedade, da qual não se tornava coerção, mas dimensão vital; resgatado inteiramente ao social, o próprio direito recuperava um caráter ôntico mais profundo, tornava-se inerente aos alicerces mais recônditos do social e inevitavelmente conquistava nele um primado inquestionável. De fato, era para o social a garantia fundamental de coesão e de unidade.

A sociedade era percebida por Romano como naturalmente jurídica; era pensada juridicamente, acima de tudo juridicamente. Pois bem, esse projeto teórico parece elaborado justamente

---

[12] Romano, *L'ordinamento giuridico*, cit., p. 27.

para se adaptar a um corpo histórico como o medieval, e é significativo que mais de uma vez o próprio Romano se tenha referido explicitamente a ele como um terreno de investigação apropriado. De fato, a sociedade medieval é uma sociedade sem Estado, na qual, pela permanência desse vazio político, o direito vê elevado o seu papel, coloca-se no centro do social, representa a constituição duradoura subjacente à incidentalidade da política corriqueira, e ao abrigo dela. Será o mundo moderno, apesar das máscaras do jusnaturalismo dos séculos XVII e XVIII e da codificação do século XIX, que irá empobrecer o direito, vinculá-lo e condicioná-lo ao poder, que fará dele um *instrumentum regni*, afastando-o, portanto, do social.

Eis como devemos abordar o direito medieval: como uma grande experiência jurídica que abriga uma infinidade de ordenamentos, em que o direito – antes de ser norma e comando – é ordem, ordem do social, movimento espontâneo, isto é, que nasce das bases, de uma civilização que protege a si mesma da rebeldia da incandescência cotidiana, construindo para si essas autonomias, verdadeiros refúgios para indivíduos e grupos. A sociedade plasma-se de direito e sobrevive, pois ela mesma, por sua articulação em ordenamentos jurídicos, é acima de tudo direito.

A teoria romaniana pode, pois, apresentar-se como um instrumento apropriado para identificar a realidade típica do direito medieval: não se faz nenhuma distorção dessa realidade, pois a operação cultural torna-se fácil de compreender, graças a um esquema teórico adequado. Há, porém, uma condição: que o historiador do direito, em diálogo com as vozes provenientes do mundo medieval, esteja efetivamente atento, com total disponibilidade para registrar o autêntico tom de tais vozes. De fato, o perigo é que manipule a hipótese romaniana, ficando interiormente subjugado pelo estatalismo que circula em suas veias, e que a elaboração metodológica libertadora se resuma na habitual transposição forçada de modelos anti-históricos.

Vamos esclarecer melhor: a hipótese romaniana obteve êxito formal – um grande êxito – na cultura jurídica do século XX, como demonstra a quantidade incalculável de citações e de adesões. Num plano mais substancial, todavia, não podemos perder de vista que nos aproximamos dela não com o espírito culturalmente purificado, sem aquela purificação interna que, numa cultura jurídica ainda firme e obstinadamente estatalista, ela exigia e exige para poder frutificar plenamente.

A disponibilidade dos juristas foi eivada de reservas muitas vezes originadas até mesmo no terreno do inconsciente. E, de fato, adotaram o princípio da pluralidade dos ordenamentos jurídicos desvinculado da necessária presença do Estado para a produção do direito (o que sem dúvida é uma primeira e importante conquista), mas continuaram ferrenhamente arraigados à convicção de que, dentre todos os ordenamentos, existe um que se apresenta qualitativamente diferente, o mais jurídico, o verdadeiramente jurídico, que é o Estado, demonstrando assim a permanência inabalável de um estatalismo psicológico que a adesão à hipótese romaniana deixava escancaradamente (e com rara incoerência) intacta[13].

O pior é que dão plena prova desse estatalismo psicológico os próprios filósofos do direito que, como Capograssi e Cesarini Sforza, aceitaram com entusiasmo a proposta de Romano e apressaram-se em dotá-la de uma roupagem filosoficamente adequada[14];

---

[13] Como corajosamente assinalou N. Matteucci, há mais de trinta anos, num ensaio de extraordinária lucidez, "Positivismo giuridico e costituzionalismo", *Rivista trimestrale di diritto e procedura civile*, XVII (1963), pp. 1.029-30.

[14] Da obra de Capograssi é eloquente sobretudo o ensaio "Incompiutezza dell'esperienza giuridica", in id., *Opere*, v. III, Milão, Giuffrè, 1959, p. 301, no qual é explícita a ideia de "sua natureza [isto é, do Estado] de ser um ordenamento dos ordenamentos". Sob outro aspecto, cabe assinalar também a posição exasperadamente

PRESSUPOSTOS ORDENADORES · 41

ou até mesmo o próprio Santi Romano, grande defensor do direito público positivo, quando usa as vestes do juspublicista.

O historiador do direito Francesco Calasso[15], o primeiro a compilar a mensagem romaniana de modo estruturado, transformando-a em esquema interpretativo de todo o mundo jurídico medieval, também nos dá provas disso. A nosso ver, a historiografia jurídica deve muito a Calasso. Sua presença, a partir dos anos 1930, foi incisiva e libertadora: adotando as lições mais elevadas do idealismo italiano, ele muito contribuiu para libertar a história do direito das dificuldades das histórias locais, em que um equivocado culto ao positivo parecia isolá-la, para restituí-la ao plano inovador e fértil da história da civilização, para sublinhar a posição da ciência jurídica no centro das fontes e para conceber a história jurídica também como história do pensamento, para revelar um terreno histórico até então privilégio de algum romanista excêntrico e curioso, mas ignorado por quem se ocupava profissionalmente da sociedade medieval, ou seja, o grande movimento do direito comum. Presença libertadora também quando sente a necessidade de repensar o direito medieval como harmonia de ordenamentos jurídicos.

Foi um momento singular de sintonia – diria mais: de colaboração – entre análise teórica e análise histórica, demonstrando

---

voluntarista de sua reformulação (id., "Note sulla molteplicità degli ordinamenti giuridici", in id., *Opere*, v. IV, Milão, Giuffrè, 1959, p. 190) da teoria do ordenamento (a instituição como "ato de vontade"), que é uma extrapolação da visão romaniana, que, por sua vez, entende a autonomia de um ordenamento no seu manifestar--se "ainda que de modo totalmente involuntário e anônimo" (S. Romano, verbete "Autonomia", in *Frammenti di un dizionario giuridico*, Milão, Giuffrè, 1953, p. 15). Tal visão voluntarista da sociedade e do ordenamento está contida em Cesarini Sforza, *Ex facto ius oritur* (ed. or. 1930), atualmente in id., *Vecchie e nuove pagine di filosofia, storia e diritto*, Milão, Giuffrè, 1967, v. I, p. 159.
[15] No inesquecível volume *Gli ordinamenti giuridici del rinascimento medievale*, Milão, Giuffrè, 1949.

a fecundidade de uma ciência jurídica concebida de maneira unitária, sem divisões artificiais entre "história" e "dogma", como equivocadamente se dizia no passado. E a riqueza de uma visão ordenamental, pluralista, trouxe novos ares.

Infelizmente, tratou-se de um pluralismo incompleto: mesmo para Calasso, entre a densa pluralidade de ordenamentos que ele se comprazia em considerar plenamente jurídicos, um deles, o ordenamento dos ordenamentos, como diria Capograssi, sobressaía por suas características. Tal ordenamento é o Estado. Calasso está iluministicamente convencido da profunda racionalidade do Estado, e não consegue pensar na Idade Média sem essa presença forte e benéfica. Ele fala – pretende falar – de Estado e de soberania, termos que para ele não são usados ao acaso ou não denunciam a vontade do falante devido a sua polissemia. O uso que Calasso faz desses termos sempre se baseia numa consciência clara, como, por exemplo, quando discorre sobre a "crise do Estado" no mundo feudal, mas rejeita um "fim do Estado"[16], ou quando, ao examinar aquela que lhe parece a "teoria da soberania" dos Glosadores, convida a não interromper "o curso natural de uma evolução histórica que teve suas etapas decisivas, mas não conheceu rupturas"[17], retomando, em sentido inverso, o contínuo fio conceitual que liga o "Estado" e a "soberania", de que fala atualmente o juspublicista, às manifestações da realidade político-jurídica medieval.

A nosso ver, como pontualmente observado[18], existe uma antinomia no pensamento de Calasso, totalmente dominado pelo

---

[16] Ibid., p. 96.
[17] F. Calasso, *I glossatori e la teoria della sovranità. Studio di diritto comune pubblico*, Milão, Giuffrè, 1957, p. 20.
[18] Por B. Paradisi, *Il problema del diritto comune nella dottrina di Francesco Calasso* (ed. or. 1980), atualmente in id., *Studi sul medioevo giuridico*, v. II, Roma, Istituto Storico Italiano per il Medio Evo, 1987, passim, mas sobretudo p. 1.044.

estatalismo psicológico que o impede de se livrar de uma carga de noções pesadas que dificultam a compreensão da sociedade medieval. E a conclamada pluralidade dos ordenamentos é realidade condicionada pela presença do ordenamento por excelência: Calasso lia Santi Romano com olhos ainda doentes de estatalismo. Deformado por esse posicionamento interior, o genial historiador, que desenterrara para a consciência contemporânea o fenômeno central do *ius commune*, esboçando-o como sistema "legislativo", ao insistir no princípio da legalidade como eixo fundamental do sistema jurídico medieval e ao apreender substancialmente como exegética aquela doutrina cuja grandeza e relevância[19] ele sentia, acabava não compreendendo perfeitamente a natureza histórico-jurídica do fenômeno.

O testemunho de Calasso, admirável em vários sentidos, mas repleto de contradições internas, fortalece a convicção que mais acima expressávamos ao leitor: a hipótese romaniana é um instrumento apto a nos fornecer um projeto teórico de sustentação capaz de organizar o complexo universo medieval, desde que o historiador-jurista não continue a se deixar dominar por alguns modelos que o circundam, modelos esses vinculados a uma intensa ideologia jurídica – a ideologia burguesa – e apartados da *koinê* da constituição político-jurídica medieval. Para esses modelos – Estado, soberania, princípio da legalidade, hierarquia das fontes –, é necessário constatar que "o curso natural de uma evolução histórica" – para usar as palavras de Calasso – certamente se divide em "etapas decisivas", mas é acima de tudo marcado por um sulco, por uma cesura tão profunda, que é inútil e arriscado – ao menos a nosso ver – tentar encontrar fios de continuidade tênues e improváveis. Convém, ao contrário, tomar conhecimento

---

[19] Basta uma citação: Calasso, *Medioevo del diritto*, cit., p. 477.

da "fratura" – continuo a usar o vocabulário de Calasso – e deixar de lado conceitos e termos que, no mínimo, só podem gerar equívocos e tornar ambígua a abordagem historiográfica.

Neste livro nunca falaremos de Estado e de soberania em relação à Idade Média, recusando-nos também a dar a ambos os termos – como se faz de maneira usual, porém inconsciente – conteúdos absolutamente genéricos e neutros. Pretendemos com isso eliminar de nossa abordagem todo possível elemento de ambiguidade, e daremos os motivos ao leitor no próximo capítulo, sabendo perfeitamente que a maioria dos historiadores e dos historiadores do direito não compartilha de modo algum uma posição tão nítida. Pretendemos, ao contrário, mantê-la nítida, certos de que uma escolha bastante rigorosa nos permitirá apreender facilmente a especificidade medieval.

Portanto: *uma* experiência jurídica para *múltiplos* ordenamentos jurídicos, uma profusão de autonomias, mas não de soberanias, de Estados, em que a dimensão jurídica é suficientemente forte e central para representar a autêntica constituição[20] do universo medieval, uma dimensão ôntica que precede e supera a dimensão política.

---

[20] Sobre o significado do termo "constituição", limitamo-nos a remeter às páginas esclarecedoras de O. Brunner, "Il concetto moderno di costituzione e la storia costituzionale del medioevo" in id., *Per una nuova storia costituzionale e sociale*, Milão, Vita e Pensiero, 1970. Constituição no sentido de *Verfassung* e não de *Constitution*. Brunner retoma-o de Carl Schmitt (*Verfassungslehre*, de 1928), para quem *Verfassung* é "a concreta situação de conjunto, de unidade política e de ordem social de um determinado Estado" (p. 6 do supracitado ensaio brunneriano). Na Itália, reflexões criteriosas sobre essas correntes historiográficas alemãs também foram desenvolvidas por Ovidio Capitani num ensaio cuja leitura é bastante proveitosa (cf. O. Capitani, "Crisi epistemologica e crisi di identità: appunti sulla ateoreticità di una medievistica", *Studi medievali*, s. III, XVIII, 1977).

PRIMEIRA PARTE

FUNDAÇÃO DE UMA EXPERIÊNCIA
JURÍDICA. A OFICINA DA PRÁXIS

CAPÍTULO TRÊS

A ESPECIFICIDADE DA EXPERIÊNCIA
EM FORMAÇÃO E SEUS INSTRUMENTOS
INTERPRETATIVOS

1. A especificidade da experiência jurídica medieval
e seus instrumentos interpretativos

Avancemos um pouco mais. Depois de tentar estabelecer alguns instrumentos metodológicos para facilitar nossa abordagem da experiência jurídica medieval, vamos entrar em seu tecido histórico e procurar apreender aquele sólido esforço criativo realizado pelo Ocidente do século V ao XI.

Não se trata de um esforço notável nem clamoroso; não está ligado a um daqueles eventos retumbantes de que a história oficial se orgulha nem é fruto da obra de um príncipe iluminado ou de uma escola jurídica revolucionária, mas é consequência predominantemente de uma práxis – sobretudo notarial, mas também judiciária – que, silenciosa, mas obstinada, livre de condicionamentos demasiado estreitos, consciente ao menos de que precisa fundar um edifício adequado às transformações das exigências econômicas e sociais, torna-se ouvinte atenta de uma complexa sedimentação consuetudinária e a traduz em estruturas organizativas da experiência, aquilo que costumamos chamar de institutos jurídicos.

Nesse momento de fundação, surgem e se consolidam algumas posturas gerais vinculadas à nova e cada vez mais precisa mentalidade jurídica, que convém identificar e fixar desde já, pois funcionarão como instrumentos interpretativos iniciais e esclarecedores da experiência em formação: fatos de civilização jurídica, vividos como valores duradouros, ligados à autêntica fisionomia dessa civilização, garantes e testemunhas de sua especificidade.

Dissemos valores duradouros, e isso exige um esclarecimento. A maior parte desses valores será tão duradoura a ponto de transpor, num único salto, o período de fundação e impregnar também o segundo momento mais propriamente edificador, mais propriamente sapiencial: são aquelas características peculiares que constituem o direito medieval, o modo medieval de sentir e de viver a juridicidade, representando a confirmação da profunda unidade da experiência objeto de nosso estudo. Obviamente vamos falar delas desde já, mas nosso estudo irá referir-se a toda a Idade Média e será embasado nas fontes documentais referentes a um período histórico que ultrapassa o século de transição entre os dois momentos: o século XI.

Tais posturas (que para nós se tornam instrumentos imprescindíveis de interpretação) parecem-nos ser, em primeiro lugar (acima de tudo), a incompletude do poder político; em segundo (lugar) – e em decorrência disso – a relativa indiferença do poder político pelo direito, com a consequente autonomia deste último e com um acentuado pluralismo jurídico; por fim, a consequente factualidade e historicidade do direito. E isso acompanhado de duas certezas fundamentais: a imperfeição do indivíduo e a perfeição da comunidade; o direito como ordem, como ordem jurídica.

Essas posturas e certezas estão no cerne não apenas do momento de fundação, mas de toda a Idade Média, que será substancialmente caracterizada por elas como um todo. Por sua vez, uma postura específica da chamada alta Idade Média é o naturalismo-primitivismo, condicionado por um notável vazio de cultura jurídica: quando, a partir do século XII, a terra reconquistada e a rede de estradas e de cidades conferem uma nova fisionomia à Europa ocidental; quando um grande florescimento científico torna-se protagonista na elaboração do direito e o sensato – mas rústico – prático de antigamente é substituído pelo refinado homem de pensamento de hoje, o primitivismo passa a ser relegado à memória de um passado distante. Subsistirá uma forte postura naturalista e irá reafirmar-se um convicto reicentrismo como uma demonstração de que o primeiro período medieval forjou uma consciência jurídica duradoura, e que essa consciência é medieval, sem limitações temporais; mas será um naturalismo revivido e reinterpretado numa trama sapiencial de elevada qualidade especulativa.

Saiba o leitor que teremos o cuidado de acompanhá-lo na descoberta de uma unidade experiencial, mas também das diversidades na unidade. A Idade Média tem um caráter coeso, mas obviamente não é uma realidade imóvel, pois a imobilidade não condiz com a vida. Essa experiência, assim como toda experiência, tem seu momento de formação, sua maturidade, seu declínio. As etapas que temos pela frente e nas quais decidimos dividir a nossa abordagem, são apenas duas: "fundação" e "edificação", momentos diferentes na realização de um grande projeto unitário. Ao final, a harmonia do edifício histórico como um todo será cristalina.

2. A incompletude do poder político

Para o historiador do direito, o primeiro fato de civilização – o mais condicionante, o mais incisivo – é representado pela crise e pelo desmoronamento da sólida e admirável estrutura estatal romana, pelo vazio político resultante dessa crise e desse desmoronamento, pelas soluções políticas que, por todo o período da experiência medieval, substituíram-se a esse vazio, sem todavia preenchê-lo ou sequer tentar fazê-lo.

A especificidade da ordem jurídica medieval repousa, *em primeiro lugar,* nesse relativo vazio, naquela que qualificamos no título desta seção como a incompletude do poder político medieval, entendendo por incompletude a carência de toda vocação totalizante do poder político, sua incapacidade de se apresentar como fato global e assimilador de todas as manifestações sociais, sua realização nos acontecimentos históricos medievais cobrindo apenas certas áreas das relações intersubjetivas e permitindo, em outras – e em grande número delas –, a possibilidade de ingerência de poderes concorrentes, com um processo que, abrigando-se originalmente nas primeiras rachaduras do edifício estatal romano, assume uma fisionomia totalmente peculiar no momento em que as rachaduras se transformam num desabamento efetivo e sobre os escombros não mais se edifica uma estrutura política da mesma qualidade e intensidade.

Na essência, quando falamos de incompletude do poder político medieval, queremos aqui repropor, em termos menos primitivos, aquela intuição historiográfica – que mencionávamos ao falar do êxito da proposta romaniana junto aos juristas –, muitas vezes formulada de maneira rudimentar e imotivada, mas certeira no seu diagnóstico essencial, que costuma ser expresso na afirmada ausência do "Estado" do cenário político medieval. E nesse ponto convém nos determos um pouco para explicarmos melhor.

Uma primeira opção seria usar sem receio o termo "Estado" num significado totalmente genérico e neutro, apto a indicar qualquer organização política, significado que permitiria atribuir tal qualificação tanto a uma organização tribal primitiva quanto ao complexo aparato da atual República Italiana: mas esse seria um erro grosseiro e produziria um esquema organizativo inadequado e desvantajoso[1].

A palavra "Estado" é inevitavelmente um termo-conceito que se sedimentou de determinada forma em nossa consciência atual, imbuindo-se de especificidade e de intensidade[2]. A noção de "Estado" é inevitavelmente a consolidada no decorrer da era moderna e introjetada pelo historiador como patrimônio de seu presente, ou seja, caracterizada como uma realidade político-jurídica rigorosamente unitária, na qual unidade significa, no plano material, efetividade de poder em toda a projeção territorial, garantida por um aparelho centrípeto de organização e de coação, e, no plano psicológico, uma vontade "totalitária" que tende a absorver e a assumir toda manifestação ao menos intersubjetiva realizada naquela projeção territorial. Em outras palavras, um macrocosmo unitário que tende a se estabelecer como estrutura global dotada de uma vontade englobante.

"Estado" é um sujeito político forte, é a encarnação histórica de um poder político totalmente completo; como tal, pertence ao

---

[1] Os historiadores não juristas usam-no com desenvoltura (um exemplo, entre os muitos existentes, pode ser encontrado no denso volume de E. Sestan, *Stato e nazione nell'alto medioevo*, Nápoles, ESI, 1952). O uso também é frequente entre os historiadores do direito. O termo permeia, por exemplo, o relatório de Spoleto de C. G. Mor, "Lo Stato longobardo nel VII secolo", in *Caratteri del secolo VII in Occidente*, Spoleto, 1958 (Settimane di Studio del Centro Italiano di Studi sull'Alto Medioevo, 5); um exemplo particularmente negativo é oferecido por H. Mitteis, *Le strutture giuridiche e politiche dell'età feudale* (ed. or. 1940-1953²), trad. it. de L. Mencarelli Fichte, Brescia, Morcelliana, 1962 (mas o título em alemão era bem mais explícito: *Der Staat des hohen Mittel-alters*), no qual (p. 14) a noção é assumida genericamente como forma embrionária daquele que posteriormente será o Estado da era moderna. Um devir – aquele esboçado por Mitteis – sem saltos qualitativos, mas monotonamente contínuo (no volume de Mitteis, convém ler a recensão bastante crítica e imparcial de C. Antoni, *Studi germanici*, V, 1941, na qual também se condena o uso indiscriminado dos termos "Estado" e "soberania").

[2] Não importa que tal noção esteja em rápido declínio na atual ciência política. A incipiente reflexão científica não chegou a comprometer o modelo "moderno".

irrenunciável patrimônio do pesquisador, e poderá – e deverá – projetar-se em ambientes diversos e distantes, não como modelo que deve ser imposto a qualquer preço, mas como valioso instrumento de comparação que permite avaliar e assinalar analogias e diversidades, ausências e presenças[3]. É o único modo de livrar nosso caminho de equívocos e de alcançar uma precisão mais rigorosa da linguagem e dos esquemas interpretativos. Se o Estado se nos apresenta como uma presença irrenunciável não tanto do alicerce histórico quanto da nossa consciência de modernos, é porque somos filhos de uma época – a época moderna – que, a partir do século XIV, com um processo lento, mas crescente, vive da presença cada vez mais maciça desse sujeito político, maciça a ponto de tê-lo como protagonista – no passado e ainda hoje, mesmo que não nos projetos para o futuro – de sua vida associada. No entanto, esse é um dado histórico, ou seja, relativo, que, longe de nos impedir de apreender as variedades e as diversidades do passado, deve, ao contrário, funcionar como um elemento para exaltar as escolhas alternativas e as variações de cada organização política, como, por exemplo, da referente à civilização medieval.

As generalizações e as imprecisões não beneficiam a ninguém, muito menos aos que atuam no plano do conhecimento e tampouco ao jurista, que se orgulha justamente de ser portador de uma ciência organizativa, e organizativa porque rigorosa. Só tendo clareza do conteúdo da noção assim como ela se apresenta no ideário presente é possível obter clareza e alcançar aquela visão nítida que permite a substancial compreensão do passado. Portanto, para o historiador do direito, é fácil concluir que, diferen-

---

[3] Não podemos esquecer a advertência de um grande historiador italiano precisamente em relação ao termo-conceito que aqui nos interessa: F. Chabod, *Alcune questioni di terminologia: Stato, nazione, patria nel linguaggio del Cinquecento* (ed. or. 1957), atualmente in id., *Scritti sul Rinascimento*, Turim, Einaudi, 1967, pp. 625-61.

temente da opção de Calasso pela continuidade, uma relação de intensa descontinuidade, ou melhor, uma não relação, uma ruptura profunda, interpõe-se nessa questão entre os universos medieval e moderno.

A ordem política medieval tem sua inauguração histórica quando, no século IV, se inicia uma profunda crise do Estado imperial, contida e reprimida a custo até a época de Diocleciano, mas que a partir de então desemboca em manifestações cada vez mais relevantes: crises de efetividade, de autoridade, de credibilidade. No mundo pós-Diocleciano resta apenas um Estado-crisálida, incapaz de afirmar a própria vontade, mas sobretudo incapaz de expressar aquela vontade unitária, substitutiva e intolerante, de volições particulares concorrentes, que é característica de toda estrutura genuinamente estatal; ou seja, resta um não Estado. O Estado romano morre, morre por inanição, por um desgaste interno que é material e espiritual, por um vazio de poder eficaz e de programa planejado.

O que importa sublinhar aqui é que, por toda a vida histórica da Idade Média[4], esse vazio só será preenchido parcialmente; e no século XIV, quando a vocação por um poder político completo – se preferirmos, pelo Estado – representar o fermento das estruturas políticas, esse momento será o declínio da civilização política medieval e o início de um novo período.

Com isso queremos dizer apenas que, dentre as várias organizações políticas que a partir desse momento disputarão a direção da sociedade, nenhuma parecerá aos olhos do pesquisador capaz de reunir em si a efetividade do poder e a clareza de um progra-

---

[4] Alguns podem considerar que essa afirmação foi desmentida por certos experimentos político-jurídicos notórios na Itália, por exemplo, o Reino da Sicília na época de Frederico II, da Suábia. Sobre essa realidade político-jurídica ambígua, ver detalhes mais adiante, à p. 164.

ma político englobante. Teremos as mais diversas formas de regime – senhorias laicas, senhorias eclesiásticas, cidades livres –, teremos exemplos de tiranos munidos do mais absoluto poder humano jamais concebido, ou estruturas oligárquicas e "democráticas" com determinados poderes de evidente origem pactual, mas com certeza nunca teremos a presença de um organismo totalitário, naturalmente destinado a controlar, regular, absorver toda relação intersubjetiva que se verifique no interior de seu objeto territorial definido.

A civilização medieval não sentiu a necessidade de preencher o vazio deixado pelo desmoronamento do edifício estatal romano; não sentiu nem poderia sentir. O mundo que aflorava desde o século IV, tão fértil de desmoronamentos e de germinações, era percorrido – e cada vez mais – por forças desagregadoras. O movimento centrípeto do Estado, que unificara e reunira toda a região mediterrânea, dava lugar a um irrefreável movimento centrífugo, com uma redescoberta geral de valores, interesses, vocações específicas. A fragmentação dos elementos coesivos do grande mosaico despedaçara até as tesselas mais frágeis, e a realidade, que estava se definindo cada vez mais, surgia sob a égide de um incrível particularismo político, econômico, jurídico[5].

---

[5] Uma estrutura sociojurídica complexa, caracterizada pela impotência do poder central e por sua incapacidade de dar executoriedade aos próprios desígnios, pela crescente substituição por outros poderes periféricos, seja por ocupação efetiva, seja por delegação formal superior. Entre esses outros poderes destaca-se o poder econômico, cujo titular, como detentor da única força verdadeiramente decisiva, pouco a pouco, num processo extremamente lento, torna-se o juiz natural sobre as próprias terras, o responsável pela função de defesa militar, o cobrador dos impostos. Nesse momento histórico, como em nenhum outro, perde-se a percepção de uma possível distinção entre "privado" e "público". Por sua vez, muitos titulares de poderes periféricos eram de fato obrigados a delegar a autoridades mais imediatas no território. Com isso, a fragmentação dos poderes se intensificou, e a sociedade política assumiu o aspecto de um reticulado denso e emaranhado de relações apenas formalmente hierárquicas.

Nem as novas forças política e socialmente protagonistas no campo deixado vazio tinham condições de encontrar uma solução e de iniciar um processo de reconstrução estatal: de um lado, as sociedades germânicas guardavam em si, mesmo após a transposição mediterrânea, um patrimônio ideal de realeza negociada, decorrente do princípio fundamental que identifica a organização política como uma escolha oportuna para a melhor direção da "nação"[6] e, portanto, apta a não sufocar autonomias específicas de grupos e de famílias; de outro lado, a Igreja Romana – estrutura centralizada e extremamente orgânica na própria ordem – não podia deixar de temer o ressurgimento de um poder completo e de favorecer ao máximo o particularismo da sociedade civil.

A Idade Média foi, assim, o terreno ideal ou apropriado para uma estrutura teórica universal como o Império, construção ideal e símbolo mais que criação efetiva, ou para uma miríade de entidades fragmentadas de gestão política, e se houve algum aglomerado maior – tal como o reino lombardo na Itália e o visigodo na Espanha, considerável por sua extensão territorial e duração –, não deixaram de ser reinos, aos quais não compete a qualificação de Estado.

Ernesto Sestan, renomado historiador, mas não jurista por formação e por profissão, em seu amplo estudo desenvoltamente intitulado *Estado e nação na alta Idade Média*, parece querer desvencilhar-se do problema com uma deferência tão inútil quanto estéril a engodos nominalistas[7]. Logo, cabe-nos uma pergunta: por que se delongar tanto nessa ausência? Trata-se de uma afirmação pomposa, mas desprovida de conteúdos concretos? Certamente, para quem vê essas estruturas políticas a partir de fora, como faz

---

[6] "Nação" – observe-se – como conjunto de todos aqueles que "nascem" de uma mesma ascendência e estão ligados pelo mesmo sangue. Nação é outro termo-conceito muito perigoso, com um devir fragmentado e marcado por descontinuidades.
[7] Sestan, op. cit., cap. I.

Sestan, as diferenças e as peculiaridades parecem se dissipar: se com Estado se alude à ideia de soberania, pode parecer estranho constatar que na cidade terrena da Idade Média sempre se estabelecem vínculos teóricos de autêntica inferioridade jurídica para os organismos políticos encerrados em seu casulo simbólico do *unum imperium*; por outro lado, se com Estado se alude ao aparato e à efetividade do poder, o problema da distinção se mostra necessariamente vago, e é mais um problema de quantidade que de qualidade estrutural.

A verdadeira e a mais significativa linha divisória entre a monarquia, a senhoria, a legítima comuna medieval e a noção de Estado reside não tanto numa relativa "soberania" ou numa quantidade de aparato, mas numa psicologia do poder muito diferente. O Estado é um certo modo de conceber o poder político e suas funções; é sobretudo um programa, um programa global ou que, mesmo não sendo global, tende à globalidade; é a vocação a fazer o objeto do poder coincidir com a totalidade das relações sociais; é a vocação a se tornar um poder completo. É isso que falta ao organismo político medieval, que, aliás, é marcado por sua incompletude precisamente no plano da concepção do poder, da rarefação de suas funções, do acentuado desinteresse por uma ampla área do social.

Sestan diz: "Pergunta-se como devemos considerar e como devemos chamar o reino visigodo, que promulga leis e as faz aplicar; o reino de Teodorico, que regula as relações entre godos e romanos e se torna um eixo regulador entre os reinos bárbaros; até mesmo o reino lombardo de Rotari, que codifica uma série de leis consuetudinárias, talvez primitivas, e inclusive o ducado ou o principado de Benevento, que, embora nunca desvinculado, em linha de direito, de uma certa dependência em relação a uma autoridade superior [...], agiu muitas vezes, e não apenas de maneira episódica, como se essa dependência não existisse, assim como agiram na alta e na baixa Idade Média as cidades comunais italianas, nunca livres de uma dependência teórica do Império."[8] É fácil responder: o estatalismo não consiste apenas na efetividade de poder nem na produção de normas jurídicas, que é característica de todo poder constituído. No que diz respeito a esse segundo ponto, deve-se observar mais o tecido dessas "leis", quase sempre desorganizadas e episódicas e, portanto, desprovidas de um projeto organizado de amplo alcance, quase sempre consolidações de um patrimônio consuetudinário remoto e, quando expressões da vontade do príncipe, destinadas sobretudo a fixar as regras politicamente necessárias para a organização e a administração pública, com um olhar rarefeito e alheio à experiência social e econômica.

A ausência do Estado no grande processo de formação da civilização medieval não é um artifício verbal, especialmente para quem observa com atenção a esfera do social e do jurídico; ela se revela, antes, uma chave de interpretação muito significativa para o historiador do direito, o primeiro instrumento valioso de compreensão para arrancar do direito medieval o "segredo" de sua fisionomia mais recôndita, para encontrar a pedra angular de todo seu edifício.

No vazio não preenchido após a derrocada do edifício político romano repousa um dos valores – e talvez o mais relevante – da nova estrutura jurídica, motivo pelo qual, paradoxalmente, devemos admitir um vazio, um desmoronamento, uma inércia, talvez uma impotência – circunstâncias que, observadas segundo modelos preestabelecidos, são facilmente atribuídas a desvalores – como o privilégio histórico, a área de tranquilidade em que a oficina medieval pode trabalhar, sem obstáculos, sem impedimentos,

---

[8] Ibid., p. 22.

sem prevenções, uma arquitetura da experiência jurídica essencialmente nova.

A incompletude do poder político medieval, após a derrocada desastrosa das sólidas manifestações precedentes, e o parcial vazio político que continua a existir significam uma só coisa: o grande titereiro está ausente; está ausente o sujeito político que tende a reger todos os fios, a fazer dos vários centros sociais concorrentes simples marionetes manobradas ao bel-prazer. Significa uma incrível liberdade do campo histórico, uma possibilidade de ação autônoma para uma pluralidade de presenças que, à sombra de um poder totalmente completo, veriam sua autonomia totalmente frustrada ou até mesmo expropriada.

Esse terreno histórico tão desembaraçado parece produzido exatamente para confirmar a hipótese romaniana, segundo a qual o direito, não mais monopólio do poder, é a voz da sociedade, voz de inúmeros grupos sociais, cada qual encarnando um ordenamento jurídico. Um universo de ordenamentos jurídicos, ou seja, de realidades "autônomas", de realidades – é o próprio Romano quem o sublinha repetidas vezes – caracterizadas pela "autonomia".

É uma consideração relevante para esclarecer o panorama político-jurídico, para eliminar esquemas que induzem em erro; e um outro termo-noção vem demonstrar sua absoluta impropriedade: trata-se da "soberania". Se a ordem jurídica medieval é um mundo de ordenamentos, ou seja, de autonomias – de *societates perfectae*, como diria Santo Tomás, corifeu da antropologia medieval no final do século XIII –, não podemos esquecer que o caráter essencial de toda autonomia é a relatividade[9]; ou seja, tra-

---

[9] Romano, verbete "Autonomia", cit., p. 16. Na qualificação latina de Santo Tomás, citada há pouco no texto – *societates perfectae* –, o adjetivo *perfectus* não deve nos deixar enganar pela aparência, pois traz em si um significado de autonomia e não de independência absoluta.

ta-se de independências relativas, relativas a alguns ordenamentos, mas não a outros. A entidade autônoma nunca se mostra como algo *per se stat*, totalmente desvinculada do restante; antes, é pensada – ao contrário – como perfeitamente inserida no centro de um denso tecido de relações que a limita, a condiciona, mas também lhe dá concretude, porque nunca é concebida como solitária, e sim imersa na trama de relações com outras autonomias. O mundo político-jurídico é um mundo de ordenamentos jurídicos, por ser um mundo de autonomias.

Bastam poucas frases elementares para nos fazer perceber o quanto é inadequado transpor para aquele mundo a noção de "soberania". Se a vontade realmente soberana é aquela "vontade capaz de agir sobre todos os objetos sem que nenhum direito positivo seja capaz de limitá-la, é uma ordem válida apenas por sua forma"[10]; se se caracteriza por ser absoluta e abstrata[11], tal vontade não pode ter lugar no universo que estamos prestes a explorar. O "soberano" está destinado à solidão graças àquela absolutidade e abstração, mas na grande ordem jurídica medieval ninguém jamais é concebido como uma mônada isolada; o próprio pontífice romano, o personagem que, munido da *plenitudo potestatis* que lhe foi conferida pela ciência canônica, pode parecer o mais solitário, deve essa plenitude unicamente à sua função vicária, é repleto de poder apenas por ser parte de uma relação vicarial que o liga a Deus[12]. No universo medieval pode-se falar de uma única soberania, absoluta, ilimitada e, portanto, não conteudista, que é a soberania de Deus,

---

[10] B. de Jouvenel, *La sovranità*, trad. it. de E. Sciacca, Milão, Giuffrè, 1971, p. 212.
[11] Numa linha contínua do juspublicismo, que vai de Jean Bodin (séc. XVI), segundo o qual soberania é "o poder absoluto e perpétuo", a Carl Schmitt (séc. XX), para quem a soberania encarna "o poder supremo, juridicamente independente e não derivado".
[12] Ver os textos esclarecedores reunidos por P. Costa, *Iurisdictio. Semantica del potere politico nella pubblicistica medievale*, Milão, Giuffrè, 1969.

verdadeiro soberano sobre uma ordem terrena dividida, ao contrário, em poderes necessariamente não soberanos[13].

Assim como "Estado", o termo-noção "soberania" merece um esclarecimento preliminar; talvez o mereça mais que "Estado", e por um simples motivo: como é de amplo conhecimento, "Estado" é um termo usado no léxico politológico medieval com conteúdos semânticos muito distantes da noção atual, que o considera sinônimo de *res publica*[14]. Para o termo "soberania" o risco é maior, pois seu uso no léxico politológico medieval tem um conteúdo semântico aproximado; nesse caso, a permanência formal de um dado lexical poderia levar a erros grosseiros. E seria um erro realmente grosseiro pensar que soberania é um termo típico do direito feudal e significa simplesmente, segundo a etimologia, superioridade, noção relativa que fixa o sujeito no interior de uma complexa relação hierárquica[15].

3. A relativa indiferença do poder político pelo direito. A autonomia do direito

Os contornos tornam-se mais nítidos e delineiam-se consequências precisas para nossa tentativa de compreensão histórico-jurídica.

---

[13] São esclarecedoras as páginas de um canonista sensível à dimensão histórica: P. Bellini, *Legislatore, giudici, giuristi nella esperienza teocentrica della Repubblica cristiana* (ed. or. 1982), atualmente in id., *Saggi di storia della esperienza canonistica*, Turim, Giappichelli, 1991, sobretudo p. 129.

[14] Ainda durante toda a Idade Média tardia, aquilo que chamamos "Estado" continua a ser indicado com os vocábulos tradicionais "imperium", "regnum", "res publica", "civitas". Cf. G. Post, *Studies in Medieval Legal Thought. Public Law and the State, 1100-1322*, Princeton, Princeton UP, 1964, pp. 241 ss.; G. Miglio, *Genesi e trasformazioni del termine-concetto "Stato"* ed. or. 1982), atualmente in id., *Le regolarità della politica*, Milão, Giuffrè, 1988, p. 802.

[15] É esclarecedora a seguinte passagem de um dos maiores comentadores franceses dos costumes feudais, Beaumanoir (séc. XIII): "chascun barons est souvereins en sa baronie" (todo barão é o superior na sua baronia). Mas essa baronia representa apenas um degrau muito relativo da complexa escada hierárquica feudal. Não extrairemos desse texto de Beaumanoir os resultados extraídos por Calasso, *I glossatori*, cit. p. 120.

O Estado sempre considerou a relevância do direito, do direito como um todo, para a realização de seus objetivos "totalitários", e sempre o incluiu em seus programas: embora com manifestações sensivelmente diferentes, encontramos uma mesma postura básica seja no Estado romano (onde isso ocorre através de vários canais confluentes, sobretudo uma apropriada *iurisprudentia*), seja no Estado liberal moderno, onde o problema da produção jurídica é subtraído a diferentes órgãos, reservado ao próprio Estado e reduzido – em sua quase totalidade – ao único canal obrigatório da lei, expressão da vontade exclusiva do macrocosmo Estado. Este último é exemplo que qualificamos como autêntico absolutismo jurídico, apesar dos pressupostos econômico-jurídicos de cunho tipicamente liberal.

Profundamente diferente, por sua vez, é a postura do regime político medieval, o qual, desprovido de anseios e de vocações totalizantes, parece-nos – ao contrário – inclinado a uma relativa indiferença pelo jurídico.

Vamos esclarecer melhor: não pretendemos de modo algum dizer que o direito tem um peso relativo na civilização medieval, afirmação que seria desmentida pela centralidade daquele para a caracterização desta. Queremos dizer apenas que o detentor do poder não concebe o direito enquanto tal como objeto necessário de suas atenções e instrumento obrigatório de seu regime; não o identifica como um indispensável *instrumentum regni*.

A atenção do monarca, do senhor, da comuna medieval, está voltada sobretudo para aquela área do jurídico naturalmente vinculada ao exercício e à conservação do poder, que hoje identificaríamos na noção genérica de "direito público". Para todo o restante, é evidente uma relativa indiferença e, se preferirmos, o respeito implícito por outras fontes normativas. Para nos certificarmos disso, é suficiente abrir um edito lombardo, uma capitular[16] franca, ou – mais tarde – o estatuto de uma cidade livre: paralelamente às disposições inerentes à "constituição", à administração pública, à aplicação de penas, a vida cotidiana da experiência jurídica – aquilo que hoje chamamos de direito "civil", "comercial"[17], "agrário" e assim por diante – recebe uma atenção geralmente episódica, sem organicidade, bem ocasional, tanto que o historiador que quisesse reconstruí-la com base apenas nos atos legislativos esboçaria uma história incompleta e claudicante, bastante desarticulada do tecido da experiência.

A relativa indiferença do detentor do poder político pelo direito gera uma relativa autonomia deste em relação àquele. E essa é uma conclusão de notável valor interpretativo, desde que se apresente o tema em termos nítidos e claros. O conceito de autonomia é um dos mais ambivalentes e escorregadios e deve ser definido com extrema precisão. Como vimos em outro contexto mais acima, não se trata de uma noção absoluta. Na acepção aqui proposta, não significa neutralidade do direito nem sua subtração ao jogo das forças históricas: numa realidade tão humana como é toda realidade jurídica, as zonas neutras são de fato, se não inconcebíveis, ao menos extremamente reduzidas. A noção de autonomia é, portanto, relativa, ou seja, relativa ao regime político transitório, e significa apenas que o direito não é expressão de um ou outro regime nem apenas das forças relacionadas a ele. Ao contrário, é em grande parte desvinculado delas.

---

[16] Na história do direito, o termo "capitular" (*capitulare*) refere-se aos atos normativos dos monarcas francos, assim denominados por serem habitualmente divididos em "capítulos".

[17] Alguns institutos do tráfego comercial receberam atenção e disciplina durante as chamadas "corporações de artesãos" justamente porque nelas, graças à predominância da classe (do estamento) mercantil, constituição política e econômica, coisa pública e interesses da corporação terão amplas áreas de coincidência.

A produção e a adequação da ordem jurídica estão muito ligadas à pluralidade e à variedade das forças que compõem a sociedade civil. Nesse contexto, autonomia significa, pois, autêntica historicidade do direito, capacidade de interpretar e representar o jogo das linhas propulsoras presentes na sociedade, impossibilidade de ser reduzido à voz de um príncipe, de uma camada restrita, de uma classe.

Autonomia significa desvencilhar-se de forças específicas e particulares, mas significa imersão completa, sem obstáculos, na estrutura profunda de uma época e de um lugar e, ao mesmo tempo, a percepção dos movimentos e pressões dentro dessa estrutura. Se o vínculo com o poder é parcial e nebuloso, em contrapartida é vivo e característico aquele relacionado ao costume, às estruturas econômicas, aos movimentos espirituais. Se nos habituamos a perceber no direito moderno, até recentemente, a voz predominante de uma classe no poder – a burguesia – e a enxergá-lo como realização clara e inteligente de seu programa, diante do direito medieval temos de abandonar essa atitude mental por ser um mal-entendido grosseiro para o historiador.

Só partindo de um resgate da autonomia, como tentamos fazer, e nos termos acima detalhados, será possível justificar historicamente por que, num ambiente insensível às reivindicações sociais e repleto de limitações à capacidade de ação de muitos sujeitos, vemos a posição de simples *laboratores*[18] promovida, protegida, garantida num plano tipicamente jurídico, como ocorre quando – na quase totalidade dos contratos agrários consuetudinários, fartamente abundantes na práxis do primeiro período medieval – vemos o concessionário elevado à categoria de *possessor*, ou seja, protegido durante toda a vigência do contrato não

---

[18] Pelos motivos que esclareceremos mais adiante (cf. p. 87).

apenas em relação a terceiros, mas sobretudo em relação ao próprio concedente. Sinal de que o direito é terreno de confluência de forças diversas, é resposta às exigências objetivas dos homens e das coisas, e não o artifício preestabelecido nem pelo estamento dos proprietários nem pelos detentores do poder.

4. Pluralismo do direito medieval

Na seção anterior, falamos mais de uma vez sobre uma pluralidade de forças implicadas na construção da ordem jurídica medieval. Se isso pode ser fantasiosamente imaginado como uma rede estendida entre o que é formalmente jurídico e a grande massa dos fatos (fenomênicos, sociais, econômicos), quase a filtrá-los, controlá-los, digeri-los, certamente a nova ordem se nos apresenta com malhas muito amplas, incapazes de qualquer operação de crivo.

Com a impotência cada vez mais crescente do mecanismo estatal romano, todo o aparelho coercitivo se enfraquece, e as forças antes contidas e represadas adquirem vigor e valor. A partir do século IV, os historiadores passam a ressaltar e a seguir uma vertente "vulgar" do direito que se delineia cada vez mais claramente e corre paralela ao direito "oficial"[19], com um movimento que, originando-se nas províncias mais periféricas, pouco a pouco se estende para toda a realidade do Império.

"Vulgaridade" do direito significa extraestatalismo, recurso a forças alternativas para preencher o vazio deixado pela desagregação política; significa um estilo e uma mentalidade e também elaborações e soluções que espontaneamente tomam forma em cada comunidade, substituindo-se ao direito oficial na tentativa de dar uma resposta adequada às novas idealidades e necessidades. O cha-

---

[19] Mas envolvendo, no entanto, também o direito oficial.

mado "direito vulgar" é uma vertente alternativa: são institutos antigos que se deformam e institutos novos que se criam, tomando livremente por base o grande reservatório da vida cotidiana. Do ponto de vista rigorosamente histórico-jurídico, já iniciamos o itinerário do direito medieval[20]. Com o fenômeno da "vulgarização", superou-se o limite da nova experiência. De fato, constata-se a consolidação da tolerância por parte do regime político em relação a outros processos de formação do direito, enquanto a experiência jurídica – já de modo não mais latente, mas totalmente manifesto – retoma toda sua complexidade, complexidade essa que, no plano sociocultural, significa pluralidade de valores e, no plano jurídico, pluralidade de tradições e de fontes de produção no interior de um mesmo ordenamento político.

No primeiro período medieval, quando o pertencimento a uma linhagem e o respectivo mito do sangue representam valores indiscutíveis, o princípio que se irradia, e que veremos amplamente difundido e afirmado, não é a territorialidade, mas sim – segundo a expressão comumente usada pelos historiadores – a "personali-

---

[20] Os romanistas debateram sobre isso de forma ampla e erudita no segundo pós-guerra, sobretudo após as abrangentes reformulações de Ernst Levy, mas o medievalista teria a visão mais aberta sobre o tema, por ser um personagem desprovido de modelos copiados e atento a captar as primeiras consolidações da nova experiência jurídica. Dentre as contribuições dos romanistas, preferimos destacar as observações corajosas desenvolvidas por F. Wieacker no recente trabalho "'Diritto volgare' e 'volgarismo'. Problemi e discussioni", *Atti dell'Accademia romanistica costantiniana*, IV (1981), sobretudo p. 513; uma recensão publicada em 1951, de G. Pugliesi a Levy, *West Roman Vulgar Law. The Law of Property*, atualmente em id., *Scritti giuridici scelti*, v. II, Nápoles, Jovene, 1985, que reúne as consonâncias entre direito bárbaro e direito romano vulgar não como assimilação de um pelo outro – segundo a ótica metodologicamente discutível de Levy – mas como coincidência de soluções e de respostas diante de condições socioeconômicas e culturais idênticas (v. pp. 126-7); e sobretudo uma observação consciente (e, portanto, digna de reflexão) de A. Guarino, "'Vulgarismus' e diritto privato postclassico", *Labeo*, 6 (1960), a propósito do segundo volume do "römische Privatrecht" de Kaser.

dade" do direito[21]; com isso não se pretende de modo algum dizer que toda pessoa tem seu próprio direito, e sim, mais precisamente, que toda pessoa, no mesmo regime político, longe de ser sufocada num direito unitário com projeção territorial, é portadora – conforme as particularidades do próprio grupo étnico – de um direito específico e diferenciado. Assim – para exemplificar com a situação italiana –, o romano poderá professar e usar o patrimônio próprio da sua tradição jurídica, assim como o lombardo poderá utilizar o seu; do mesmo modo, pessoas funcionalmente ligadas a grupos socialmente fortes pretenderão ser disciplinadas e julgadas segundo o direito elaborado no interior desses grupos e talvez por juízos expressos pelos próprios grupos e que irão julgar com base nesses direitos especiais: é o caso, já no primeiro período medieval, do clérigo, reconhecidamente sujeito ao direito canônico como *ius ecclesiae*[22], e mais tarde o do mercador, que será submetido àquele direito peculiar produzido pelo *coetus mercatorum*, primeiro embrião do futuro "direito comercial".

No segundo período medieval – Idade Média sapiencial – outra coexistência extremamente singular irá assinalar o acentuado pluralismo dessa experiência jurídica: no mesmo território terão vigência e aplicação – nos modos que tentaremos explicar mais adiante[23] – seja os chamados *iura propria*, isto é, as normas particulares consolidadas pelo costume ou promulgadas em âmbito local por monarcas e por cidades livres, seja o *ius commune*, isto é, o majestoso sistema jurídico universal elaborado sobre a plataforma romana e canônica por um grupo muito destemido de ju-

---

[21] Uma boa amostra do complexo debate historiográfico sobre o tema da personalidade do direito está em M. Bellomo, *Società e istituzioni dal medioevo agli inizi dell'età moderna*, Roma, Il cigno, 19936, p. 37.

[22] Cf. mais adiante, no cap. V.

[23] Cf. p. 273.

ristas (professores, doutores, práticos), patrimônio científico presente em todas as partes, fornecendo esquemas interpretativos, invenções técnicas, soluções para os muitos casos não previstos no âmbito local pela miopia dos legisladores.

O poder político respeita essa pluralidade de tradições coexistentes, revelando, assim, a atitude geral de substancial indiferença em relação a boa parte do que é jurídico. Sua produção é delegada a outras forças. Os príncipes, seus funcionários e seus juízes contemplam esse pluralismo e lhe dão crédito com seu respeito. O juiz está ali, atuando, tomando todo cuidado em estabelecer as tradições jurídicas do autor e do citado, anotando as profissões solenes de vínculo a um direito ou a outro e estudando, por conseguinte, as possíveis soluções[24]; e os documentos judiciais e notariais, ao mencionar os diversos direitos dos comparecentes e contraentes, e a eles se referindo continuamente, nos lembram um tecido peninsular italiano no qual se entrelaçam, muitas vezes no mesmo lugar, os mais diferentes *iura* da vertente germânica, o direito teodosiano, o direito justiniano, paralelamente aos costumes locais nascentes.

A referência ao costume parece nos advertir, porém, que o pluralismo jurídico medieval não é apenas um conjunto de culturas jurídicas, mas se concretiza, num plano tipicamente técnico, em um conjunto de fontes de produção. A chave interpretativa essencial de toda a ordem jurídica medieval – aquela que nos cabe sublinhar ao leitor – é que os detentores do poder constituem *uma* fonte entre as muitas chamadas a edificar essa ordem; sem dúvida, não a única e tampouco a predominante. O problema das fontes – problema estrutural de toda construção histórica *sub specie iuris* – resolve-se num conjunto de contribuições que reflete

---

[24] Ver a síntese fornecida por Calasso, *Medioevo del diritto*, cit., p. 117.

fielmente o conjunto de forças de que o direito é espelho e forma completa. E a contribuição dos príncipes (sejam eles monarcas ou cidades livres), ainda que exista e talvez possa parecer também quantitativamente considerável, toca apenas os temas centrais da construção jurídica da sociedade.

As "leis" – ou seja, os atos de autoridade gerais e rígidos, destinados a todos os súditos ou a uma parte considerável deles – não faltam nem mesmo no primeiro período medieval. Os monarcas visigodos na Espanha e os lombardos na Itália, no comando de reinos que por muitos séculos constituíram um regime estável, respectivamente, em toda a península Ibérica e em boa parte da Itália centro-setentrional (séculos VI-VIII), empenharam-se numa constante atividade legislativa. Mas o que pretendem essas "leis" e qual seu conteúdo? Vamos examinar uma delas, a mais festejada e também a mais relevante entre as normatizações da península italiana, o grande *Edictum Langobardorum*, elaborado pelo rei Rotari em 643 com a assistência e a aprovação dos notáveis do Reino: se alguém pretendesse encontrar, nos 338 capítulos que compõem a obra, um projeto orgânico, um apanhado sistemático coeso, ficaria decepcionado. A atenção do legislador está voltada especialmente para o direito penal e o direito de família, acompanhados de maneira esparsa e marginal por um amontoado de capítulos desconexos dedicados às mais diferentes matérias. A obra de Rotari é sobretudo uma consolidação de antigos costumes do *populus langobardorum*, obviamente não escritos, sem nenhuma pretensão de neles encerrar a totalidade do ordenamento, mas pressupondo, ao contrário, que este se formara e continuava em formação graças à convergência de costumes e de tradições quase sempre provenientes de fontes muito diferentes do príncipe[25]. Tra-

---

[25] Bellomo, *Società e istituzioni...*, cit., pp. 175 ss. Para um enquadramento não formalista do Edito, cf. G. Bognetti, *L'Editto di Rotari come espediente politico di*

tava-se, em suma, de uma contribuição normativa de objeto limitado e sem grandes ambições.

O mesmo se aplica, ao menos no que diz respeito à política legislativa, aos atos normativos dos monarcas francos, os chamados *Capitularia*, que proliferam a partir do final do século VIII. Nesses testemunhos, a obra do legislador, que também aqui é visivelmente movido pela premente necessidade de uma redução unitária do mosaico jurídico do Império, concentra-se em determinadas matérias de relevância "publicista" com uma nítida predominância das normas que regulam a administração do *Imperium* e dos *Regna* e, sobretudo, as relações entre poder político e poder eclesiástico[26].

5. Sua factualidade

A "lei" do príncipe se nos apresenta, pois, como um canal menor para o escoamento da experiência jurídica medieval, contribuindo, portanto, minimamente para sua produção, e atualmente contribui de maneira muito relativa para sua compreensão. A produção do direito reside sobretudo em outras mãos; a experiência flui em outros canais.

Não podemos esquecer também que, precisamente pela relativa indiferença do poder político pelo direito, o momento de edificação da ordem jurídica caracteriza-se por uma substancial liberdade. Para além de programações e de sistematizações centralizadoras, o direito reencontra suas fontes também nas bases, encontra sua natureza de divisão espontânea de um tecido social. Sem mais restrições para detê-lo, amputá-lo, condicioná-lo, volta

---

una monarchia barbarica (ed. or. 1957), atualmente in id., *L'età longobarda*, v. IV, Milão, Giuffrè, 1966. Foram escritas a esse respeito páginas sugestivas por P. M. Arcari, *Idee e sentimenti politici dell'alto medioevo*, Milão, Giuffrè, 1968, sobretudo pp. 651-2.
[26] F. Ganshof, *Recherches sur les capitulaires*, Paris, Sirey, 1958, pp. 72-4.

a nascer dos fatos e a se construir a partir deles. Num mundo onde o poder político parece renunciar à própria função organizativa no plano jurídico e onde os modelos a ser observados se tornaram mais rarefeitos, a esfera do jurídico e a do factual tendem a se fundir; a dimensão da "validade" cede lugar à da "efetividade".

Se validade significa correspondência a certos arquétipos, se os arquétipos se desagregaram com a dissolução do Estado e da cultura precedente, então a organização jurídica deverá repousar em outras bases. O fato não se tornará direito porque uma vontade política se apropria dele depois de constatar sua coerência com determinados valores que lhe são relevantes, ou seja, depois de um crivo filtrante totalmente confiado àquela vontade. Nesse caso, o fato já é direito por sua força intrínseca, no momento em que demonstrou a própria efetividade, ou seja, a capacidade que encontrou em si de incidir duravelmente na experiência.

Num mundo tão desprovido de invólucros coercitivos, o direito se destaca por sua decisiva "factualidade": isso não significa que nasce do fato (o que seria uma observação muito banal), e sim que o próprio fato tem aqui uma carga tão vital a ponto de poder se propor sem o concurso de intervenções alheias, mas com a única condição de se demonstrar dotado de efetividade, como fato autenticamente normativo, revelando a capacidade inata de ser por si só protagonista dos vários ordenamentos, em que chega a ser fonte em sentido formal.

Todavia, é preciso observar que, se se pretende dar um conteúdo historicamente válido a essa noção de fato, não se deve recorrer mentalmente ao "fato" de que falam os teóricos modernos do direito, que já é fato jurídico, num enfoque voluntarista que certamente nos induziria a erro[27]. Por fato entenda-se, ao contrá-

---

[27] O primeiro pensamento que nos vem à mente refere-se a dois ensaios que circularam na Itália, precisamente: A. E. Cammarata, *Il significato e la funzione del "fatto"*

rio, uma entidade de natureza física e social que, sem abandonar a própria qualidade de fenômeno primitivo e primordial, todavia já é intrinsecamente direito, tem em si uma potencialidade jurídica destinada a se manifestar e a incidir na experiência histórica.

A ordem jurídica medieval origina-se precisamente no clima de intenso naturalismo que domina o Ocidente a partir do século V. A natureza das coisas físicas e sociais, não mais reprimida ou sublimada, pretende conter em si a regra jurídica e atribui um papel importante aos fatos, àqueles fatos primordiais em meio aos quais os homens se movem arduamente em sua história terrena. Se por um momento voltamos nossa atenção para o panorama histórico que aqueles séculos nos oferecem, para a desagregação política, a desordem social, a sucessão de invasões, guerras, epidemias, carestias, para a crise demográfica generalizada, a penosa e árdua sobrevivência cotidiana, percebemos que a natureza das coisas físicas e sociais, na sua estabilidade meta-humana, se mostra como a única certeza, a única orientação e, enquanto tal, a única fonte de regras.

A factualidade do direito significa a tentativa desesperada de encontrar solidez para além do convencional e do artificial, num mundo simples de fatos que o operador respeita com absoluta humildade. Sem presunções, debruçamo-nos sobre as coisas – realidade misteriosa e indomável, mas vigorosa – para tentar ler a mensagem que elas nos transmitem, a regra nelas inscrita desde o princípio dos séculos.

Trata-se de um início marcado pela descontinuidade: é nova a incandescência dos fatos sociais e econômicos e são novos a consciência e o sentimento que se tem da natureza cósmica. Com esses fatos novos, com essa consciência, avalia-se a real imagem

---

nell'esperienza giuridica (ed. or. 1929), atualmente in id., *Formalismo e sapere giuridico*, Milão, Giuffrè, 1963, e Cesarini Sforza, *Ex facto ius oritur*, cit.

da nova ordem. Desse modo, como já mencionamos, relegam-se entre os exercícios mais estéreis aqueles destinados a se questionar se o novo era comparável com comportamentos pré-clássicos ou até pré-romanos[28], e entre as práticas mais arriscadas aquelas inclinadas a descobrir – com o espírito mais de histologista que de historiador – "elementos" romanos, germânicos, orientais.

A ordem jurídica medieval nasce da derrocada de uma civilização, do modo como se reagiu a essa derrocada lidando com os fatos concretos daquela época, com a consciência concreta que se teve daqueles fatos na ocasião. Afinidades, semelhanças com episódios mais ou menos distantes, mas alheios àquela *koinê* histórica, só fazem sentido na imaginação de alguns pesquisadores. O importante é o surgimento, indubitavelmente esparso e fragmentado no início, de um novo modo de conceber e viver o direito, de uma nova experiência, de novas figuras factuais que correspondem às demandas contingentes. Mais que deformações ou alterações de velhas figuras (talvez clássicas), consistem em células precursoras de uma civilização nova projetadas num itinerário que nasce naquela época, mas que terá vida longa. Em suma, mais que relíquias deformadas do passado, são presságio e antecipação do futuro.

Se, para um olhar estetizante, esse mundo abarrotado de figuras desajeitadas e toscas que surgem no palco ocidental pode parecer um "retrocesso", sob uma perspectiva historicamente mais embasada deve-se perceber nele a desvinculação do jurídico do abraço condicionante do político, o resgate do jurídico como rou-

---

[28] Observações oportunas em B. Paradisi, *Quelques observations sur un thème célèbre à propos de E. Levy, "Weströmisches Vulgarrecht. Das Obligationenrecht"* [Weimar, Böhlau, 1956] (ed. or. 1959), atualmente in id., *Studi sul medioevo giuridico*, cit., v. I, p. 25 (ver a respeito o instrutivo prefácio (p. VII) nesse volume coletâneo), e em G. Vismara, *Le fonti del diritto romano nell'alto medioevo secondo la più recente storiografia (1955-1980)*, (ed. or. 1981), atualmente in id., *Scritti di storia giuridica*, v. I, Milão, Giuffrè, 1987, pp. 519 ss.

pagem apropriada e inata do social, como realidade infraestrutural, percebida como ela realmente é na essência dos fatos. É preciso repetir mais uma vez: um direito que não é voz do poder e que não se coaduna com o poder; que, ao contrário, é emanação de forças profundas que estão para além e acima do poder.

O panorama que se apresenta aos olhos do historiador é extremamente variado, complexo, talvez até confuso. Se pluralismo significa confluência de contribuições e um concurso valioso de várias experiências, para o modesto nível da vida cotidiana a convivência não pode deixar de registrar misturas, sobreposições, conflitos. O princípio da chamada personalidade do direito mostra inevitavelmente os muitos inconvenientes do fracionismo jurídico a que dá lugar.

É preciso notar que a própria vida cotidiana – mais que o príncipe relativamente indiferente – é que irá pretender a superação do princípio de personalidade. E serão sobretudo os costumes – mais que os atos normativos – que promoverão tentativas de composição, elaborando regras e soluções unitárias para uma área territorial definida e criando, portanto, os embriões dos futuros direitos territoriais[29]. Assim, o momento de fundação da experiência jurídica medieval demonstra – mesmo nas reviravoltas de seu devir – uma dimensão claramente consuetudinária. Nessa dimensão, que é essencialmente pluralista, residem sua possibilidade de resgate e sua força histórica. Mas veremos melhor esse aspecto um pouco mais adiante.

6. Sua historicidade

De tudo o que dissemos até agora, de cada uma das peculiaridades até aqui evidenciadas, deriva o último elemento caracterizador do novo direito: a historicidade. E neste contexto enten-

---

[29] Calasso, *Medioevo del diritto*, cit., pp. 184 ss.

demos por historicidade a fidelidade da representação jurídica às forças que circulam e agem na sociedade, razão pela qual o tecido formal do direito – longe de se afastar da sociedade em seu devir – ao contrário, segue-lhe o curso, mantendo-se em estreita aderência às necessidades e às idealidades que pouco a pouco surgem na vida associada.

E não poderia deixar de ser assim. O direito, precisamente por seu não estatalismo e por seu contínuo originar-se no social e do social, não sofre os artifícios de uma elaboração burocrática. O direito é e continua a ser fruto da história, participante vivo da história. Sua canalização nas vertentes extremamente móveis do costume e sua aversão a ser imobilizado na letra rígida de um comando autoritário permitem que ele adquira e conserve o bem supremo de uma íntima coerência com as estruturas e com o espírito da civilização subjacente. O direito não é instrumento coercitivo dessa civilização, mas seu espelho e intérprete.

Graças a sua factualidade e a sua consequente vocação – como veremos – para se expressar na mais factual das fontes, o costume, jamais renuncia ao requisito da plasticidade, mostrando-se geralmente como uma sedimentação aluvial em movimento e em perene modificação, continuamente incerta, por estar destinada a variar de um lugar para outro e de uma época para outra.

Às garantias formais da generalidade, da abstração, da rigidez – que são as garantias incorporadas à lei moderna –, a ordem consuetudinária medieval contrapõe a exigência da norma particular e plástica, em perfeita aderência ao corpo social. E prefere-se pagar o preço – na verdade alto – de toda construção usual: a aluvionalidade, a assistematicidade e, sobretudo, a incerteza.

Entregue à sensibilidade dos operadores práticos, desprovida quase totalmente de modelos prefabricados, essa ordem vive, como nunca, a experiência do "cotidiano" e do "particular". Para perceber essa situação, basta um exame ainda que superficial da prática jurídica, campo preferido dessa laboriosa formiga da oficina jurídica das fundações medievais que é o notário[30]: sobre os velhos esquemas dos formulários romanos, ou deles prescindindo totalmente, com uma liberdade e uma desenvoltura notáveis, ele adapta e modifica, intui e cria figuras, com diagnósticos que apontam sempre para os fatos, para as instâncias concretas proclamadas pelos fatos. E os instrumentos contratuais irão exaltar, na variedade de seus conteúdos (pensemos, por exemplo, na extrema variedade dos contratos agrários), a referência à vida cotidiana, às estruturas concretas, aos usos estabelecidos na terra[31].

Sob esse aspecto, o direito medieval, embora não se vinculando a este ou àquele regime político, ou antes, por estar totalmente dissociado de qualquer um deles, colore-se de uma intensa politicidade. Mas, no caso, essa politicidade deve ser admitida em sentido lato; significa historicidade, especifica apenas a fidelidade da forma à substância social e econômica, às idealidades e às necessidades que circulam na grande "pólis" da sociedade civil como fato global.

7. O declínio da cultura jurídica. Naturalismo e primitivismo na fundação da nova experiência

O período da fundação medieval, do século V ao XI, não foi, em geral, uma época de incultura, mas sim de uma cultura[32] que não circulava.

---

[30] Sobre esse papel impulsionador do notário, cf. sobretudo Vismara, *Leggi e dottrina nella prassi notarile italiana dell'alto medioevo* (ed. or. 1979), atualmente in id., *Scritti di storia giuridica*, cit., v. II, e G. Nicolaj, *Cultura e prassi di notai preirneriani. Alle origini del Rinascimento giuridico*, Milão, Giuffrè, 1991.

[31] A esse respeito, cf. mais adiante, às pp. 129-32.

[32] Adotamos aqui o termo "cultura" na sua acepção mais específica de educação das capacidades intelectuais e, portanto, de um conjunto de conhecimentos. Na linguagem de etnólogos e sociólogos, sobretudo do século XX, o termo sofreu uma ampliação e também uma deformação, chegando a indicar o ambiente genérico em que o processo educativo se desenvolve, assumindo, portanto, um significado sinonímico ao de civilização.

Se é verdade que a sociedade civil não é percorrida, em nenhum de seus estratos, nem sequer nos mais elevados, por instâncias e fermentos de cunho cultural, ainda assim é necessário constatar a excelência dos estudos que surgem e se desenvolvem em determinados centros, por exemplo, em muitas instituições monásticas. Trata-se, no entanto, de centros fechados e de uma cultura feita por poucos e para poucos: de fato, o mosteiro, lugar de eleição da dimensão cultural desses séculos, é por natureza uma entidade propensa à introversão, fechada em seu caráter de comunidade separada e distinta, mais sensível a um ideal de comunicação e de abertura metafísicas que sociais[33]. No âmbito geral, isto é, no plano filosófico, teológico e também literário, se faz sentir e se exalta o contraste entre um *scriptorium* monástico, cidadela cercada por uma profunda especulação, e o vazio que envolve a sociedade no seu todo.

O mesmo não ocorre, porém, com aquela cultura especial, a cultura jurídica, que é a única a nos interessar aqui: o vazio nesse campo é quase total, e será inútil buscar no Ocidente um lugar mesmo restrito e fechado em si mesmo que dê continuidade ao aprofundamento doutrinal dos clássicos e dos pós-clássicos, ou que se aproxime do trabalho dos mestres bizantinos no Oriente. Faltam pessoas, propósitos, escolas. Alguns historiadores do direito, sobretudo de muitos anos atrás, gostavam de imaginar a existência de verdadeiras escolas de direito situadas em Roma e em Ravena, continuadoras da mensagem científica antiga, mas trata-se de ilações desprovidas de bases sólidas.

A realidade é mais complexa: a ciência do direito, pela vocação operacional que traz em si, não pode deixar de ter um vínculo

---

[33] Outro tema é aquele que diz respeito à grande influência dos centros monásticos sobre a própria estrutura econômica do território em decorrência de um patrimônio fundiário muitas vezes considerável.

necessário e insuprimível com a sociedade e traz inevitavelmente os sinais dos movimentos que a percorrem. Desmoronada a velha estrutura estatal, desmoronada a velha cultura jurídica que nela estava solidamente ancorada, o regime consuetudinário desses séculos não parecia sentir a necessidade de uma reflexão doutrinal de caráter científico. Melhor dizendo: não podia senti-la. A ciência, para construir seus edifícios, precisa de conquistas consolidadas e assentadas sobre as quais erguer validamente uma reflexão. Mas na nova oficina medieval, a práxis edifica, dia após dia, o seu direito, plasmando-o e diversificando-o conforme as exigências dos lugares e das épocas, mostrando-se com uma fisionomia incrivelmente heterogênea e irredutível à unidade.

O material jurídico, nesse caso, sofre de uma incandescência que é de fato fonte de perene coerência, mas também de perene incerteza. No laboratório empírico dos juízes e dos notários, julgado após julgado, ação privada após ação privada, mais que a tentativa consciente de construção de um edifício sociojurídico, existe a sensibilidade para identificar e fixar, nos diagnósticos sempre apropriados das sentenças e dos negócios, uma consciência renovada do real, que contribui – sem dúvida, de maneira inconsciente, mas eficaz e duradoura – para a sedimentação dessa consciência, para que ela se aprofunde nas raízes mais recônditas do costume. Por toda a duração de um tão atarefado canteiro de obras, o problema era – e continuaria a ser – tipicamente operacional; era e continuaria a ser sempre confiado à práxis. A própria escola, nesse contexto histórico, longe de ser uma trincheira científica, uma leitura do mundo em termos de ciência, propõe-se como subordinada à práxis e a ela condicionada.

Ninguém poderia seriamente negar a existência de escolas de direito nesses séculos. O importante é não deturpá-las, como muitas vezes se fez, movidos por entusiasmos reconstrutivos. Não temos a presença de espaços de apurada reflexão científica, mas simplesmente escolas de formação profissional onde, com recursos intelectuais rudimentares, os aspirantes a juízes e notários recebem as noções jurídicas indispensáveis para melhor exercer suas funções. Nessas escolas, os instrutores preparam para o exercício de uma profissão, mas são alheios a qualquer instância de caráter autenticamente cultural.

Mas isso era o suficiente para um momento histórico em que o problema vital, do ponto de vista sociojurídico, ainda não era o do esboço de uma arquitetura geral, e sim de uma análise circunstanciada, da identificação e da reunião de material para a construção que se estava delineando a cada dia, mas que demonstrava, cada vez mais, estar em contínua formação. O período que vai do século V ao XI se apresenta aos nossos olhos como a oficina da práxis, o laboratório ativo onde se molda um costume jurídico, elaborando-o desde os alicerces; um costume cujo traço de originalidade está nessa oficina e nessa atividade prática de experiência vivenciada. É ali, e apenas ali, que conserva os seus valores.

O historiador reconstrutor, em sua exigência de compreensão, deve pressupor esse vazio cultural e, longe de concentrar sua atenção em produções doutrinais da época, necessariamente rudimentares e modestas, deve inclinar-se com humildade para observar e indagar o complexo esforço recriador de uma civilização que se realiza empiricamente em outro plano e em outro nível. Em outras palavras, a inexistência – ou a existência marginal e incipiente – de uma doutrina deve apenas nos conduzir a buscar em outro lugar o sentido e o alcance de um ambiente histórico, evitando o beco sem saída de apreciações negativas prefabricadas, mas, antes, respeitando suas complexas configurações e valorizando-as.

De fato, o vazio de uma cultura jurídica é para esses séculos, assim como a incompletude do poder político, uma circunstância de extraordinário relevo e à qual se vincula, como falávamos agora há pouco, uma acentuada marca de originalidade. Sem condicionamentos de caráter cultural, dentro do amplo espaço reconhecido pelos detentores do poder público, a práxis pode trabalhar sua capilar construção com uma extraordinária adesão aos fatos e às estruturas. O direito, no âmbito desse relativo vazio, redescobre então a sua vocação natural para assentar-se em dados estruturais, para adaptar-se aos fenômenos na sua naturalidade e materialidade.

Tal construção, embora absolutamente pobre de traços especulativos, tem uma força histórica notável. Será uma interpretação do mundo fenomênico e social inclinada a reproduzir fielmente os dados deste mundo, talvez até a suportá-los; será um canal de interlocução constante com a realidade externa, sempre conduzido com humildade, talvez com passividade. O operador jurídico não deve vangloriar-se de se propor a isso, pois não é o tradutor em termos jurídicos de um irrefreável anseio de poder no mundo.

Se observarmos retrospectivamente, a práxis desses séculos mostra-se como uma miríade de atos, cada um dos quais, tomado individualmente, é insignificante na sua parcialidade, mas se insere com todos os outros num sentido, numa direção: a elaboração, dia após dia, de uma ordem fundamental, que redescobre o único valor aceitável e perseguível num mundo desordenado e caótico: o valor do efetivo.

A efetividade é a regra vencedora dessa experiência jurídica em formação, pois, na sua falta de referências a uma elaboração humana e à sua hierarquia de valores artificiosos, recorre aos fatos, àqueles fatos que por si mesmos encontram na história cotidiana a força para se destacar dos outros, para durar, para ter repercussão, pois a efetividade não precisa depender de modelos, modelos de que a nascente realidade medieval é absolutamente pobre.

Na verdade, o modelo existe, mas não é prefabricado em toda a sua precisão obrigatória por uma comunidade humana que o assume como valor; pelo contrário, jaz, rarefeito, no mundo dos fenômenos, naquele mundo que os juristas chamam de mundo dos fatos. Sua realização consiste, portanto, apenas numa adequação aos fatos, numa conformidade plena a eles. Há, em suma, uma redescoberta da estruturalidade do direito, do fato de ele ser forma de estruturas naturais, étnicas e econômicas, com uma vocação a nunca se distanciar das estruturas, mas sim a segui-las com fidelidade, ainda que essa fidelidade signifique assistematicidade e incerteza.

Esse é o ponto central daquela atitude geral da nossa experiência jurídica, que pode ser corretamente qualificada como "naturalismo jurídico" do primeiro período medieval, entendendo-se com isso muito simplesmente um direito incapaz de se distanciar dos fatos, efetivando uma forma elementar que a eles se adapta, a eles se molda e neles se fundamenta. Se, ao falar de formalismo jurídico, referimo-nos a um sistema cujos institutos encontram sua razão de ser sobretudo num artifício humano – a forma – do qual apenas, prescindindo da conformidade daquele ao real, adquirem a marca da validade, certamente "formalismo jurídico" e "naturalismo jurídico" são dois modos opostos de resolver o problema da organização jurídica. Enquanto o formalismo insiste e apela para a possibilidade de a ação humana se distanciar da natureza das coisas, o naturalismo se mostra dependente dela. Neste último, a forma – que é a roupagem obrigatória de toda realidade jurídica – é apenas um indispensável sinal traçado, com figuras mínimas e toscas, sempre sobre o esquema oferecido pelo único modelo vivo repleto de autoridade intrínseca: o reservatório dos fenômenos.

Nenhum exemplo, entre os muitos que se poderiam aduzir, serve para sustentar essas afirmações melhor que a história da noção de pessoa jurídica. Todos sabemos que, seja qual for a linha doutrinal que se adote[34], a noção de pessoa jurídica – como tentativa bem-sucedida de entificação de uma realidade metanatural que a natureza não entifica e até ignora – representa o brilhante resultado de um procedimento de abstração obtido por teóricos ou por operadores do direito. De fato, dizer que um conjunto de pessoas físicas eleva-se a uma entidade – a associação – diferente de cada uma daquelas pessoas e da soma delas, ou que um conjunto de bens reunidos para um certo fim pode criar o ente jurídico "fundação", significa recorrer ao princípio de que o direito é criação humana, talvez além de e contra a natureza dos fenômenos, e que esse direito pode tranquilamente abstrair-se dela.

O naturalismo protomedieval dificilmente poderia aceitar essa conclusão. E é por isso que dificuldades e incompreensões marcam a história da noção de pessoa jurídica, no longo caminho que separa o mundo romano (onde era operacionalmente conhecida e aplicada com frequência) do mundo da Idade Média sapiencial (séculos XII-XIV), quando será perfeitamente teorizada e reapresentada à reflexão moderna por parte da grande especulação canonista[35]. Para a experiência em formação que estamos estudando, o difícil é a perfeita separação que a noção plena de pessoa jurídica postula entre criação jurídica e realidade natural, uma separação que, por não ser natural, revela-se inaceitável para a nossa ordem fundamentada no naturalismo; e não é de admirar que, na práxis eclesiástica, necessariamente repleta de relações entre indivíduos e instituições, o problema de doações e legados devotos se resolva no mecanismo rudimentar, mas eloquente, da

---

[34] Pretendemos nos referir às muitas, às demasiadas, talvez extenuadas e extenuantes disputas teóricas travadas na ciência jurídica moderna sobre o tema da pessoa jurídica, a partir de Friedrich Karl von Savigny, no curso destes últimos dois séculos.
[35] Cf. mais adiante, na segunda parte, cap. VII.

doação ou do legado não à paróquia ou à abadia – que, como ente, escapa à percepção jurídica da época –, e sim aos muros da igreja ou ao santo padroeiro, duas realidades em cuja existência o homem medieval, certo de suas convicções materiais e religiosas, efetivamente acredita[36].

Nesse ambiente naturalista também é possível compreender melhor o princípio da chamada "personalidade do direito", que vimos se difundir nesses séculos e cujas primeiras justificativas históricas já fornecemos. De fato, para explicar a afirmação do princípio concorrem, além de um sentimento orgulhosamente possessivo em relação a um patrimônio consuetudinário ligado à vida histórica de um *éthnos*, também influências naturalistas precisas encontradas sobretudo nas linhas do pensamento da tradição germânica: o direito surge como patrimônio próprio e específico de um determinado grupo étnico, por estar estreitamente vinculado às pretensas características raciais diferenciais desse grupo. Enquanto pertinência e privilégio daqueles que partilham do mesmo sangue, o direito é – como tal – intransmissível além do limite dos "consanguíneos".

Mas não é só isso: a vocação geral da ordem jurídica para se construir em perfeita conformidade às estruturas torna-se, em muitos casos, uma sujeição tão passiva a elas a ponto de fazê-la adquirir um preciso caráter infraestrutural; e o clima de naturalismo se enreda num verdadeiro "primitivismo jurídico". E aqui, para que

---

[36] Ampla documentação em F. Schupfer, *Il diritto privato dei popoli germanici con speciale riguardo all'Italia*, I, *Le persone. La famiglia*, Città di Castello, Lapi, 1907, pp. 177 ss.; P. S. Leicht, *Il diritto privato preirneriano*, Bolonha, Zanichelli, 1933, pp. 55-7; P. Frezza, "L'influsso del diritto romano giustinianeo nelle formule e nella prassi in Italia", in *Ius romanum medii aevi*, parte I, 2, c ee, Mediolani, Giuffrè, 1974, p. 70. Todavia, o significado da imputação ao santo padroeiro foi, a nosso ver, totalmente malcompreendido por Leicht e Frezza, e indica que não se alcançou "a consciência da personalidade do ente instituído" (ao contrário do que pretendia Frezza).

as qualificações não deem lugar a equívocos, precisamos nos deter um momento para esclarecer esse esquema interpretativo que consideramos particularmente inerente à sociedade protomedieval.

8. Sobre o primitivismo protomedieval, em particular

Utilizar semelhante esquema para um período histórico pode ser desconcertante, se tivermos em mente o uso geral e costumeiro dos termos "primitivo" e "primitivismo", segundo o qual essas acepções servem para caracterizar ou a mais remota pré-história ou as relíquias pré-históricas ainda hoje existentes, descobertas e estudadas pelos etnólogos. Sendo assim, vale a pena esclarecer que, quando usamos aqui essas qualificações, pretendemos nos referir especificamente a uma noção interpretativa, elaborada com precisão pela doutrina etno-sociológica, segundo a qual o primitivo não é necessariamente um sujeito que se coloca, por si só, fora do processo histórico de civilização, mas sim um sujeito que se distingue apenas por uma caracterização antropológica particular, passível de ser encontrado sob determinadas circunstâncias, em cada momento histórico[37].

Em outros termos, o primitivo não é, como quer o nosso senso comum, um selvagem da idade da pedra, o homem do paleolítico ou da mais profunda selva amazônica, mas um sujeito culturalmente muito pobre que tem uma relação psicológica singular com a realidade externa. Ele não pode deixar de se inserir num ambiente onde a relação entre natureza e sujeito é marcada por uma evidente desproporção entre aquela e este, por uma predominância daquela sobre este como agente civilizador.

---

[37] Sobre o primitivismo como esquema antropológico, e particularmente sobre o primitivismo como esquema interpretativo da realidade histórica protomedieval, só nos resta remeter a Grossi, *Le situazioni reali...*, cit., pp. 42 ss., em que se utilizou esse esquema para uma compreensão histórico-jurídica mais adequada.

O pressuposto necessário é que ele esteja submetido à natureza e seja de tal forma tributário dela a ponto de abdicar de sua individualidade, confundindo-se e identificando-se com ela. Em outras palavras, o primitivo se identifica, sob o aspecto da sociologia cognoscitiva, com um sujeito que não se limita a se submeter aos dados da experiência, mas que é constitucionalmente incapaz ou relativamente capaz de objetivá-los, incapaz de refletir sobre as coisas e, ao refletir, incapaz de se distanciar devidamente delas, de afirmar o distanciamento que separa o ser pensante do mundo dos fenômenos, o sujeito por excelência do conjunto dos objetos.

A mentalidade primitiva, ao agigantar a realidade objetiva, tende a se fundir com os fenômenos, a não estabelecer limites entre consciência e fenômeno, a misturar sujeitos e objetos numa realidade cósmica única e unitária que misteriosamente liga uns aos outros numa inseparável dimensão vital. A consciência do primitivo é, em suma, uma consciência não autônoma, impotente para refletir sobre a realidade circunstante e, por sua vez, potencialmente levada a se sentir "partícipe"[38] dessa realidade no âmbito de uma ordem que supera sujeito e objeto e os insere numa única organização cósmica.

Pois bem, esse homem tão desprovido de carga crítica é uma presença frequente na era protomedieval, desenvolve-se muito bem num mundo culturalmente asfixiante, permeado por uma dramática crise demográfica, enfraquecido pela peste, pela carestia e por invasões, dominado pela desordem social, incapaz de controlar a natureza bruta com a tradicional técnica agrária.

---

[38] "Participação" é um termo (e um conceito) adotado pelo etnólogo e sociólogo francês Lucien Lévy-Bruhl (1857-1939) para compreender a situação psicológica de completa fusão entre sujeito e coisas que se verifica no espírito primitivo. Sobre a obra de Lévy-Bruhl e sobre a noção de "participação", ver o que escrevemos detalhadamente em Grossi, *Le situazioni reali...*, cit., pp. 90 ss.

A relação homem-natureza se estabelece, no primeiro período medieval, de modo absolutamente singular. Para além de um figurativismo estilizado com cores escuras e fortes, a realidade histórica corresponderia, ao contrário, à configuração de uma sociedade com poucos habitantes, ameaçados por medos atávicos e por uma natureza não mais dominada e já profusa no extravasamento da vida vegetal. Os braços humanos são escassos; a crise demográfica, iniciada há tempos, é desastrosa: na Itália, as incursões e as guerras dos séculos V e VI, a sucessão de epidemias da metade do século VI ao final do século VII, dentre as quais são particularmente trágicas as da peste negra, as carestias muito frequentes, as deportações da população rural para além dos Alpes criam um vazio irreparável, um vazio que certamente está em relação direta com o aumento dos territórios não cultivados e com o retorno a um tipo predominante de agricultura extensiva. O percentual de terras não cultivadas em relação à superfície é muito alto, enquanto fatos alarmantes se fazem notar no que se refere aos poucos terrenos cultivados: em geral, decadência da agricultura, redimensionamento da atividade de cultivo para a de criação de animais de pequeno porte e que requerem pouco manejo, como o porco; uso de uma técnica agronômica absolutamente inadequada, baseada sobretudo no uso da enxada e da pá e, com frequência ainda menor, no uso de arados primitivos, e com rendimento muito baixo das culturas agrárias; substituição do trigo por cereais menores como o milho, o painço, o centeio e o sorgo.

É, em suma, uma economia agrícola que não hesitamos em definir como primitiva e que em boa parte é dominada por um elemento primordial por excelência: a floresta. A floresta protomedieval, extremamente vasta na Europa centro-setentrional e também nas regiões mediterrâneas, desempenha um papel importante: abriga uma multidão de formigas humanas que vivem nela e graças a ela; assim como o campo cultivado é fonte primária de vida, condição de existência e remédio contra a fome, igual e mais que a colheita incerta e sempre magra de uma plantação de cereais.

Mas a floresta, por sua própria estrutura, não pode deixar de condicionar, sobretudo se sua superfície é particularmente extensa, a organização dessa região para a qual é fonte provedora de subsistência: como refúgio ideal do banditismo, é origem de insegurança e de desordem social; como acúmulo maciço de matéria vegetal, é uma barreira natural e muitas vezes um grande obstáculo para uma trafegabilidade ágil, para uma troca frequente de relações humanas.

Portanto, o ambiente protomedieval, sobretudo o período protomedieval pré-carolíngio (séculos V-VIII), é o cenário de uma sociedade que pode, com razão, ser qualificada como primitiva: na paisagem agrária prevalecem o bosque, o chão duro, o pântano, a terra inculta; a agricultura é rudimentar e com resultados insatisfatórios tanto pela quantidade como pela qualidade dos produtos; escassos os braços cultivadores; decadentes as aglomerações humanas e, não bastasse isso, epidemias, guerras, invasões, banditismo que acentuam certas formas de impotência econômica e social.

Na solidão que lhe resultava da ausência de uma sólida organização política e de uma proteção eficaz, na contemplação da desordem, o homem protomedieval não podia deixar de se sentir totalmente condicionado pela natureza das coisas. Ao lado do medo da peste, da carestia e da guerra, sua única certeza era a contemplação das coisas; somente com sua inserção nelas sentia-se seguro, misticamente ligado a elas por um vínculo de vida e de morte. E as coisas não puderam deixar de assumir proporções enormes, de ser supervalorizadas nas forças de que eram depositárias.

O direito, como é óbvio, sente os efeitos desse extraordinário comportamento antropológico; e o primitivismo genérico torna-se um "primitivismo jurídico" específico. Dentro do naturalismo jurídico imperante, entendido como vocação para edificar a ordem em absoluta conformidade às estruturas, toma forma um conjunto de construções em que se sente aquele algo mais que caracteriza o primitivismo: uma tendência a conceber o direito como dado infraestrutural, em que não se registram apenas com fidelidade as regras e as instâncias da natureza das coisas, mas em que cabe às coisas, à sua força primordial, o papel primário de protagonista do ordenamento.

Percebemos sua efetividade histórica, que pode parecer apenas uma frase de efeito, se penetramos no tecido dos institutos jurídicos, em suas razões internas. Há sobretudo um campo – o dos direitos reais, lugar de eleição para avaliar o posicionamento da ordem jurídica na eterna dialética entre "sujeito" e "objeto" – em que se correria o risco de não compreender nada sobre a especificidade da mensagem histórica do primeiro período medieval, se não se manejasse com eficácia o esquema interpretativo do primitivismo.

De fato, é um campo dominado pelo declínio da propriedade formal e pelo surgimento e multiplicação de situações reais sobre a coisa em condição diferente daquela do proprietário e originadas de forças primordiais como a simples detenção, o usufruto, o trabalho físico, a duração, com o resultado de ver iniciado um sistema de limites ao poder do proprietário e um sistema de garantias jurídicas para o concessionário[39]. E cabe ainda uma pergunta: como isso é possível num mundo que nos parece totalmente insensível às instâncias da "justiça social"? Por quais caminhos

---

[39] Ver mais adiante, p. 131.

a ordem jurídica conquista esses extraordinários resultados historicamente repletos de contragolpes e de consequências futuras?

Nossa resposta é firme e clara: graças ao naturalismo e ao primitivismo dos quais a realidade jurídica protomedieval se imbuiu. Sem condicionamentos de cunho político ou cultural, o operador-jurista lê com imparcialidade o mundo das coisas e registra fielmente essa leitura no mundo do direito. Todo um conjunto de forças primordiais menosprezadas ou mutiladas pelo formalismo impiedoso dos "clássicos" retoma nesse momento a dianteira e reassume a função de base de sustentação das novas construções. A natureza das coisas – ou seja, um conjunto de instâncias biológicas e econômicas passiva e ingenuamente entendido e interpretado – dita suas regras e funciona como valioso elemento norteador. Enquanto os sujeitos se calam, é à voz das coisas que se presta atenção; aquelas coisas de cuja vida o sujeito primitivo "participa", identificando-se com elas.

O concessionário de um contrato agrário, que durante toda a vigência deste se vê elevado a possuidor da terra, com todo o conjunto de garantias jurídicas que a situação possessória comporta, não recebe essa proteção enquanto trabalhador que a merece por sua dignidade pessoal, mas enquanto sujeito partícipe da própria vida da coisa graças às forças da detenção, do usufruto, da duração e da energia-trabalho que vinculam trabalhador e coisa. A participação do concessionário em relação à coisa e seu enraizamento nela – circunstâncias factuais que o observador protomedieval contempla – não podem deixar de se traduzir num enraizamento jurídico, numa transformação da situação do concessionário de tipicamente pessoal – como queria a tradição clássica – em tipicamente real.

O campo dos antigos *iura in re* é subvertido pelas bases naturalístico-primitivistas, mudando de fisionomia e afirmando os pressupostos para o futuro desenvolvimento que a Idade Média sapiencial e doutrinal, depois do século XII, levará adiante em termos de cultura jurídica.

9. Reicentrismo da nova experiência jurídica

A trama naturalista constitui o "segredo" e o núcleo de especificidade de todo o direito protomedieval e permite o amadurecimento de uma revolução tácita, insensível, mas incisiva: a ordem se desagrega do sujeito, recusa-o como eixo do próprio mecanismo, como pedra angular da própria construção. O ordenamento se desloca *do* sujeito *para as* coisas, e a coisa, nas suas exigências primordiais, em sua factualidade não condicionada, não mortificada nem filtrada, torna-se sua protagonista e a fonte em sentido substancial de todo o devir jurídico.

Isso é historicamente muito relevante e se eleva ao papel de valor histórico da época no Ocidente: a ordem *antropocêntrica*, inteiramente empenhada no culto do indivíduo, ou seja, de um dado indivíduo bem perspicaz, bem nutrido e desejoso de domínio, edificado como suporte e garantia da sua soberania no mundo, sofre um abalo importante. A nova experiência, em seu vazio cultural, em sua rarefação política, em suas exigências constantes e prementes de sobrevivência cotidiana, é obrigada a redescobrir outras forças, objetivas, aquelas que, sem artifícios, nascem efetivamente nas coisas e a partir delas, e às quais estão ligadas as principais instâncias da vida cotidiana.

A Idade Média nasce sob a égide de um acentuado *reicentrismo* – centralidade da *res*, da coisa –, de uma tentativa de reencontrar as dimensões objetivas de toda forma jurídica. Tal atitude, gerada e sistematizada na fértil oficina protomedieval, constituirá, porém, o traço distintivo e, portanto, a chave interpretativa essencial de todo o direito medieval. A Idade Média sapiencial irá recebê-lo como legado dos séculos precedentes e o conservará zelosamente, tendo sobre ele motivações e sistematizações de elevada especulação, demonstrando uma vez mais a profunda unidade e a real indivisibilidade de toda a experiência jurídica medieval.

Experiência, portanto – e falemos claramente, para evitar os equívocos em que incorreram tantos zelosos incautos –, que não se aplica no cerne de uma interpretação de cunho humanista, mas, ao contrário, no seu pujante esforço criativo, insensível a toques humanistas e toda empenhada em construir a partir do real e sobre o real, disposta a pedir enormes sacrifícios ao indivíduo e às suas instâncias.

No plano de escolhas específicas, antes de encerrar esta seção e seguir adiante, queremos fazer duas observações que decorrem de tudo o que se disse até agora e que constituem o seu fecho.

Em primeiro lugar, que é incorreto e anti-histórico pensar o primeiro período medieval como um universo de indivíduos garantidos nos seus direitos, no qual se insere isoladamente o conjunto da ação social. Nesse momento histórico, o indivíduo, ou seja, o sujeito autossuficiente que leva em conta as energias individuais e constrói a ordem geral, é, sem dúvida, uma abstração. O indivíduo ou é atraído pela coisa até se tornar quase pertencente a ela, ou é atraído pelo grupo intermediário, que pode dar-lhe apenas proteção e possibilidade de desenvolvimento. Será sobretudo nesses grupos – sejam eles a paróquia, a corporação profissional, a associação política, a irmandade e assim por diante – que se fundará o edifício da sociedade medieval, do mesmo modo que a grande catedral, base e símbolo das aspirações de toda uma comunidade, pressupõe não este ou aquele artífice, mas a corporação laboriosa em cujo interior as individualidades desaparecem.

A segunda observação é mais a complementação e a antecipação daquilo que dissemos até aqui e de que ainda falaremos sobre a primazia do costume no sistema protomedieval das fontes. Tal conclusão, que aqui decididamente reforçamos, encontra na orientação naturalista há pouco demonstrada uma justificativa ulterior e probante. De fato, o costume é a mais "objetiva" das fontes; nasce das bases e é a própria voz das coisas. Nada mais é do que um fato que atinge a própria normatividade em sua repetição material. Identificando e valorizando os usos, os operadores protomedievais identificavam e valorizavam uma mensagem escrita nas coisas, que parecia emergir da própria natureza dos lugares e com a grande e indiscutível autoridade da natureza. O costume se lhes apresentava, e aflorava com precisão à sua atenta sensibilidade, como *altera natura*, segunda natureza, como – com jargão antigo – repetirão com frequência glosadores e comentadores[40].

10. Fatos normativos fundamentais: terra, sangue, duração

Temos, portanto, o "reicentrismo" e o "comunitarismo" como posturas características da nova civilização jurídica: a coisa, o mundo das coisas, a natureza cósmica vista com humildade e respeito, é um conjunto de forças determinantes que moldam a ordem jurídica; a comunidade é a insuprimível célula vital para uma civilização que não acredita na ação individual, que não leva em conta o indivíduo, que se baseia e se constrói no "plural", no coletivo em todas as suas manifestações.

Esse comportamento geral e determinado faz surgir, entre os muitos fatos sobre os quais essa civilização factual ergue a própria ordem, três fatos que se mostram munidos de uma extraordinária carga normativa e assumem, portanto, uma função claramente fundamental. Trata-se da "terra", do "sangue" e do "tempo". E a esse

---

[40] Ver mais adiante, p. 229.

respeito devemos esclarecer melhor, pois temos consciência de ter pronunciado palavras incomuns ao vocabulário de um jurista. A terra, entendida como coisa produtiva por excelência, realidade complexa que não é dominada nem dominável pelas indefesas formigas da alta Idade Média, mas é fonte de vida e garantia de sobrevivência, que traz escritas em si regras originárias e perfeitamente legíveis por quem tenha olhos atentos e disponíveis[41]; o sangue como realidade que cria um vínculo inseparável entre sujeitos e que distribui entre eles um patrimônio de virtudes, faculdades e funções não transmissíveis ao exterior[42]; o tempo como duração, como uma martelação contínua de fatos que, prescindindo de qualquer contribuição da vontade humana[43], cria, extingue, modifica[44].

Três fenômenos repletos de normatividade, três forças primordiais com um mesmo significado antropológico: minimizam a contribuição do indivíduo, do sujeito singularmente considerado, elevando a natureza das coisas e o grupo a protagonistas da experiência.

Não é difícil explicar essa conclusão. A terra é uma instituição forte, que atrai os indivíduos, os condiciona e os instrumentaliza

---

[41] Somos mais uma vez obrigados a remeter a Grossi, *Le situazioni reali..*, cit., cap. XI.
[42] Ver as expressivas páginas sintéticas de P. Delogu, "Germani e Carolingi", in L. Firpo (org.), *Storia delle idee politiche economiche e sociali*, v. II, Turim, Utet, 1983, pp. 3 ss., e de A. Cavanna, "Diritto e società nei regni ostrogoto e longobardo", in *Magistra barbaritas. I barbari in Italia*, Milão, Scheiwiller, 1984, sobretudo p. 364.
[43] Tal como nos institutos da prescrição extintiva e da usucapião (prescrição aquisitiva), bem conhecidos do direito romano e nos quais é determinante o comportamento das pessoas no aspecto da negligência e da vontade possessória, respectivamente.
[44] Limito-me a lembrar as profundas intuições de M. Bloch num livro antigo, mas ainda atual: *La società feudale*, trad. it. de B. M. Cremonesi, Turim, Einaudi, 1959 (ed. or. 1939), pp. 125 ss., e um ensaio de F. Kern, ainda mais antigo, mas extremamente sugestivo, e que até hoje constitui uma leitura proveitosa, *Recht und Verfassung im Mittelalter*, Darmstadt, Wissenschaftliche Buchgesellschaft, 1965 (ed. or. 1919). Observações interessantes também em A. Ja. Gurevič, *Le categorie della cultura medievale*, trad. it. de C. Castelli, Turim, Einaudi, 1983 (ed. or. 1972), pp. 29 ss. e 97 ss.

em vista daquele fim absorvente que é a produção; cultivo e produção não são confiados ao indivíduo, mas ao grupo, familiar ou suprafamiliar, e verticalmente à corrente geracional de grupos sucessivos, pois somente o grupo pode ter bom êxito na tentativa de se impor a uma realidade misteriosa e indócil. O sangue, que no indivíduo se mostra como um insignificante líquido vermelho, adquire a função de sinal e característica se vinculado ao grupo, à família, ao agregado associativo suprafamiliar e – gradativamente – à *natio*, ao grande grupo daqueles que descendem de uma mesma linhagem e formam uma mesma estirpe. O tempo que, como duração, pode exprimir-se apenas no *continuum* das gerações, que anula o indivíduo como ponto de uma linha; o tempo que, como memória, encontra na coletividade o seu nicho adequado.

Terra, sangue e duração sublinham, pois, a irrelevância do indivíduo, sua imperfeição diante da perfeição da comunidade.

11. Certezas fundamentais: imperfeições do indivíduo e perfeição da comunidade

Estamos diante de uma das atitudes mais características da consciência medieval, exasperada – por um lado – pela persistente desordem social, que propunha os mais variados agregados coletivos como nichos protetores indispensáveis, e – por outro lado – pela protagonista Igreja Romana, habituada a pensar a salvação do indivíduo apenas no seio da comunidade sagrada e a suspeitar de toda solidão individual.

Será uma atitude constante, que desde o tempo de fundação se transferirá intacta para a Idade Média sapiencial e nela perdurará sem alterações; constante, pois vinculada a profundas convicções antropológicas e por isso enraizada no íntimo da experiência e expressão dela.

Esse aspecto será demonstrado por três textos situados em três momentos diversos, embora em absoluta sintonia; palavras de três teólogos-filósofos, ou seja, consciências ainda mais sensíveis em relação às certezas antropológicas circulantes na sociedade: de Santo Agostinho, que escreve por volta do início do século V, num interessante divisor de águas entre o período medieval tardo-antigo e o protomedieval; de Hugo de São Vítor, filósofo e teólogo parisiense, que escreve no início do século XII; de Santo Tomás, que, refletindo e sistematizando no final do século XIII, mostra-se a nós como o momento sintetizador e sinótico de toda a antropologia da Idade Média.

Eis a linguagem eficaz de Agostinho:

> ista contextio creaturae, ista ordinatissima pulchritudo, ab imis ad summa conscendens, a summis ad ima descendens nusquam interrupta sed dissimilibus temperata[45].

A criatura, individualmente considerada, enquanto permanece isolada, não atinge a plenitude de si mesma; só é possível percebê-la inserida num tecido superior, o único que, enquanto tecido que reúne e ordena uma multidão de entidades individuais, tem o mérito da *pulchritudo*, da beleza; beleza que reside no todo, na ordem que harmoniza e compõe em unidade. O eixo do discurso – é claro – não está na tessela do mosaico, mas no contexto, já que é apenas no contexto que se determina o fluxo que se eleva das coisas ao Divino e desce do Divino às coisas. Primado ontológico da harmonia do todo como campo de ação do Divino.

Ainda mais explícito é o texto de Hugo de São Vítor:

> Hoc autem diligenter attendendum est, quod non singulis quibusque, sed hierarchiae, id est universitati, bona illa manifestata

---

[45] ("Essa inserção da criatura num tecido supraordenado, essa realidade belíssima na sua dimensão de ordem perfeita, uma ordem que se move das profundezas e se eleva ao alto, que desce do alto às profundezas, sem interrupções, mas multifacetada nas variações das diversidades"), Santo Agostinho, "Enarrationes in Psalmos", CI-CL, in *Corpus christianorum*, Series latina, XL, pars X, 3, salmo CXLIV, n. 13.

dicuntur, ita tamen ut a singulis in universitate imitationis studio exerceantur, quia gratia ad universos effunditur et in singulis operatur. Extra unitatem nullus illam accipere potest et in unitate alteri data nulli sufficere potest[46].

Nesse caso, não se fala mais de *ordinatissima pulchritudo*, mas de *hierarchia*, de *universitas*, com terminologia que evoca mais especificamente a organização que reduz a pluralidade à unidade. É extremamente densa a explicação, que constitui a parte central do texto: ainda que a Graça atue nos indivíduos e para os indivíduos, é na *universitas* que encontra o terreno indispensável para se manifestar. O indivíduo – para consegui-la – deve encerrar-se no interior da unidade ordenada e ordenadora, dentro da qual ele – atendendo às diretrizes circulantes e imputáveis à totalidade – poderá se beneficiar; compete a ele, como indivíduo, apenas um exercício, não uma titularidade.

Poderíamos dizer que o texto agostiniano, em sua evidente caracterização neoplatônica, esboça um universo que não tem limites em relação ao alto, que, ao contrário, gosta de fixar um processo contínuo entre realidade cósmica e mundo das essências divinas; que esse universo é compreendido, portanto, numa autonomia muito relativa pelo inquieto Doutor africano, atormentado pela reflexão sobre as difíceis relações entre natureza e Graça; e poderíamos dizer que o texto do mestre vitorino se mostra totalmente teológico, também ele baseado no neoplatonismo no

---

[46] ("Um ponto incontroverso é que os bens encontram o terreno ideal para se manifestar não nas individualidades, mas na ordem hierárquica, ou seja, na complexidade composta em unidade orgânica, em cujo interior são exercidos pelos indivíduos graças ao mecanismo da imitação; embora atue nos indivíduos, a Graça encontra na complexidade o seu campo de efusão. Fora da unidade global ninguém é capaz de recebê-la; dentro da unidade é dada a cada um não como individualidade isolada, mas como componente daquela"), Hugo de São Vítor, "Commentariorum in Hierarchiam coelestem S. Dionysii Areopagitae...", livro X, in J. P. Migne, *Patrologia Latina*, v. CLXXV, col. 1.003-4.

que se refere à continuidade com o Divino. Mas o texto de Santo Tomás, seguindo a mesma conclusão, revela a consciência de um mundo percebido em sua substancial autonomia, ainda que se trate sempre de um mundo "criado"; um mundo que, mesmo visto inevitavelmente sob a ótica de um Deus criador, é entendido de forma descontínua no que diz respeito à dimensão metafísica:

> dicendum est quod distinctio rerum et multitudo est ex intentione primi agentis, quod est Deus. Produxit enim res in esse propter suam bonitatem communicandam creaturis et per eas repraesentandam. Et quia per unam creaturam sufficienter repraesentari non potest, produxit multas creaturas et diversas, ut quod deest uni ad repraesentandam divinam bonitatem, suppleatur ex alia: nam bonitas quae in Deo est simpliciter et uniformiter, in creaturis est multipliciter et divisim. Unde perfectius participat divinam bonitatem et repraesentat eam totum universum, quam alia quaecumque creatura[47].

E ainda:

> Ordo... rerum ad invicem est bonum universi. Nulla autem pars perfecta est a suo toto separata[48].

No final do século XIII, quase retomando o sentido de uma reflexão multissecular, o Aquinate insiste na autonomia e na pri-

---

[47] ("A diversidade e a multiplicidade das coisas é desejada por Deus. Ele efetivamente criou as coisas como instrumento de transmissão de sua bondade às criaturas. E, para ser convenientemente representado, criou muitas e diferentes criaturas, para que as imperfeições de uma pudessem ser integradas e preenchidas por outra; de fato, se a bondade é em Deus um atributo simples decorrente de sua essência unitária, nas criaturas é virtude presente em vários modos. Por essa razão, participa mais perfeitamente da bondade divina – e a representa – o universo como um todo do que qualquer outra criatura individualmente considerada"), Santo Tomás de Aquino, *Summa Theologica*, Matriti, Ed. Católica, 1961³, Prima pars, q. 47, a. I.
[48] ("A ordem recíproca das coisas entre si é o bem do universo. Cada parte tem sua autonomia somente em conexão com o todo"), ibid., q. 61, a.3.

mazia do cosmo, no primado da ordem universal; um primado que se impõe por força da perfeição do todo em relação à imperfeição de cada individualidade. Certamente, em sua teoria, a natureza libertou-se daqueles véus simbólico-místicos que as fortes influências neoplatônicas lhe conferiam na especulação protomedieval, adquirindo, em decorrência de uma *philosophia mundi* resgatada pelas redescobertas aristotélicas[49], a plenitude de seus valores também profanos; certamente sua natureza é algo diverso da de Agostinho[50], mas um fio preciso e ininterrupto os une, e é o fio da consciência unitária da antropologia medieval permeada pela convicção crescente, e cada vez mais firme e fundamentada, do indivíduo como criatura imperfeita, inconcebível fora da ordem natural e social.

Caso se objetasse que o raciocínio parece ainda distante de nosso horizonte jurídico, seria necessário redarguir que é imediata a representação no terreno social e no jurídico como dimensões de uma mesma unidade complexa: a relação *unus homo-communitas* é uma relação *imperfectum-perfectum*[51], tanto que o "bonum proprium non potest esse sine bono communi vel familiae vel civita-

---

[49] Alguns esclarecimentos serão feitos a esse respeito no decorrer da próxima seção.
[50] Para saber mais sobre o devir, no curso da Idade Média, do significado e dos conteúdos do termo-conceito "natureza", seria conveniente a leitura de "La filosofia della natura nel medioevo", in *Atti del Terzo Congresso Internazionale di Filosofia Medioevale*, 31 ago.-5 set. de 1964, Milão, Vita e Pensiero, 1966, dos quais recomendamos os ensaios de B. Nardi, "Sguardo panoramico alla filosofia della natura nel medioevo"; de T. Gregory, "L'idea di natura nella filosofia medievale prima dell'ingresso della fisica di Aristotele. Il secolo XII"; e de F. van Steenberghen, "La philosophie de la nature au XIIIe siècle".
[51] Mais um texto esclarecedor de Tomás: "oportet quod lex maxime respiciat ordinem qui est in beatitudinem. Rursus, cum omnis pars ordinetur ad totum sicut imperfectum ad perfectum; unus autem homo est pars communitatis perfectae; necesse est quod lex proprie respiciat ordinem ad felicitatem communem" (*Summa Theologica*, cit. Prima secundae, q. 90, a. 2. Ver também ibid., Pars prima, q. 11, a. 2).

tis aut regni"⁵². A comunidade, em todas as suas manifestações e gradações – isto é, nas diferentes comunidades em que a sociedade se articula –, é a verdadeira protagonista nesse ideário teológico-político-jurídico, verdadeiro e único mecanismo propulsor, porque verdadeiro e único depositário de poderes e funções.

Isso também no nível de teoria política, de teoria da representação política. A grande salvação da politologia medieval, com indiscutíveis repercussões também na práxis, é consagrada a essa certeza e a esse valor supremo que nunca estiveram ausentes durante a Idade Média: confiança na comunidade, realidade materna e tranquilizadora; desconfiança em relação ao indivíduo, realidade precária e imperfeita, que se mostra dissociada da natureza das coisas.

Tal desconfiança também recai sobre o príncipe na sua sublime solidão: de fato, um tema recorrente é o da sua função de substituição em relação à comunidade, do embasamento e da legitimação de seus poderes apenas dentro de sua função vicária. Esse axioma é bem expresso por Tomás quando ensina que "ordinare aliquid in bonum commune est vel totius multitudinis, vel alicuius gerentis vicem totius multitudinis"⁵³. Em tal enunciação encontramos muitas incertezas para entender "de maneira bem clara o princípio da soberania popular"⁵⁴, quase uma improvável antecipação democrática, mas na qual nos limitamos a ler de forma cristalina a reafirmação da comunidade como valor primário, da sua primazia sócio-político-jurídica.

---

⁵² ("não pode haver bem individual sem o bem comum, ou da família, ou da comunidade política"), ibid., Secunda secundae, q. 47, a. 10.
⁵³ ("organizar para o bem comum é tarefa ou de toda a comunidade ou daquele que administra o poder na sua gestão"), ibid., Prima secundae, q. 90, a. 3.
⁵⁴ S. Cotta, *Il concetto di legge nella Summa Theologiae di S. Tommaso*, Turim, Giappichelli, 1955, p. 35.

12. Certezas fundamentais: o direito medieval como ordem jurídica

Duas observações, para começar: a primeira é que um termo e uma noção afloraram com o mesmo destaque nos textos agostiniano e tomista, qual seja, *ordo*, ordem; a segunda é que, se existe um devir incontestável no curso da reflexão medieval sobre a noção de "natureza" – neoplatonicamente entendida por todo o primeiro período medieval como uma unidade contínua das criaturas com o Criador e identificada posteriormente, a partir da escola de Chartres, mas sobretudo após a reinserção na cultura ocidental do chamado Aristóteles latino, como realidade autônoma na sua profanidade[55] –, há também uma incontestável atitude constante, imóvel, a considerá-la no seu conjunto como uma imensa e admirável "ordem".

---

[55] O universo é visto pelos protomedievais segundo uma perspectiva definitivamente simbólico-mística, como fluxos que ascendem em relação a Deus e dele descem, sem solução de continuidade. O limite entre o físico e o metafísico não é nitidamente assinalado; por conseguinte, é a própria autonomia do cosmo que deixa de ser percebida com clareza: o profano tende a se perder no divino. É a concepção que os historiadores da filosofia qualificam como "dionisiana", com referência à grande sistematização neoplatônica que um mestre oriental do início do século VI d.C., falsamente identificado pela tradição medieval como Dionísio Areopagita, discípulo de Paulo, elaborou num tratado sobre as hierarquias divinas, traduzido muitas vezes, difundido e muito influente. Um olhar totalmente novo em relação à natureza, uma disponibilidade de entendê-la como valor autônomo e, portanto, de fazê-la recuperar também a sua profanidade – mesmo dentro dos limites indiscutíveis e incontroversos da criação – verificam-se no século XII com a escola de Chartres e, mais ainda, no século seguinte, quando, graças à grande quantidade de traduções latinas, passa-se a difundir toda a obra aristotélica, inclusive daquele Aristóteles político, moral e físico ignorado por longos séculos. Santo Tomás se beneficia desse clima profundamente renovado. Sobre o conceito de natureza na escola de Chartres, cf. Gregory, *L'idea di natura*, cit., pp. 38 ss., e também M. D. Chenu, *La teologia nel dodicesimo secolo*, organizado por P. Vian, Milão, Jaca Book, 1986 (ed. or. 1976), pp. 26 ss.; sobre a reviravolta causada pelas traduções aristotélicas: Van Steenberghen, *La philosophie de la nature*, cit., pp. 115-7.

Ordem. Tal termo e noção levam-nos ao cerne da antropologia medieval[56]. Os fatos naturais e sociais, agora protagonistas, não são uma enxurrada de fenômenos amontoados desordenadamente uns sobre os outros, mas, encontrando a própria fonte na sabedoria divina[57], são inseridos numa harmonia que a todos concilia. A ordem é precisamente aquele tecido de relações graças ao qual um agregado de criaturas heterogêneas é reconduzido espontaneamente à unidade[58]. O primado ontológico da *totalitas* e da *multitudo*, que leva forçosamente à supervalorização do sangue, da terra e da duração como fatos normativos fundamentais; a perfeição do coletivo como *totalitas* e como *multitudo* e a consequente imperfeição do indivíduo requerem que *totalitas* e *mul-*

---

[56] O historiador da sociedade que, recentemente, mais compreendeu essa dimensão da civilização medieval foi Georges Duby, sobretudo em *Lo specchio del feudalesimo. Sacerdoti, guerrieri e lavoratori*, Roma-Bari, Laterza, 1980 (tradução banalizante de um título francês muito mais significativo: *Les trois ordres ou l'imaginaire du féodalisme*, ed. or. 1978). Constituem também uma leitura prazerosa e útil dois antigos ensaios de G. de Lagarde, "Individualisme et corporativisme au moyen age", in *L'organisation corporative du Moyen Age à la fin de l'Ancien Regime*, Louvain, Bibl. de l'Université, 1937, e "La conception médiévale de l'ordre en face de l'humanisme, de la renaissance et de la reforme", in E. Castelli (org.), *Umanesimo e scienza politica*, Milão, Marzorati, 1951. No plano histórico-filosófico, pode ser de alguma utilidade a obra de H. Krings, *Ordo. Philosophisch-historische Grundlegung einer abendländischen Idee*, Hamburgo, Meiner, 1982², enquanto um sugestivo contraponto agostiniano encontra-se atualmente em R. Bodei, *Ordo amoris. Conflitti terreni e felicità celeste*, Bolonha, Il Mulino, 1991. Ao contrário, são de pouca importância para os nossos objetivos as páginas de P. Michaud-Quantin, "Ordo et ordines", in id., *Etudes sur le vocabulaire philosophique du moyen age*, Roma, Ateneo, 1971.

[57] Inúmeros textos poderiam ser citados. Mencionaremos apenas o de Santo Tomás: "Iustitia Dei, quae constituit ordinem in rebus conformem rationi sapientiae suae" (*Summa Theologica*, cit., Prima pars, q. 21, a. 2).

[58] Convém citar apenas um texto de Santo Tomás, sintetizador, esplêndido por sua expressividade, no qual, entre outras coisas, está contida uma célebre definição de "povo" como "multidão" organizada: "nomen collectivum duo importat, scilicet pluralitatem suppositorum et unitatem quandam, scilicet ordinis alicuius; populus enim est multitudo hominum sub aliquo ordine comprehensorum" (ibid., Pars prima, q. 31, a. I).

titudo resolvam-se em ordem; só assim a parte, o *individuum*, poderá ver a sua função racionalmente reduzida. Tudo deve ser ordenado: o *ordo* universal de que se fala aqui não pode deixar de se articular, em nível social, em vários *ordines* particulares, momentos necessários de divisão da sociedade medieval, nichos necessários nos quais inserir e dar concretude e funcionalidade histórica a essa abstração desprovida de sentido que é o indivíduo.

Ordo, ordinare, ordinatio são termos monotonamente repetidos nas páginas filosóficas, teológicas, místicas, assim como naqueles primeiros exemplos vagos da literatura politológica que são os *specula principum* do período carolíngio em diante[59], como nas coletâneas consuetudinárias e nos textos normativos dos monarcas[60]. *Ordo* parece ser realmente o lema de toda a antropologia medieval: desde Santo Agostinho, que escreve *De ordine*, um opúsculo autônomo[61] e que – numa passagem famosa do *De civitate Dei* – vê o *Ordo* como garantia de todos os diversos níveis de *pax*[62], até Santo Tomás, que faz do *ordo* o eixo da *Summa Theologica*, identificando-o como instrumento para afirmar a relativa autonomia do cosmo[63].

Diante da desordem que o cotidiano dos homens constantemente propunha, essa antropologia sente a necessidade impe-

---

[59] Um exemplo em Sedúlio Escoto (séc. IX). Cf. "Liber de rectoribus christianis", organizado por S. Hellmann, in *Quellen und Untersuchungen zur lateinischen Philologie des Mittelalters*, I/1, Munique, Beck, 1906, p. 22. Sobre o gênero literário dos "espelhos dos príncipes", cf. I Deug Su, "Gli Specula", in G. Cavallo, C. Leonardi, E. Menestò (org.), *Lo spazio letterario del medioevo, Il medioevo latino*, v. I – *La produzione del testo*, Roma, Salerno, 1993, p. 533.

[60] Na sequência, alguns exemplos.

[61] Santo Agostinho, "De ordine libri duo", in *Corpus scriptorum ecclesiasticorum latinorum*, v. LXIII.

[62] Idem, "De civitate Dei", livro XVIII, cap. XIII, in *Corpus Christianorum*-Series latina, v. XLVII-XLVIII.

[63] As citações deveriam ser muitas. Ver *ad vocem* no *index rerum* da *Summa Theologica* de Santo Tomás, V, Supplementum. Indices, cit.

riosa de recorrer a algo que esteja além e acima do cotidiano, a uma dimensão do físico e do social que jamais vê cada uma das situações como independentes umas das outras, ou melhor, bem no centro da pluralidade[64], muitas vezes hierarquicamente constituídas[65], em posição de relativa subsistência, mas sempre em relação uma com a outra, cada qual pressupondo a pluralidade a que está vinculada por uma indivisível *relatio ad*, ou seja, o *ordo*; e fala-se de *multiplex, duplex, triplex ordo*[66], surpreendendo a criação, toda a criação, como um crescendo de relações – relações recíprocas das criaturas entre si, mas também relações das criaturas com a substância incriada –, um crescendo[67] que encontra no *ordo* supremo, isto é, na relação das criaturas com a divindade, a própria unidade e a confirmação da própria perfeição ontológica.

Essa paroxística teologia medieval da ordem – não devemos torcer demais o nariz, pois nesse caso teologia significa antropologia – tem dois significados profundos.

Sob o cotidiano turbulento há um reticulado estável de raízes; sob as misérias existenciais dos acontecimentos há uma realidade essencial, meta-humana, em que se ocultam os sólidos fundamentos do universo; há uma natureza das coisas físicas e sociais que se propõe, para além das antinomias e dos particularismos, sobretudo como harmonia das diversidades e, portanto, como

---

[64] "ordo enim rerum ad invicem est bonum universi. Nulla autem pars perfecta est a suo toto separata" (ibid., Pars prima, q. 61, a. 3).

[65] Ibidem, Pars prima, q. 47, a. 2 (*per totum*). Sobre o conceito de "hierarquia", fundamental na mentalidade medieval, ver P. Cappellini, "Gerarchia", in L. Ornaghi (org.), *Politica-Vocabolario*, Milão, Jaca Book, 1993, p. 294.

[66] Michaud-Quantin, *Ordo et ordines*, cit., p. 91.

[67] "est autem duplex ordo considerandus in rebus, unus quo aliquid creatum ordinatur ad aliud creatum, sicut partes ordinantur ad totum et accidentia ad substantias et unaquaeque res ad suum finem. Alius ordo quo omnia creata ordinantur in Deum" (S. Tomás, *Summa Theologica*, cit., Pars prima, q. 21, a. I).

unidade harmônica. Certeza que é bem expressa pelo uso repetido do termo *universitas* – bem conhecido dos juristas e pertencente ao seu vocabulário habitual – para sublinhar, por parte de teólogos e filósofos, o caráter unitário e orgânico do universo como um todo[68].

Não é somente o reino da natureza cósmica. Pertencem também a essa ordem secreta, essencial, a natureza da sociedade e, por conseguinte, sua estrutura mais recôndita, o direito. Os medievais parecem conservar a advertência do velho Cassiodoro, para quem a vida autenticamente humana é apenas aquela que repousa no *iuris ordo*[69] e nele se entrelaça. O verdadeiro direito, não a violência legal do príncipe tirano, pertence à dimensão organizativa, é *ordo*; é componente primário da ordem geral.

O segundo significado é que, se a feição essencial do mundo é ordem, se ordem é necessariamente relação entre entidades e é garantia de harmonia – de *consonantia* – precisamente porque

---

[68] Ininterruptamente: de Calcídio (séc. IV) que, no comentário ao *Timeu* de Platão, fala de *universitas mundi*, a Agostinho, a João Escoto Erígena (séc. IX), que define como *universitas* a união orgânica entre substâncias criadas e substância incriada, a Anselmo d'Aosta (séc. XI), aos mais significativos mestres da escola de Chartres (séc. XII), a Bernardo Silvestre, que escreve (aproximadamente em 1150) o poema *De mundi universitate*, a Hugo de São Vítor, que já conhecemos, a Guilherme d'Auvergne (séc. XIII). Os textos foram reunidos e comentados em Michaud-Quantin, *Universitas. Expressions du mouvement communautaire dans le moyen âge latin*, Paris, Vrin, 1970; em E. Maccagnolo, *Rerum universitas. Saggio sulla filosofia di Teodorico di Chartres*, Florença, Le Monnier, 1976; na antologia E. Maccagnolo (org.), *Il divino e il megacosmo. Testi filosofici e scientifici della scuola di Chartres*, Milão, Rusconi, 1980; e sobretudo em Chenu, *La teologia nel dodicesimo secolo*, cit., pp. 26 s., em que é magistralmente acompanhado o devir das concepções medievais do universo desde a imersão dionisiana no ventre de Deus à descoberta chartriana e depois – mais ainda – tomista da autonomia da natureza e das suas regras.

[69] "illa vita vere hominum est, quae iuris ordine continetur" ("Variarum liber V", n. XXXVIII, a. 523/26, in *Monumenta Germaniae Historica. Auctorum antiquissimorum*, v. XII).

compara, coliga, une, a essência desse mundo está toda no reticulado de relações unitivas mais que no indivíduo como ente solitário. Esse é um mundo que se constrói mais nas relações entre individualidades que nas individualidades singularmente consideradas. A individualidade só é levada em conta no interior da relação, apenas como termo de uma relação[70].

Trata-se de uma visão do mundo sociojurídico exatamente oposta àquela que, do século XIV em diante, irá sedimentar-se – de forma lenta, mas progressiva – como moderna, totalmente concentrada na individualidade, empenhada em livrá-la o máximo possível da humilhação das relações. É compreensível que, nesse novo mundo protomoderno, se cunhasse conscientemente a ideia de direito subjetivo[71] e se edificasse sobre ela toda a construção; e não é de admirar, com base em tudo o que dissemos, em que medida essa mesma ideia é alheia à *koinê* medieval, para a

---

[70] Nessa perspectiva deve ser interpretada e identificada essa estrutura sócio-político-jurídica da civilização do primeiro período medieval, que costumamos qualificar como "feudal"; uma estrutura de relações, de vínculos entre sujeitos, pelo que é comum ser "homem de um outro homem", numa conexão estreitamente firmada por duas prestações unitivas, a proteção por parte do superior e a fidelidade por parte do inferior. Originariamente, feudalismo é sobretudo esse tecido de relações muito pessoais. Somente mais tarde tenderá a se identificar, subvertendo-se, com a concessão economicamente visível de uma terra (o chamado *beneficium*). Basta, neste caso, remeter às expressivas sínteses apresentadas por G. Tabacco, *Egemonie sociali e strutture del potere nel medioevo italiano*, Turim, Einaudi, 1979, e "Il feudalesimo", in Firpo (org.), *Storia delle idee politiche*, cit., em que são discutidas as posições historiográficas mais relevantes. Do mesmo Tabacco pode ser também de grande utilidade o ensaio "L'ordinamento feudale del potere nel pensiero di Heinrich Mitteis", *Annali della Fondazione italiana per la storia amministrativa*, I (1964), discussão de uma ampla literatura feudalista, mas sobretudo do volume do historiador alemão do direito Heinrich Mitteis, *Lehnrecht und Staatsgewalt*, Weimar, 1955.

[71] M. Villey, *La formazione del pensiero giuridico moderno*, trad. it. de R. D'Ettore e F. D'Agostino, Milão, Jaca Book, 1986 (ed. or. 1975), pp. 195 ss. Uma sistematização sobre o problema e sobre as discussões provocadas pela tese de Villey pode ser atualmente encontrada em K. W. Nörr, "Zur Frage des subjektiven Rechts in der mittelalterlichen Rechtswissenschaft", in *Festschrift für Hermann Lange*, Stuttgart, Kohlhammer, 1992, pp. 193 ss.

qual representava um corpo estranho. É óbvio também que devemos ter cautela ao falar dessa *koinê* de direitos do homem, pois corremos o risco de ceder a entusiasmos demasiado fáceis, realizando arriscadas acrobacias antecipatórias[72].

---

[72] Como aqueles que, com consciência "moderna", pretenderam acrescentar também essa "glória" aos muitos méritos daquele pensador tão estruturalmente "medieval" que é Santo Tomás (por exemplo, Louis Lachance, *Le droit et les droits de l'homme*, Paris, PUF, 1959, e também id., *L'humanisme politique de Saint Thomas d'Aquin*, Paris, Sirey, 1939).

CAPÍTULO QUATRO

FIGURAS DA EXPERIÊNCIA

1. O costume como "constituição"

A sociedade medieval se nos apresenta como uma realidade complexa, quase estratificada: em sua camada superficial, a desordem dos acontecimentos cotidianos; no nível profundo, a ordem, constituída em grande parte pelo direito.

O direito identifica-se com a realidade organizadora e fundante; como tal, como realidade não afetada pelo cotidiano, imune à desordem caótica do dia a dia, tem o papel de plataforma estável e estabilizante, garantia de continuidade. Seu nível não é a superfície atingida pelas intempéries políticas e sociais, mas o estrato mais profundo de onde brotam os fatos normativos fundamentais; e é óbvio que a fonte produtora e adaptadora do direito se abrigue entre eles – e que seja encontrada somente no nível deles. É óbvio que a dimensão jurídica de tal sociedade seja sobretudo consuetudinária.

Há um texto da primeira metade do século XI, repleto de conteúdos históricos, que pode servir muito bem para iniciar nossa exposição sobre o costume, pois destaca a profunda ligação entre *mores* e *ordo*. Formalmente, trata-se de um carme, de uma obra poética; na essência, é o legado político de um grande dignitário eclesiástico, Adalberon de Laon, protagonista da vida pública francesa por meio século, observador atento de tudo o que fervia no grande caldeirão histórico (bastante receptivo em relação ao futuro) representado pelos decênios que se seguiram ao ano 1000:

> tabescunt leges et jam pax defluit omnis
> mutantur mores hominum, mutatur et ordo[1].

É evidente a consciência da mudança, a dinâmica cada vez maior da sociedade que o antigo prelado não compreende de todo, e teme, por ser precursora de transformações. O que nos importa é que ele apreendeu nas *leges* (veremos em breve do que se trata; por ora, deixemos o texto em latim e evitemos pensar nas nossas "leis") o mais importante elemento consolidador da *pax*, da ordem social, que ele colocou em estreita conexão a mudança dos *mores*, dos costumes, com a mudança do *ordo*, ou seja, da estrutura estável da sociedade.

A visão contida nos versos acima é correta do ponto de vista histórico-jurídico: os *mores*, ou seja, o conjunto consuetudinário ainda primitivo do qual se originam e tomam forma os fatos consuetudinários, pertencem ao *ordo*, situam-se no nível profundo do *ordo*, constituem o *ordo*. É ali que deve ser situada a fonte primeira e predominante do direito.

O costume, por mais de um motivo, devia ser assim percebido pela consciência jurídica: como nos lembra o filósofo, ainda que o costume seja o resultado da sucessão de cada ato humano singularmente considerado, "não é um ato ou um conjunto de atos, mas um fato natural que se realiza no tempo"[2], e o fato con-

---

[1] ("definham-se as *leges* e não existe mais paz – mudam-se os costumes dos homens, muda também a ordem"), "Adalberonis *carmen ad Robertum regem*", in Adalberon de Laon, *Poème au Roy Robert*, organizado por C. Carozzi, Paris, Belles Lettres, 1979, v. 302-3.

[2] N. Bobbio, *La consuetudine come fatto normativo*, Pádua, Cedam, 1942, p. 31.

siste exatamente na repetição quase sempre inconsciente, durante um longo período, de um determinado comportamento. O costume não diz respeito ao indivíduo, já que o sujeito da memória e da duração do tempo não é o indivíduo, mas a pluralidade vertical e horizontal, a estirpe e o grupo; tão somente em seu interior o indivíduo é a célula inconsciente da consolidação do uso. O costume surge de baixo e do particular: ainda que possa estender-se e generalizar-se, nasce sempre de um microaglomerado coletivo e tende a impregnar as estruturas; da voz de um grupo, tende a se vincular à coisa, a se imprimir nela[3].

Em suma, ele exprime, no nível jurídico, os fatos fundamentais do sangue, da terra, do tempo. Coletividade e coisificação são seus valores indefectíveis e bastam para torná-lo adequado ao universo jurídico medieval. O direito é, na origem, direito de uma estirpe[4], em que o costume é a *lex non scripta* primitiva e em que as sucessivas *leges scriptae* colocam-se sobretudo como identificações, certificações, sistematizações de material consuetudinário por parte de um príncipe, que se mostra mais como *custos* e *lator legis* que como produtor independente de direito; se assume esta última função, o faz de modo secundário, permanecendo primordial sua função de intérprete de um *ius* que o antecede e ao qual está subordinado.

Não devemos nos enganar com a ambiguidade do termo *lex*, pois geralmente não corresponde à nossa noção de lei; *lex* signi-

---

[3] Ver atualmente o panorama apresentado na coletânea de ensaios de G. Dilcher, H. Lück, R. Schulze, E. Wadle, J. Weitzel, U. Wolter (org.), *Gewohnheitsrecht und Rechtsgewohnheiten im Mittelalter*, Berlim, Duncker & Humbolt, 1992. Particularmente rico o ensaio de Dilcher, *Mittelalterliche Rechtsgewohnheit als methodish-theoretisches Problem*.

[4] G. Bognetti, *La costituzione e l'ordinamento dei primi stati barbarici nell'Europa occidentale dopo le invasioni nella Romania* (ed. or. 1962), atualmente in id., *L'età longobarda*, v. IV, cit., pp. 457 ss.; Cavanna, *Diritto e società nei regni ostrogoto e longobardo*, cit., sobretudo pp. 364-5.

fica *ius*, significa *Volksrecht*, constitui a redação escrita de um patrimônio consuetudinário complexo[5]. A imagem da *lex* como repositório de costumes (e, por conseguinte, o trânsito imediato e contínuo – sem filtros – entre fatos normativos de cunho consuetudinário e o texto "legislativo") parece evidente no prólogo da *Lex Baiwariorum*[6], em que se ostentam pretensões de enunciações teóricas: "unaquaque gens propriam sibi ex consuetudine elegit legem. Longa enim consuetudo pro lege habetur"[7]; mas trata-se de uma circunstância comum a inúmeros textos normativos da alta Idade Média[8]. Entre *lex* e *consuetudo* não existe esse abismo conceitual e formal que o voluntarismo moderno construiu[9]; a *consuetudo* é uma *lex* em potência, e a *lex* é um costume certificado e sistematizado; ambos estão em contínua osmose.

Isso torna compreensível um jargão muito difundido, presente em textos normativos e também na práxis, que, lido com olhos modernos, parece errôneo e absurdo: *legis consuetudo, lex consue-*

---

[5] G. Köbler, *Das Recht im frühen Mittelalter. Untersuchungen zu Herkunft und Inhalt frühmittelalterlicher Rechtsbegriffe im deutschen Sprachgebiet*, Colônia-Viena, Böhlau, 1971, pp. 76 ss.; id., "Consuetudo und Giwonaheit: Gewohnheit und Gewohnheitsrecht im deutschen Frühmittelalter", in *La coutume-Custom*, v. II, Bruxelas, De Boeck, 1990, pp. 81 e 87. Cf. também K. Kroeschell, "'Rechtsfindung'. Die mittelalterlichen Grundlagen einer modernen Vorstellung", in *Festscrift für Hermann Heimpel*, Göttingen, Vandenhoeck und Ruprecht, 1972, v. III, pp. 511 ss.

[6] A *lex* dos bávaros, um dos maiores povos da área germânica, remonta à metade do século VIII, aproximadamente.

[7] ("cada *éthnos* formou, a partir dos usos, uma *lex* própria. O uso prolongado tem efetivamente valor e vigor de *lex*"), "Lex Baiwariorum", ed. E. Schwind, in *Monumenta Germaniae Historica*. Legum, sectio I, v. V/2, Prologus.

[8] Por exemplo, ao Edito de Rotari, principal consolidação normativa da alta Idade Média na península italiana. Cf. a respeito Paradisi, *Il prologo e l'epilogo dell'edito di Rotari* (ed. or. 1968), atualmente in id., *Studi sul medioevo giuridico*, cit. I, pp. 197-8; Cavanna, op. cit., pp. 363 ss.

[9] H. Nehlsen, "Zur Aktualität und Effektivität germanischer Rechtsaufzeichnungen", in P. Classen (org.), *Recht und Schrift im Mittelalter*, Sigmaringen, Thorbeke, 1977, pp. 449 ss.

FUNDAÇÃO DE UMA EXPERIÊNCIA JURÍDICA · 111

tudinis, lex et consuetudo, mas, ao contrário, significa aquela osmose, a tendência natural do costume a se tornar *lex*, e também da *lex* a se flexibilizar e se modificar em direção a novos movimentos consuetudinários, numa troca perene que garante o devir harmônico do direito como expressão do social[10].

O caráter já normativo do fato consuetudinário e sua disponibilidade inata a se transformar em *lex* (transformação – note--se – não qualitativa, mas formal) estão nitidamente marcados na consciência popular e são acolhidos de imediato nas atitudes oficiais. Os testemunhos são, às vezes, bem expressivos. É o caso dos servos do mosteiro de Santo Ambrósio, em Milão, que, ao cumprirem *propter precationem*, a pedido, determinados serviços em favor do mosteiro, temiam que, devido à longa duração, sua atividade passasse a ser caracterizada como um fato consuetudinário, transformando-se, portanto, numa obrigação. Isso evidencia a grande preocupação com o caráter normativo do uso e com a irrefreável transformação deste em *lex*[11]. O mesmo ocorre na enunciação (*adnuntiatio*) solene e oficial do ano de 860, em Coblenza, em que o próprio príncipe, diante da repetição de certos atos ilícitos, teve a franqueza de constatar o seguinte: "quas iam quasi pro lege multi per consuetudinem tenent" ("que, em razão de seu caráter consuetudinário, muitos adquiriram a legitimidade"). Isso reflete claramente a difundida noção da normatividade de um fato graças à sua repetição e duração, aos quais se

---

[10] Uma documentação analítica de textos normativos e de fórmulas notariais é fornecida por Grossi, "Alla ricerca dell'ordine giuridico medievale", *Rivista di storia del diritto italiano*, LXVII (1994).

[11] Convém citar o texto latino, no qual os termos especificamente utilizados são *usus* e *lex*: "unde ipsi famuli timore compulsi, timentes ne hanc precationem sibi suisque parentibus pro conditione eis in usum aliquis requireret, vel in posterum ex hoc pro lege ipsi requisituri aliquatenus fuissent" ("Codex diplomaticus Langobardiae", ed. G. Porro Lambertenghi, in *Historiae Patriae Monumenta*, v. XIII, Reg. Typ., Augustae Taurinorum, 1873, n. DCXXV, ann. 957).

acrescenta posteriormente o conceito do costume como antecipação da *lex* e caminho natural em direção à *lex*[12].

Essa atitude psicológica não é desmentida nem mesmo pela *Lex Visigothorum* (ou *Liber iudiciorum*, a. 654), que também deve ser considerada o experimento normativo mais legalista do período protomedieval[13], dotado de grande organicidade, que pretende firmar-se como norma exclusiva e que efetivamente mencionou o "monarca como creador del derecho"[14]: ao ler os títulos iniciais temos a impressão (e o rei visigodo nada faz para esconder) de uma norma que adquire sua forma a partir de um amplo universo de *mores*[15], que a atividade do rei consiste em ordenar um vasto patrimônio consuetudinário[16] e que a norma diretriz extrai conteúdo e autoridade do costume geralmente observado.

Não é temerário afirmar que o costume pertence à camada mais profunda, mais "radical" do direito, e que diz respeito às estruturas mais íntimas da ordem sociopolítica, garantindo uma base sólida e estável às fragilidades e incertezas de um cotidiano extraordinariamente turbulento; não é temerário ver nele a constituição da própria ordem, em que constituição tem o significado

---

[12] "Adnuntiatio domni Hludowici regis", in *Hludowici, Karoli et Hlotharii II conventus apud Confluentes* (a. 860), in *Capitularia Regum Francorum*, ed. A. Boretius, V. Krause, in *Monumenta Germaniae Historica* – Legum sectio II, v. II, n. 5.

[13] C. Petit, "Consuetudo y mos en la lex Visigothorum", *Anuario de historia del derecho español*, 1984, p. 216, atualmente in *La coutume-Custom*, P. II, cit., p. 95.

[14] Cf. no mais recente "manual" espanhol, A. Iglesia Ferreirós, *La creación del derecho. Una historia de la formación de un derecho estatal español. Manual*, Barcelona, Signo, 1992, v. I, p. 225.

[15] A referência aos *mores* é insistentemente reiterada (cf. "Liber iudiciorum", lib. I, tít. I, §§ I e III; tít. II, §§ II, III, VI, in *Leges Visigothorum*, ed. K. Zeumer, in *Monumenta Germaniae Historica* – Leges nationum germanicarum, v. I).

[16] O caráter da *lex* é identificado como "anima totius corporis popularis" enquanto "boni mores inveniens adque componens" (ibid., livro I, tít. II – De Lege, § II-Quid sit lex); com acentuada reiteração no § III-Qualis erit lex: "erit secundum naturam, secundum consuetudinem civitatis".

cultural e técnico que uma historiografia germânica mais ou menos recente atribuiu à palavra e ao conceito de *Verfassung*: o momento forte, ainda que oculto, de uma certa estrutura histórica, o momento forte subtraído às variações dos acontecimentos políticos cotidianos[17].

E percebemos isso ao ver o monarca acatar o fenômeno consuetudinário e acolhê-lo no texto "legislativo" sem nenhuma apreciação crítica de sua parte[18], ou – pior ainda – ao vê-lo confessar a própria impotência para influir nos costumes cujo conteúdo não compartilha[19]; ao ver o modesto jurisconsulto admitir, sem dificuldade, a invalidade da norma régia[20]. E há uma convicção difusa sobre a natureza essencialmente diversa entre a norma autoritária, criada pelo príncipe no exercício solitário de seus poderes de governo, e a *lex* que, ao contrário, pode ser atribuída ao príncipe e à comunidade, reflexo dos eventos étnicos e históricos de toda uma *natio*[21].

É nessa perspectiva que devem ser interpretadas as constantes referências – que os monarcas inserem prolixamente nas *leges* – à efetiva, ou suposta, convocação de uma assembleia mais ou

---

[17] Cf. mais acima, p. 44, nota 20.
[18] Um exemplo significativo em *Liutprandi leges* (in *Leges Langobardorum* 643-866, organizado por F. Beyerle, Witzenhausen, Deutschrechtliches Institut, 1962), ano XIV, cap. 77: "hoc scripsimus quia etsi adfictum in edictum propriae non fuit, tamen omnes iudices et fidelis nostri sic dixerunt, quod cavverfeda antiqua usque nunc sic fuissit".
[19] Exemplos significativos: *Lex Baiwariorum*, Prologus, ed. cit.: "et quicquid Theudericus rex propter vetustissiman paganorum consuetudinem emendare non potuit"; e mais ainda: *Liutprandi leges*, ano XIX, cap. 118, ed. cit. ("propter consuititunem gentis nostrae langobardorum legem ipsam vetare non possumus").
[20] Um exemplo significativo em "Expositio ad librum legis Langobardorum, ad Liutpr. 79" , § 2, ed. A. Boretius, in *Monumenta Germaniae Historica – Leges IV*.
[21] "Lex est constitutio populis", ensinava santo Isidoro: Isidori Hispalensis, *Etymologiarum sive originum libri XX*, ed. W. M. Lindsay, e typ. Clarendoniano, Oxonii, 1911, livro X, I.

menos ampla de notáveis e à expressão pública de seu consentimento; fruto não de uma inconcebível sensibilidade democrática, mas da profunda certeza de que a produção do direito é um fato "constitucional" relacionado ao *ethnos*, pois necessariamente diz respeito ao seu patrimônio consuetudinário. Pode suceder que em muitas *leges* se trate apenas de formulações retóricas; mas, mesmo assim, não consiste numa retórica desprovida de conteúdos substanciais. Quer tenha existido ou não o *conventus* mencionado, um tipo de assembleia reunida em torno do príncipe, quer tenha havido ou não uma expressão de vontade[22], o importante, parece-nos, é que o príncipe e sua chancelaria se viram no dever de inserir aquelas referências. Quer se trate de verbalizações de um fato ocorrido ou de simples fachada formal, em ambos os casos surge a convicção de que fixar o direito – ao menos aquele intimamente ligado ao *ethos* – não é tarefa apenas do príncipe.

Tal consciência manifesta-se de forma exasperada na voz dos monarcas carolíngios, chefes de uma entidade política heterogênea, por ser um mosaico de diversas etnias e de diferentes direitos. A principal função do rei carolíngio, mas sobretudo seu dever elementar, é garantir a cada povo a liberdade fundamental de usufruir a própria *lex* e manter uma atitude de total respeito em relação às várias *leges*. Seus capitulares, norma solitária do monarca, não terão por si sós força para incidir no patrimônio constitucional das *leges*, a menos que se tornem expressão de um *consensus omnium*, modifiquem sua natureza e se elevem ao mais

---

[22] Cf. Ganshof, *Recherches sur les capitulaires*, cit., pp. 34-6, que fornece um conteúdo diverso ao *consensus fidelium* em função do ambiente histórico diferente, formal até Luís, o Piedoso, mas muito mais substancial posteriormente. Ver também as observações abrangentes de W. A. Eckhardt, "Kapitularien", in A. Erler, E. Kaufmann (org.), *Handwörterbuch zur deutschen Rechtsgeschichte*, v. II, Berlim, Schmidt, 1978.

alto patamar normativo no qual se situam as *leges*²³: "quoniam lex consensu populi et constitutione regis fit", "já que a *lex* é a resultante da vontade popular e da determinação régia"²⁴.

2. Príncipe, indivíduos e coisas na espiral do costume

Essa tranquila e profunda plataforma constitucional de índole consuetudinária, pouco afetada pelos acontecimentos de uma superfície política bastante irrequieta, constitui a ordem jurídica medieval, uma harmonia de relações baseada na própria natureza das coisas, que o costume parecia imitar fielmente. Não por acaso a ideia da *consueto* como *altera natura*, como segunda natureza, percorre toda a alta Idade Média, que a recebe de Cícero e de Agostinho e posteriormente a transmite aos juristas do chamado Renascimento jurídico. O termo evocativo *ordo* deixa as inspiradas páginas de filósofos e teólogos para encontrar plena cidadania em textos estritamente jurídicos: um exemplo bastante indicativo pode ser observado, como mais acima mencionávamos, precisamente na hispânica *Lex visigothorum* – a norma régia mais forte e exclusiva do Ocidente protomedieval –, dominada, no entanto, pela ideia de um príncipe que se baseia plenamente numa ordem subjacente, a explicita, a propõe²⁵.

O panorama jurídico que os séculos protomedievais nos apresentam tem, portanto, em seu centro um príncipe cuja fun-

---

[23] Documentação in Grossi, *Alla ricerca dell'ordine giuridico medievale*, cit.
[24] "Edictum Pistense" (a. 864), in *Capitularia Regum Francorum*, cit., v. II, n. 273, n. 6. A partir desse célebre e muito citado texto normativo, reafirma-se aqui a interpretação tradicional, pois perfeitamente coerente com toda a constituição do ordenamento carolíngio. Para um exemplo de interpretação diferente (mas não convincente), cf. E. Kaufmann, *Aequitatis iudicium – Königsgericht und Billigkeit in der Rechtsordnung des frühen Mittelalters*, Frankfurt a. M., Klostermann, 1959, p. 82. Para uma ampla avaliação da complexa problemática, v. Eckhardt, *Kapitularien*, cit., col. 624-5.
[25] Cf. mais acima, à p. 112.

ção essencial é "gubernare et regere cum aequitate et iustitia", já que é sobretudo juiz munido de uma virtude fundamental, a justiça[26]; cuja função essencial também aparenta, todavia, "debitas leges servare"[27], ou seja, respeitar o fluxo organizado da vida do direito que se desenvolve – em substancial autonomia do poder político – num nível diferente daquele político, em boa parte irrelevante e indisponível a ele.

Se o bom príncipe deve ser *aequus*, não devemos esquecer em que, sobretudo, consiste essa equidade para a consciência medieval: como diz a opinião ingênua, porém sincera, de um de seus intérpretes mais aclamados, santo Isidoro, na primeira metade do século VII, *aequus* é "secundum naturam iustus dictus", ou seja, é o justo segundo a natureza das coisas[28], na qual se afirma um dos fundamentos da visão medieval do direito, que será atuante e muito fértil também no segundo momento sapiencial[29], isto é, o da ligação indissolúvel entre equidade e natureza, o conteúdo na-

---

[26] Ideia onipresente em toda a ciência política protomedieval, que encontra enunciações paradigmáticas nas "Etimologias" e nas "Sentenças" de santo Isidoro, no Pseudo-Cipriano, um pequeno tratado falsamente atribuído a Cipriano, composto, ao contrário (entretanto), na Irlanda, em meados do século VII, amplamente difundido e universalmente citado, no qual a imagem negativa do príncipe é a do *rex iniquus*. A partir daí a ideia se difunde em todos os "espelhos dos príncipes" da era carolíngia, destacando-se na figura do príncipe delineada no Concílio de Paris de 829. A frase citada no texto é retomada pelos atos desse concílio. Para uma documentação mais ampla, cf. Grossi, *Alla ricerca dell'ordine giuridico medievale*, cit. Herdeiro direto dessa representação tão notadamente justicial (judicialista), e em continuidade absoluta e ininterrupta com ela, é o príncipe da Idade Média madura, o príncipe de santo Tomás, que nos é proposto como "custos iusti" (*Summa Theologica*, cit., Secunda secundae, q. LVIII, a. I, ad. 5).

[27] Como se diz no discurso quase irreverente que o "jurista" Hincmaro dirige ao príncipe: "non vos elegistis me in praelatione Ecclesiae, sed ego cum collegis meis et coeteris Dei ac progenitorum vestrorum fidelibus vos elegi ad regimen regni sub conditione debitas leges servandi" ("Hincmari epistolae, ep. XX ad Ludovicum tertium regem", in Migne, *Patrologia latina*, v. CXXVI).

[28] S. Isidoro, *Etymologiarum sive originum libri XX*, op. cit., livro X, 7.

[29] Ver mais adiante, p. 214.

turalístico de uma equidade que seja realmente autêntica, a circunstância de estar escrita nos fatos e não na vontade dos homens nem mesmo dos príncipes[30].

O príncipe *aequus* aparece, então, como um leitor – e leitor respeitoso – da grande realidade natural onde o direito está escrito, e onde espera ser apreendido por olhos atentos; o príncipe aparece como aquele que não cria o direito, mas o diz: *ius dicit*; e aflora aquela noção fundamental de *iurisdictio* – fundamental para todo o universo medieval[31] – que vê o príncipe como intérprete de uma dimensão preexistente e sobreordenada, e que identifica o seu poder no plano jurídico como predominantemente interpretativo.

Sob o mar perenemente agitado dos acontecimentos cotidianos estão as águas profundas, mas calmas – e calmas porque profundas – da tranquilidade jurídica. É a plataforma constitucional do costume, fato primordial, segunda natureza, por vezes – mas em mínima parte – expresso pela palavra escrita e transformado em *lex* por obra de um príncipe zeloso; com mais frequência conservado no estado original de trama invisível, mas onipresente e imperiosa, na qual estão imersos homens e coisas.

Esse patrimônio jurídico de cunho tão tipicamente consuetudinário tem o privilégio de nascer de baixo, de ser a voz fiel do real, obtendo assim – e conservando – uma característica genuinamente ordenadora: nesse caso, o direito é muito mais ordenamento que autoridade; não é violência em relação às coisas, e sim a manifestação mais elevada das coisas no sentido de se estruturar em ordem. A juridicidade é uma dimensão interna das coisas.

---

[30] E não por acaso, nas fontes jurídicas fala-se de um *aequitatis ordo* (ver alguns textos in Kaufmann, *Aequitatis iuidicum*, cit., pp. 29-30).
[31] Tal como foi documentado pela fundamentada pesquisa de Costa, *Iurisdictio*, cit., *per totum*.

Já mencionamos várias vezes, mas vamos repetir uma vez mais: está escrita nas coisas.

O reicentrismo medieval gera inevitavelmente aquela mentalidade difusa que em outra ocasião[32] chamamos didaticamente de "atração do real": a coisa, protagonista na esfera cósmica e econômica, subordina a si, às suas regras, todas as existências que gravitam ao seu redor; a coisa, quase munida de um magnetismo jurídico muito intenso, não permite autonomias em sua órbita, mas atrai para si todas as situações. O direito tem inevitavelmente uma dimensão consuetudinária, pois o costume é, por sua própria natureza, uma normativa da coisa, ou seja, é proveniente da coisa: fato natural entre fatos naturais, é no real que ele prospera e do real pode projetar-se para o alto e tornar-se norma de uma comunidade humana, mas sua origem permanece factual, particular, diz respeito às estruturas, nasce das bases.

O particularismo jurídico do primeiro período medieval, ou seja, a extrema fragmentação até mesmo espacial do direito, justifica-se nessa incontrolada exuberância consuetudinária. Sem um controle do alto, cada coisa – entendendo-se por "coisa" não uma *res mobilis* efêmera, mas uma realidade fundiária dotada de força incisiva própria no tecido socioeconômico – tende a exprimir sua normativa, a se diferenciar e a se particularizar. As fontes falam à exaustão de *consuetudo regionis, consuetudo loci, consuetudo terrae, consuetudo fundi, consuetudo casae*[33], quase a nos mostrar que os usos, inscritos na terra com trama muito ramificada, chegam a isolar não apenas uma região, mas até mesmo uma empresa agrária da outra: cada terra, cada unidade agrária almeja uma norma própria.

---

[32] Grossi, *Le situazioni reali...*, cit., primeira parte, cap. X.
[33] Ibid., pp. 67 ss.

Eis um primeiro dado que merece destaque: a atração do real envolve integralmente o direito, que se torna uma competência da terra.

Mas não é só isso: essa atração, esse magnetismo, é tão forte a ponto de condicionar todos os sujeitos que se encontram no raio de sua órbita, de incidir maciçamente nos *status* de tais sujeitos.

Isso explica um jargão das fontes, aparentemente muito estranho, que caracteriza certa unidade agrária – um *mansus*[34] – com uma qualificação adequada a pessoas e não a bens, por referir-se inteiramente a certas condições pessoais. As fontes aludem a *mansus ingenuilis, mansus aldiaricius, mansus servilis*, ou seja, manso livre, manso semilivre, manso servil, com uma transposição lógica que confunde e surpreende o leitor moderno. Para a mentalidade medieval não se tratava de transposição, mas da força irresistível do fato normativo terra com todo o patrimônio de regras consuetudinárias solidamente inscritas nos seus sulcos, normativo a ponto de prescindir totalmente do *status* e da vontade dos sujeitos que com ela entraram em contato. Sucedera que, numa terra cultivada por gerações de homens livres, semilivres ou servos, tornou-se costume o fato de ser essa terra trabalhada por pessoas nessas condições, e a circunstância de puro fato tornou-se uso, ou seja, regra rigorosamente normativa. E isso com uma consequência macroscópica: no futuro, no *mansus servilis* poderá viver e trabalhar um trabalhador *ingenuus*, ou seja, totalmente livre, mas as obrigações que recairão sobre ele serão essencialmente as mesmas das gerações de servos que originariamente ocuparam o manso e que, com sua contínua *manentia*, contribuí-

---

[34] O manso – que, segundo assinala o étimo latino *manere*, é a terra onde se reside de maneira estável – representa a unidade agrária da era protomedieval e é constituído pela terra, com casa, em que um trabalhador, com dois bois, pode convenientemente trabalhar.

ram para conferir a esse manso o signo duradouro do costume, que o tempo parece relutante em afetar[35].

A atração do real, e sobretudo a identificação extremamente relevante do costume como voz do real, levará, com o passar do tempo, a mudanças semânticas dos termos *usus* e *consuetudo*, mudanças que são bastante significativas para o historiador do direito: *usus* e *consuetudines* irão designar o montante dos serviços ou os encargos tributários devidos por longo tempo, consuetudinariamente, pelos habitantes de determinada terra[36]; *usus* e *consuetudines* irão designar as liberdades arduamente conquistadas aos senhores pelo povo de determinada terra, agora consuetudinariamente adquiridas e funcionando – enquanto usos – como limites aos poderes do senhor[37]. Mas devem-se evitar exageros risíveis a esse respeito: não se trata de direitos essenciais da pessoa, e sim, mais modestamente, do reconhecimento de que, numa determinada terra, foi amadurecendo um certo uso favorável – e o reconhecimento cabe efetivamente aos *homines terrae* –, de modo a fazer compreender que o importante são os acontecimentos duradouros numa terra, e que os *homines* lá residentes deles se beneficiaram de maneira totalmente indireta.

3. As situações reais

Com o objetivo de delinear algumas figuras concretas da experiência, a fim de dar concretude e vivacidade à nossa exposi-

---

[35] Grossi, *Le situazioni reali...*, cit., pp. 86 ss.

[36] J. F. Lemarignier, "La dislocation du 'pagus' et le problème des 'consuetudines' (X^e-XIe siècles)", in *Mélanges d'histoire du moyen age dédiées à la mémoire de Louis Halphen*, Paris, PUF, 1951; J. Poumarède, "La coutume dans le pays de droit écrit", in *La coutume-Custom*, cit., P. II, p. 235.

[37] Documentação em S. Mochi Onory, *Studi sulle origini storiche dei diritti essenziali della persona*, Bolonha, Zanichelli, 1937, passim, mas sobretudo pp. 57, 115 ss. Cf. também A. Gouron, "La coutume en France au moyen age", in *La coutume-Custom*, cit., P. II, p. 200.

ção, no interesse do leitor com pouca informação sobre o assunto e que necessita de algumas abordagens interpretativas eficazes, parece-nos suficiente limitar o olhar a dois pontos essenciais: em primeiro lugar, à ordem jurídica das relações homem-terra, ponto bastante vital e central numa realidade que é, e continua a ser durante todo o primeiro período medieval, profundamente agrária, tipicamente agrária; em segundo lugar, a certas atitudes gerais na práxis dos negócios *inter vivos* que estão em relação de consequencialidade e de íntima coerência com a visão jurídica da renovada sociedade protomedieval; com particular atenção para as concessões fundiárias, estruturas negociais muito relevantes na organização econômica por colocarem em discussão grandes fatos de civilização, tais como, mais uma vez, a relação homem-terra, o cultivo e a produção, a sobrevivência.

Ao dar esse título a esta seção não tivemos a intenção de falar de propriedade nem de direitos reais, mas repetimos a expressão "situações reais" que está no título do nosso antigo "curso" de 1968. Os motivos são os mesmos daquela ocasião, não afetados por quase trinta anos de reflexões, e vale a pena repeti-los na formulação de então: "a experiência jurídica medieval [...] não se presta a uma interpretação que parte dos habituais pontos obrigatórios do direito subjetivo e do dogma da vontade, e é por isso que o esquema extremamente amplo e, por assim dizer, agnóstico da situação 'real', justamente por assumir como seu único conteúdo a inserção de uma problemática 'humana' na realidade exterior e compreender suas reações do ponto de vista jurídico, sem implicar necessariamente uma escolha favorável ao sujeito no jogo de forças entre homem e 'rerum natura', é o único esquema historicamente válido para o momento que se quer investigar"[38].

---

[38] Grossi, *Le situazioni reali*..., cit., p. 7.

Falar de "propriedade" e também de "direito real" significa inevitavelmente colocar-se no lugar do indivíduo e avaliar o mundo jurídico a partir de seu ponto de vista. Trata-se de uma postura falsa, pois o reicentrismo medieval – percebido de maneira aguçada e paroxística pelo naturalismo primitivista do primeiro período medieval – põe, quando muito, a coisa como protagonista da ordem cósmica e social, e exige que se olhe o todo admitindo a coisa (e não o indivíduo) como ângulo correto de observação.

O sistema, que precipitadamente queremos qualificar como clássico, edificara-se de maneira individualista exatamente sobre a vontade do sujeito agente, com um observatório sempre voltado *ex parte agentis*. É o que demonstra a tripartição fundamental em que os romanos esquematizaram o mundo do real: *dominium, possessio, detentatio*. O *dominium* é a soberania individual, é a vontade potestativa exclusiva à qual o Estado dá o máximo relevo, respeitando e tutelando a independência e a liberdade de ação do *dominus* e demonstrando, assim, que o macrocosmo estatal assumia cada um dos microcosmos proprietários como eixos fundamentais da própria ordem; a *possessio* é uma relação de fato com a coisa que, todavia, encontra sua especificidade na psicologia da apropriação que caracteriza essa relação; a *detentatio* é um fato, um mero fato, pois – no que diz respeito à coisa – é apenas contato, familiaridade, uso, gozo; e como mero fato, diferentemente das duas primeiras afirmações de vontade, está condenado ao exílio da irrelevância.

Depois do que dissemos um pouco mais acima, é evidente que a nova civilização jurídica não pode deixar de perceber como artificial essa esquematização tão antropocêntrica e só pode rejeitá-la. O primitivismo protomedieval deverá, necessariamente, ser pouco sensível a manifestações de vontades "soberanas" ou a titularidades formais sobre a coisa, e, ao contrário, muito sensível e disponível em relação a situações factuais – contato, familiaridade, uso, gozo – que implicam "participação" entre homem e terra.

A realidade ínfima, anônima, até pouco tempo atrás desprezada, das inúmeras detenções irrelevantes, a partir de então deverá sofrer um notável destaque, sobretudo quando as situações de fato passarem a se caracterizar por uma intensa efetividade sobre a coisa, a demonstrar sua vitalidade na valorização econômica da coisa mediante o cultivo e a produção, e, portanto, seu indiscutível papel de protagonista num mundo que o espectro da fome e da carestia não abandona sequer por um minuto.

E a esse respeito convém um esclarecimento, para evitar possíveis equívocos. Não se deve pensar numa revolução brusca, numa inversão total do fundamento da propriedade individual. Nem mesmo o momento protomedieval mais bárbaro, embora com a ampliação de formas de gestão coletivas[39] e individuais não proprietárias, jamais negou uma ideia formal de propriedade individual como elemento legitimador do pertencimento. Em tese, é legitimamente possível pensar na continuidade do registro formal de um latifúndio desde a época clássica, passando por toda a era bárbara até a Idade Média sapiencial do século XII. Mas uma pergunta se impõe: essa continuidade é satisfatória para o historiador do direito? E será satisfatório, sobretudo para o historiador da "propriedade", reduzir seu objeto historiográfico àquele de cunho cadastral? Ou deverá ampliar seu próprio olhar para ver

---

[39] É uma presença da qual temos apenas vestígios indiretos, já que essas comunidades rústicas, dominadas pela ignorância, não puderam deixar-nos uma documentação própria (como se sabe, nossas fontes são inteiramente senhoriais). Mas trata-se de uma presença viva, ainda que tácita; não sem razão o inteligente historiador francês Flach falou do vilarejo na história da sociedade ocidental como de um "ator anônimo" (como lembra Bloch em algumas de suas páginas perspicazes e sensíveis sobre a "comunidade rural": *I caratteri originali della storia rurale francese*, trad. it. de C. Ginzburg, Turim, Einaudi, 1973 – ed. or. 1931).

se, ao lado de uma propriedade formal, cada vez mais desvitalizada e desprovida de autoridade não surgem elementos paraproprietários munidos de uma visível efetividade? A qual situação o ordenamento concederá sua atenção e, por conseguinte, a proteção mais intensa? À propriedade convencional ou ao conjunto de situações de efetividade sobre o bem, nas quais se condensa uma vasta gama de poderes?

Não há dúvida de que o ordenamento opta pelas segundas, respeitando sua função de protagonistas da vida econômica. A resposta jurídica do período protomedieval está totalmente contida nesse deslocamento da atenção e da tutela, e aí está sua expressão significativa para o historiador das relações reais e também da própria relação de pertencimento: essa tutela, inicialmente informe e factual, é o primeiro passo de um itinerário que irá desembocar posteriormente na concessão de um caráter formalmente proprietário aos elementos econômico-jurídicos já identificados como paraproprietários[40].

No pano de fundo desse primado do objetivo e do efetivo, que se afirma e se consolida cada vez mais, está o triunfo e o império das situações ligadas à efetividade. Enquanto as titularidades abstratas são depreciadas e marginalizadas, todo exercício sobre a coisa – desde que dotado de um mínimo de autonomia, isto é, desde que seja uma situação dotada de verdadeira efetividade – encontra aí sua revalorização. Ou antes, todo exercício, ao longo do tempo, adquire uma força tal que lhe permite uma nítida incidência no plano do direito até aquele zeloso território do jurídico que é a "realidade": ou seja, todo exercício, quase como

---

[40] Referimo-nos aqui à doutrina do domínio dividido e à criação do *domínio útil* por parte dos glosadores do século XII, graças aos quais foram identificadas em *um* domínio as situações reais aqui mencionadas. Mas, sobre esse ponto, cf. mais adiante, p. 292.

expressão das mais recônditas exigências econômicas da coisa, tende a se enraizar nela, a se compenetrar com ela numa única realidade vital. Do ponto de vista jurídico, tende a deixar a esfera das relações pessoais e relativas e a "realizar-se". O exercício de poderes sobre a coisa, da expropriação substancial, chega-lhe – ao menos em parte – também formalmente, e a diferença entre exercício e titularidade se ofusca, enquanto a ordem jurídica oferece ao sujeito que exerce o poder sobre a coisa, em nome de exigências objetivas superiores, a própria investidura da juridicidade.

O sistema das situações reais que se acomoda e se modela nessa mentalidade e nessas forças estruturais (ou que, para dizê-lo de modo historicamente mais significativo, é pretendido e provocado por elas) não pode deixar de trazer em si traços muito peculiares, afirmando sua ligação com um universo histórico-jurídico bem diferente do clássico. Não um edifício piramidal, monolítico, que encontra seu ápice substancial e formal naquele modelo de validade que é o *dominium* (no qual, no fundo, se resume), mas um acervo aluvional de situações emergentes, não filtradas nem modeladas por um crivo oficial, manifestamente pluralista, em que o importante – mais que a titularidade da propriedade, que continua a existir, embora sepultada e sufocada – são os inúmeros exercícios efetivos já definitivamente "realizados" na consciência comum e que se tornaram, no campo social e econômico, os protagonistas da experiência.

O centro de gravidade do sistema – se é possível qualificar esse acervo aluvional como sistema – desloca-se necessariamente para formas diferentes da propriedade. Quer sejam chamadas *gewere*, *saisine* ou *vestitura*, conforme as diferentes línguas e culturas, uma só é a plataforma constante e unitária que emerge e uma só é a ideia essencial que aflora constantemente: a ordem jurídica assume, com as próprias forças impulsionadoras, a aparência, o gozo, o exercício, ou seja, as presenças vivas no nível da dimensão factual; recusa-se – ou é incapaz disso – a criar padrões de qualificação artificiais e registra com humildade a carga normativa de todos esses fatos. Não nega o *dominium* do antigo titular cadastral, mas o desvitaliza por esgotamento, deixando, sem extinções ruidosas, sem clamorosas revoluções culturais, que seja expropriado nos poderes empresariais por quem não é proprietário, mas é gestor da empresa.

Essa é a demanda urgente da vida econômica, e ela é atendida. A revolução cultural existe, mas está oculta, é insidiosa, fruto não de um movimento ou de um programa, mas de uma oficina multissecular que está atuando, de geração em geração, no vazio criado pelo esfacelamento do mundo antigo, no único terreno que, embora de maneira sutil, é verdadeiramente destrutivo: o terreno das mentalidades.

É uma mentalidade nova que o historiador contempla, forjada por inúmeros artífices ocultos com instrumentos muito rudimentares; às vezes, notários e juízes, e quase sempre operadores anônimos e não qualificados, cada qual contribuindo de maneira imperceptível, mais inconsciente do que conscientemente, para inverter a ampulheta de uma *forma mentis*: a mentalidade ostensivamente proprietária como a romana dá lugar a uma civilização totalmente indiferente à ideia de uma relação de validade (até porque falta o modelo com o qual comparar e medir) e que, ao contrário, é dominada por um vigoroso princípio de efetividade.

Serão uma, dez, cem, incontáveis figuras que surgem da experiência real, mais intuídas que elaboradas cuidadosamente, fatos normativos repletos de conteúdos econômicos que extraem dessa economicidade prepotente a própria normatividade. Aparência, uso, exercício, gozo: situações que exprimem de maneira viva, com sua carnalidade, a familiaridade do homem com as coisas, sua fusão e sua convivência com elas. E a ordem jurídica é marcada por isso, de maneira talvez desfocada, mas com uma aderência total, sem elaborações rigorosas e definidas.

Aparência, uso, exercício e gozo, que antes pertenciam ao efêmero e ao cotidiano, que apenas em circunstâncias excepcionais conseguiam incidir no monólito da ordem jurídica clássica, toda consolidada e fortificada pela validade, tornam-se, nos séculos protomedievais, de maneira imperceptível – do século IV em diante[41], no Ocidente, inicialmente nas áreas provinciais mais periféricas e depois por toda a parte –, a fonte e a substância de um número bastante amplo e aberto de estruturas jurídicas atípicas, todas indefinidas arquitetonicamente, constituindo a expressão imediata de forças estruturais, mas todas caracterizadas por um intenso arraigamento no real. Em suma, todas – para que fique claro, usamos uma terminologia demasiado romanista – *iura in re*, todas – ainda para que fique claro – admitidas para dividir os despojos do velho *dominium*[42].

Só para que fique claro, usamos uma terminologia despojada e trivial, declaradamente romanista, e, portanto, inadequada para caracterizar uma cultura tão pouco romanista e tão pouco "proprietária". Para nós, que ainda somos marcados a fogo pela interpretação – e imobilização – jusromanista do universo social, o uso dessa terminologia tem a função de sublinhar que as novas situações factuais não se colocam fora, mas bem no centro da di-

---

[41] Em publicação recente: A. Biscardi, "Proprietà e possesso nell'indagine positiva sul diritto del tardo Impero", *Atti dell'Accademia romanistica costantiniana*, 9 (1993).

[42] Para aqueles que desejarem se aprofundar na complexa problemática das situações reais no primeiro período medieval: Grossi, *Le situazioni reali...*, cit., pp. 34 ss. As ideias ali expostas foram amplamente delineadas por nós em Grossi, "La proprietà e le proprietà nell'officina dello storico", *Quaderni fiorentini per la storia del pensiero giuridico moderno*, 17 (1988), pp. 386 ss.

mensão do "real", dimensão que continuamos a pensar como dividida em propriedades e direitos reais sobre coisa alheia.

4. Os negócios intervivos

O mundo dos fatos, por meio do costume e – especificamente – dos múltiplos usos locais, configurou e plasmou também a práxis negocial; obviamente, com variações que impedem generalizações excessivas e permitem apenas indicar ao leitor algumas linhas tendenciais que parecem se insinuar como algo comum para todo o momento de fundação da experiência medieval.

Em primeiro lugar, um declínio: aquele dos contratos consensuais, que, precisamente por encontrarem na reciprocidade do consenso o momento de aperfeiçoamento do negócio, não ofereciam aos contraentes garantia suficiente num mundo tão desordenado e socialmente inseguro. Um exemplo sintomático é dado pelo notável êxito da permuta[43] e pela tendência da compra e venda a se transformar em contrato real e a se aproximar do esquema da permuta, com a única diferença secundária de que, na primeira, a coisa comutada consiste numa soma em dinheiro[44]. Essa realidade comum, somada à função comum de troca das duas estruturas negociais, leva a fundi-las na consciência comum, como é claramente percebido nos glossários tardios dos séculos X e XI, que parecem sintetizar o sentido de todo um desenvolvimento histórico[45].

---

[43] Por vários motivos elucidados por Vismara, *La permuta nell'alto medioevo* (ed. or. 1980), atualmente in id., *Scritti di storia giuridica*, v. II, cit., pp. 140-1; e também – segundo cremos – para essa "realidade" eficaz da sua estrutura.

[44] Vismara, *La permuta...*, cit., p. 86. Cf. também J. Gaudemet, *Survivances romaines dans le droit de la monarchie franque du Vème au Xème siècle* (ed. or. 1955), atualmente in id., *La formation du droit canonique médiéval*, Londres, Variorum Reprints, 1980.

[45] "Emptio est rerum commutatio", consta no glossário de Salomão, abade de San Gallo, e também no vocabulista Papias (v. Vismara, *La permuta...*, cit., p. 87).

A linha tendencial que envolve toda a prática negocial é, porém, a da atipicidade[46]: o mundo jurídico encontra seus instrumentos adequados de ação não em esquemas rígidos baseados em modelos precedentes (os romanos, por exemplo) ou codificados em modelos recém-elaborados. O uso é avesso à criação de protótipos rígidos; seus modelos são flexíveis e mutáveis, com uma confiança total nas intuições do notário e na boa-fé das partes: o resultado é muitas vezes a deformação e a descaracterização de estruturas negociais que tradicionalmente surgiram com uma função específica e passam, então, a ser obrigadas a exercer uma função profundamente diferente. Um exemplo entre os muitos: doações que assumem a função de venda[47].

Muitas vezes a atipicidade prescinde de referências – ainda que exclusivamente nominais – a esquemas tradicionais (como a venda, a doação etc.), e ingressa, portanto, no território amplo e livre das *convenientiae*. *Convenientia* significa genericamente convenção, pacto; ou seja, significa um acordo segundo a boa-fé com conteúdos que variam de um lugar para outro e de uma época para outra, que o uso, conforme a época e o lugar, apressa-se em definir[48]. *Convenientia* não é, como alguns podem afir-

---

[46] Um inesquecível historiador italiano do direito, Guido Astuti, profundo conhecedor da prática contratual do período romano-bárbaro, embora fornecendo um diagnóstico histórico-jurídico não diferente do nosso, fala de "tipicidade", ainda que numa acepção não plena nem rigorosa (cf. G. Astuti, *I contratti obbligatorii nella storia del diritto italiano*. Parte geral, v. I, Milão, Giuffrè, 1952, p. 313). A nosso ver, essa referência à tipicidade pode ser fonte de equívocos: é a formação consuetudinária com suas incontáveis facetas, é o caráter factual dos esquemas criados pelos notários, é a variabilidade de um lugar para outro que impede – parece-nos – falar motivadamente de tipicidade.

[47] Um exemplo em J. Flach, "Le droit romain dans les chartres de IXe au XIe siècle en France", in *Mélanges Fitting*, Montpellier, Imprimerie Générale du Midi, 1907, p. 420. Ver também P. Ourliac, J. L. Gazzaniga, *Histoire du droit privé français de l'An mil au Code civil*, Paris, Albin Michel, 1985, p. 40.

[48] Astuti, *I contratti obbligatorii...*, cit., pp. 403 ss.; id., "I principî fondamentali dei contratti nella storia del diritto italiano", in *Annali di storia del diritto*, I (1957), pp.

mar⁴⁹, uma figura negocial típica em que o elemento intencional se coloca como fonte da eficácia obrigatória do contrato, mas sim um recipiente amplo e elástico, bastante disponível para englobar as estruturas objetivas mais diversas, e no qual o consenso das partes, ainda que obviamente exista, não assume uma função determinante justamente porque as *convenientiae*, imersas num universo consuetudinário profundo e multifacetado, extraíam seus conteúdos daquilo que os usos reclamavam e que as partes docilmente repetiam.

A vontade das partes, nesse caso, nunca é completamente livre, mas bastante condicionada pela onipresença e intromissão dos usos. Pretender transplantar para a mentalidade protomedieval uma noção prematura de "consenso" muito próxima da nossa moderna visão das relações contratuais e totalmente estranha àquela mentalidade e àquela visão, padece de um profundo caráter anti-histórico e demonstra um grave erro de compreensão.

Portanto, ao lado dos esquemas negociais tradicionais (compra e venda, permuta, doação etc.) revivificados e transformados pela nova consciência, coloca-se "a grande zona franca"⁵⁰ das *convenientiae*, que era – no plano contratual – o verdadeiro terreno de crescimento e de consolidação da recém-criada experiência jurídica.

---

26 ss.; P. Ourliac, La *"convenientia"* (ed. or. 1959), atualmente in id., *Etudes d'histoire du droit médiéval*, Paris, Picard, 1979.

⁴⁹ É a conhecida tese defendida por Calasso desde seu trabalho sobre *La convenientia*, que ele escreveu ainda jovem, em 1932. Calasso percebia na *convenientia* o surgimento do "elemento interior [...] como elemento dominante do negócio", do "problema do consenso no contrato" (a primeira frase foi extraída da recensão redigida por Calasso para o "curso" de Astuti sobre contratos obrigatórios e publicada in *Annali di storia del diritto*, I [1957], p. 512; a segunda foi extraída de Calasso, *Il negozio giuridico*, Milão, Giuffrè, 1959, p. 147).

⁵⁰ Conforme a feliz expressão da diplomatista bastante sensível à dimensão jurídica, Nicolaj, op. cit., p. 42.

5. Sobre os contratos agrários, em particular

Mas o tema em que a práxis negocial do primeiro período medieval pôde e teve de demonstrar toda sua vitalidade e versatilidade foi o dos contratos agrários; sobre esse tema e essa problemática não havia uma tradição expressa – talvez apenas nominalmente – em formulários formalísticos. O mundo clássico, em perfeita coerência com os próprios enfoques individualistas e ligados à propriedade, não pretendera criar um direito agrário, ou seja, um direito especial sobre o cultivo e a produção agrícola, que, em nome do cultivo e da produção, exigia sacrifícios e limitações para a livre potestade do *dominus* sobre o bem. O mundo clássico, firme em sua união com o *civis-dominus*, deixou intacta a unidade do direito civil e sempre se contentou em fazer referência a um indivíduo abstrato, o sujeito de direito civil, sujeito no centro de uma trama de relações abstratas, nunca aviltado no confronto com as exigências agronômicas das coisas.

Como não existiu um direito agrário clássico, nem sequer foram cunhados contratos agrários. O instrumento onivalente era o contrato consensual de locação de coisas, *species* de um *genus* contratual mais amplo, o *locatio*, que, precisamente por ser translativo no locatário da simples detenção, parecia feito propositalmente para abranger a mais precária das situações e para não se tornar de modo algum um obstáculo ao locador. Esse foi o primeiro motivo[51] pelo qual a locação se "volatilizou" durante a era protomedieval[52], e no seu lugar afloraram figuras contratuais recém-criadas, adequa-

---

[51] Outros, e não menos relevantes, foram seu caráter consensual e sua proposição como esquema negocial economicamente neutro, indiferente à realidade agronômica e econômica fundiária.

[52] Traduzimos para o italiano o termo *Verflüchtigung*, usado por E. Levy num ensaio bastante discutível em muitos aspectos: "Vom römischen Prekarium zur germanischen Landleihe", in *Zeitschrift der Savigny-Stiftung für Rechtsgeschichte. Romanistische Abteilung*, LXVI (1948), pp. 17 ss.

das às exigências provenientes das bases, todas elas concentradas no grave problema de uma maior produção agrária.

Entre os mais adequados se revelaram o contrato de aforamento e a concessão em caráter precário, precisamente por serem concebidos não como contratos específicos com conteúdos específicos, mas como formas contratuais aptas a receber esses conteúdos variados e multiformes que os vários usos locais lhe pudessem transferir[53]. Pensemos na nomenclatura: *libellum** indica genericamente o documento em que o negócio é redigido, e *precaria*, também de modo genérico, indica a atitude de súplica** do agricultor ao requerer determinado terreno. Nenhuma menção a uma causa, mas apenas à forma do contrato: a nova mentalidade percebia claramente que o problema das concessões fundiárias não podia deixar de ter sua própria fundação no tecido consuetudinário; se era assim, o esquema geral só podia ser uma forma, uma espécie de *vas recipiens* aberto aos conteúdos substanciais mais variados.

A mentalidade fixava algumas grandes linhas tendenciais como constantes: a obrigação da melhoria, a longa duração, a eficácia real[54]; mas isso não bastava para tornar aquelas figuras nem causais nem típicas. Cada aforamento e cada concessão em caráter precário teriam aquele conteúdo que tempos, lugares e condições reclamavam de maneira esparsa. Aforamento e concessão em ca-

---

[53] É mérito de um historiador italiano do direito, S. Pivano, a identificação do caráter formal do contrato de aforamento e da concessão em caráter precário, num estudo considerado clássico: *I contratti agrari in Italia nell'alto medioevo*, Turim, Utet, 1904.

* Em italiano, o contrato de aforamento recebe o nome de *livello*. [N. da T.]

** O latim *precarius* designa algo que só é obtido com preces, com súplicas. [N. da E.]

[54] Aqui a menção é genérica e simplifica bastante uma problemática que, no plano tipicamente histórico-jurídico, é bastante complexa e também diversificada (para maiores aprofundamentos, ver Grossi, *Le situazioni reali...*, cit., pp. 111 ss.).

ráter precário – ou melhor, cada aforamento ou cada concessão em caráter precário, redigidos pelas mãos rústicas, mas sensíveis, do notário local – encontravam nos usos sua fonte e sua legitimação social e jurídica. E os usos – mais que a vontade das partes – ditavam as regras que o fiel notário reunia; as partes não podiam deixar de pretender aquilo que emergia das coisas e dos fatos por meio dos usos. Também nesse caso, assim como para as *convenientiae*, o "consenso" das partes (utilizo propositalmente uma terminologia moderna) se deparava com o tecido consuetudinário pertinente a cada região, invisível, impalpável, silencioso, mas bastante imperioso e invasivo.

Por vezes, as exigências agronômicas prementes – sempre fielmente interpretadas pelos usos – modelavam de cima a baixo uma figura causal específica; a esse respeito, é exemplar um contrato agrário muito difundido por toda a região mediterrânea e conhecido pelo termo latino *partionaria*, contrato *ad partionem*, pelo espanhol *plantación-complantación* ou pelo francês *complant*[55]. Nele, a dificuldade de países de clima temperado e seco em constituir formas de vegetação arbustiva e arbórea chega a esboçar uma figura jurídica bastante singular: o agricultor, que assumiu a obrigação da melhoria específica de transformar uma cultura herbácea em arbórea ou arbustiva, obtém, ao final da duração do contrato, geralmente longa, a propriedade de uma parte da terra, que é *repartida* entre o antigo *dominus* concedente e um

---

[55] Diversos autores foram atraídos pela estrutura singular desse contrato. Lembramos, para a França, R. Grand, "Contribution à l'histoire du régime des terres. Le contrat de complant depuis les origines jusqu'à nos jours", *Nouvelle Revue Historique du Droit Français et Etranger*, XL (1916); para a Itália, P. S. Leicht, "Un contratto agrario dei paesi latini mediterranei", in *Studi in onore di Gino Luzzatto*, v. I, Milão, Giuffrè, 1949, e "Note sulla complantatio", in *Studi in onori di Pietro De Francisci*, v. IV, Milão, Giuffrè, 1956; para a Espanha, R. Gibert, "La 'complantatio' en el derecho medieval español", *Anuario de historia del derecho español*, XXIII (1953).

novo *dominus*, o concessionário. O uso – o contrato, como é óbvio, é claramente consuetudinário – tem como objetivo incentivar tais formas de colonização, e o faz pretendendo que a energia física despendida numa transformação agronômica tão valiosa não seja frustrada. Por motivos que não são absolutamente sociais, mas puramente econômicos, o trabalho – a energia-trabalho – torna-se um modo de aquisição da propriedade[56].

---

[56] O que pareceu *une idée sauvage* quando, muitos séculos depois, observou-se o contrato de meação com olhos impregnados de individualismo proprietário (a frase é de Tronchet, no seu relatório ao Conselho dos Quinhentos, e é citada por Grand, op. cit., p. 375).

CAPÍTULO CINCO

PRESENÇA JURÍDICA DA IGREJA

1. Uma opção pelo direito: a formação de um direito "canônico"

Ninguém duvida da presença da Igreja (da Igreja Romana, é óbvio) na civilização medieval: em boa parte, essa civilização é criada por ela.

No vazio deixado pela ausência do Estado, munida de sua mensagem de salvação, de seu vigor econômico cada vez mais crescente, das suplências sociopolíticas e culturais de que firmemente se investia cada vez mais, a Igreja foi uma presença viva, eficaz e abrangente, graças também a uma organização paroquial bastante articulada e universalmente difundida, que conseguia penetrar até nos mais remotos recessos rurais.

A Igreja inseriu-se no costume, absorveu-o, mas também o plasmou. Como sociedade religiosa, num mundo ávido do sagrado, conseguiu alojar-se no coração de toda a sociedade civil e quase identificar-se com ela numa fusão bastante singular e harmônica entre sagrado e profano, entre dimensão civil e religiosa.

Pretendemos aqui, porém, restringir a atenção a uma presença mais específica, a jurídica, sobre a qual convém tecer alguns esclarecimentos necessários.

Um primeiro significado dessa presença específica poderia consistir na enorme influência por parte da Igreja e de seu patrimônio religioso e moral na vida do direito, na configuração de muitas estruturas jurídicas da convivência cotidiana. Intimamente inserida no costume popular, orientadora e modificadora desse costume, é previsível uma influência relevante numa ordem jurídica que gosta de se reconhecer em raízes consuetudinárias. E os historiadores do direito não deixaram, há tempos, de dar-lhe a devida importância[1].

Todavia, também não é sobre isso que pretendemos falar. Gostaríamos mais simplesmente de nos deter aqui na constatação de que essa sociedade religiosa sente a exigência premente – dando-nos, assim, um testemunho único na história humana – de se estruturar num ordenamento jurídico, de fixar seu próprio direito, de construí-lo com elementos tão típicos e singulares a ponto de fazer do direito canônico um ordenamento caracterizado por uma extrema peculiaridade. Em suma, o problema que nos preocupa diz respeito a quando, como e por que nasce um *ius ecclesiae* como manifestação jurídica autônoma.

Existem vários bons motivos que recomendam uma pausa nesse tema vital: em primeiro lugar, para evitar equívocos, que a opção da Igreja pelo direito poderia facilmente gerar; em segundo lugar, porque o direito canônico é um fruto medieval, sem dúvida um dos frutos mais importantes e admiráveis da juridicidade medieval, que nasce, se nutre, amadurece e se define nela; em terceiro lugar, porque a compreensão da peculiaridade do direito canônico não se reduz a um plano estritamente canonista,

---

[1] Páginas sintéticas, apoiadas numa sensibilidade aguçada e que até hoje consistem numa leitura proveitosa, estão em Calasso, *Medioevo del diritto*, cit., pp. 164 ss. e 217 ss. Uma particular atenção ao problema e exemplos significativos podem ser encontrados nas páginas de síntese dedicadas à história do direito de família e das sucessões in Vismara, *L'unità della famiglia nella storia del diritto in Italia* (ed. or. 1956) e *La norma e lo spirito nella storia del diritto successorio* (ed. or. 1965), atualmente in id., *Scritti di storia giuridica*, cit., respectivamente nos volumes V e VI.

mas significa, no plano histórico-jurídico, um instrumento indispensável para compreender a especificidade de todo o direito da sociedade medieval.

Uma opção pelo direito, como ressaltamos; e é isso mesmo. E uma opção definitiva, que nunca sofreu atenuações ou desvios no decorrer de uma história que já tem dois mil anos: presente na Igreja das catacumbas, quando a comunidade religiosa era, para o Estado romano, uma *societas illicita*; presente no momento de definir o primeiro *Codex iuris canonici*, em 1917, quando ainda se respirava um ar pós-tridentino e se prolongava uma atitude de defesa da Igreja contra a civilização e a cultura modernas; presente no momento de definir o segundo *Codex iuris canonici*, em 1983, aquele atualmente em vigor, numa Igreja que já tinha atrás de si toda a grande reelaboração antropológica e eclesiológica do Concílio Vaticano Segundo, que estava preocupada com o terceiro milênio e relegava o período pós-tridentino à sua história mais remota.

Os historiadores gostam de citar uma famosa passagem de Tertuliano, o grande apologista que viveu entre os séculos II e III depois de Cristo; e trata-se de uma citação oportuna: a comunidade dos cristãos é um *corpus*, ou seja, é uma realidade orgânica e unitária, graças a três elementos de coesão: a crença na mesma fé, a esperança comum na salvação eterna e a unidade disciplinar[2]. Essa afirmação comporta algo singular: o fato de, numa origem longínqua da consciência cristã, se sentir a necessidade imperiosa de transformar a comunhão esparsa dos fiéis numa realidade unitária, juridicamente unitária, como revela a palavra *corpus*, vocábulo não inócuo e termo jurídico usado pelos juris-

---

[2] É o famoso texto extraído de Tertuliano, *Apologeticum*, organizado por A. Resta Barrile, Bolonha, Zanichelli, 1980, cap. XXXIX: "*Corpus sumus de conscientia religionis et disciplinae unitate et spei foedere*".

tas³; de a transformação em *corpus* ter se realizado graças àquele conjunto de regras jurídicas e de organização jurídica com o qual a confissão religiosa decidiu, a partir de então, dar continuidade à própria dimensão teológica e mística.

No tempo de Tertuliano, não eram concebíveis nem conluios com o poder nem desvios do poder. Diante do Estado romano e de suas construções visíveis, sobressai e se exalta essa comunidade subterrânea que, precisamente por viver num nível diferente – o das catacumbas –, exprime muito bem a imagem de um ordenamento que tem uma vida paralela à do Estado, que é o ordenamento não derivado, absolutamente originário, cuja vida transcorre em plena autonomia.

É uma intuição firme que a Igreja pré-constantiniana nos oferece, cuja mensagem constante permanece intacta, ainda que obviamente fortalecida por quase dois mil anos de reflexão canonista, na eloquente constituição apostólica com a qual o papa Bento XV promulga o primeiro *Codex*: a Igreja é uma *societas perfecta*, ou seja, autônoma, isto é, um ordenamento jurídico e, como tal, titular de um direito *proprium ac nativum* (vale dizer, originário) de produzir normas; e é ordenamento primário, pois não extrai sua juridicidade de um poder civil, mas diretamente do Cristo como legislador divino⁴.

Tal linguagem foi repetida, talvez até reforçada, pelo próprio João Paulo II, que via o Código canônico como herança da pró-

---

[3] Sobre a noção jurídica de "corpus habere", cf. K. Olivecrona, *Three Essays in Roman Law*, Copenhague, Munksgaard, 1949.

[4] Na constituição apostólica *Providentissima mater Ecclesia*, de 15 de setembro de 1917 (que pode ser consultada em todas as edições do primeiro *Codex iuris canonici*): "Providentissima mater Ecclesia, ita a conditore Christo constituta, ut omnibus instructa esset notis quae cuilibet perfectae societati congruunt [...] ius ferendarum legum proprium ac nativum evolvere atque explicare nunquam destitit".

pria Revelação divina e da própria Tradição apostólica[5], um Código qualificado como instrumento extremamente necessário (*pernecessarium*) à própria ação apostólica da Igreja[6].

Fizemos uma aproximação proposital de testemunhos tão historicamente distantes, para que o leitor pudesse perceber uma constância ininterrupta, uma opção convicta pelo direito. Mas de onde provém uma convicção tão obstinada que faz da Igreja Romana um fato único da história das confissões religiosas?

Uma primeira resposta aflora facilmente: é a sociedade religiosa, imersa nas temporalidades e imbuída delas, que, exprimindo-se em poder, reconhece no direito um valioso elemento consolidador do próprio poder. O fato de tal resposta ser unilateral e insatisfatória é demonstrado pelo texto de Tertuliano, voz de uma Igreja que não se organiza como poder e que é perseguida pelo poder temporal romano. Também é demonstrado pelo fato de que o direito canônico não se baseia no direito estatal, ou melhor, dele se diferencia substancialmente com atitudes, como veremos, que caracterizam a subordinação da dimensão jurídica à religiosa. A abordagem a ser feita é mais complexa.

Pode-se concordar pacificamente acerca de um aspecto: essa Igreja – que é romana, que muito absorveu da civilização romana, que está familiarizada com o direito romano do qual será, por toda a alta Idade Média, seu veículo seguro –, essa Igreja recebeu de Roma, como legado, o sentimento da importância do direito e, por conseguinte, a persuasão do direito como consolidador so-

---

[5] Sobre as noções de Revelação e Tradição como fontes do direito canônico, cf. mais adiante, nota 9 e também a próxima seção.
[6] Na constituição apostólica *Sacrae disciplinae leges*, de 15 de janeiro de 1983 (que pode ser consultada em todas as edições do *Codex iuris canonici* vigente): "Codex, utpote cum sit primarium documentum legiferum Ecclesiae, innixum in hereditate iuridica et legifera Revelationis atque Traditionis, pernecessarium instrumentum censendum est".

cial, como garantia de incisividade na história e – por que não dizer? – também como instrumento de poder. Isso tudo pode ser pacificamente admitido, mas um exame sereno e isento de prevenções não deve nos impedir de enxergar mais além e apreender as razões ainda mais profundas, cujas raízes estão na antropologia religiosa e na eclesiologia, das quais a Igreja Romana é portadora desde sempre.

A opção pelo direito é uma opção pelo temporal e pelo social. Vamos esclarecer melhor: essa Igreja não suspeita do temporal, pelo contrário, mergulha de bom grado nele com a plena convicção de que a salvação eterna dos fiéis reside justamente no tempo e nas temporalidades, graças a uma ação que se desenvolve imersa no tempo e nas temporalidades. Mas no temporal não vivem indivíduos isolados, e sim um reticulado de relações que unem os indivíduos na *societas*. O problema religioso como problema de salvação não se resolve – ou se resolve com extrema dificuldade – no nível individual, mas sim numa dimensão tipicamente social.

A convicção profunda é, também no plano religioso, a imperfeição do indivíduo e de suas forças e a perfeição da comunidade sagrada. A comunidade protege, garante, serve de intermediário; é o único meio seguro para um colóquio eficaz com a divindade, para garantir da divindade a efusão da Graça. A comunidade é realidade sacramental, aquela que distribui a Graça por força daqueles instrumentos precisos e eficazes de santificação que são os sacramentos, indisponíveis para o indivíduo e plenamente disponíveis para a *societas*. Como tal, a comunidade sagrada é, ela própria, um grande e misterioso sacramento, como muitas vezes afirmam os teólogos.

Trata-se – é claro – de elaborações de cunho absolutamente antropológico: estamos num universo religioso que suspeita do indivíduo solitário, que constrói a salvação de cada indivíduo somente no interior da sociedade sagrada. Essa antropologia católica – e, portanto, essa eclesiologia tão bem detalhada – é o maior elogio ao social que comunidade religiosa alguma jamais pronunciou e realizou; e é precisamente essa absoluta preeminência – esse caráter quase indispensável – do social que provoca a preeminência e o caráter indispensável do jurídico. A *societas* precisa ordenar-se fisiologicamente para viver, e ordenar-se significa elevar um corpo social à dimensão da juridicidade. Se, para a ideologia religiosa católica, é no social que se realiza a *salus aeterna animarum*, o direito, inserido no social, também está implicitamente inserido no religioso. O direito também se coloca naturalmente num horizonte salvífico.

É nesse horizonte amplo e variado que teremos de situar a opção pelo direito, se quisermos evitar simplismos, unilateralidades e equívocos. A interpretação potestativa deve ser inserida num raio mais amplo de motivações, e apenas nele pode ser convenientemente historicizada.

Firme nessa opção, a Igreja Romana logo se empenhou em construir um direito próprio, ou seja, o direito adequado a uma sociedade sagrada que possuía, nas próprias fundações, uma base de noções teológicas extremamente sólida e peculiar. O resultado de tal empenho é o que tradicionalmente costumamos chamar de direito canônico[7]. Assim como hoje o contemplamos – fixado sobretudo no *Corpus iuris canonici*[8] medieval e nos dois Códigos modernos, respectivamente de 1917 e de 1983 –, ele se nos afigura como um imponente produto histórico, o fruto de uma consciência,

---

[7] Desde tempos bastante remotos, a Igreja indicou com a expressão *ius canonicum* [direito canônico] o seu direito nativo, a partir da palavra grega *kanón*, regra, contraposta a *nómos*, regra da comunidade civil.

[8] Sobre o significado de *Corpus iuris canonici*, cf. mais adiante, na segunda parte, cap. VII, § 1º.

de uma ação e de uma reflexão jurídicas de quase dois mil anos; uma sedimentação muito lenta e longa em que o *ius ecclesiae*, mesmo mantendo uma fisionomia nitidamente constante, espelho fiel da constância da própria sociedade eclesial e do próprio patrimônio doutrinal intacto, registra com a mesma fidelidade as diversas fases da história da sociedade eclesial no tempo.

Durante o primeiro milênio, a edificação do direito canônico foi reflexo das mesmas dificuldades da vida histórica da Igreja, uma vida histórica dominada por circunstâncias ameaçadoras e, em consequência, por duas preocupações e exigências: no interior, a ameaça de contínuas manifestações heréticas e, portanto, de lacerações nocivas do tecido da comunidade eclesial; no exterior, a ameaça de invasões – às vezes bastante graves – por parte dos poderes laicos, sobretudo quando se disfarçavam sob a aparência de proteção e defesa (como fizeram os monarcas carolíngios).

Essa simetria é assimilada pelas próprias fontes. Estabelecidas as duas fontes básicas do direito divino, a Revelação e a Tradição[9], vozes da própria divindade em sua função legisladora, nesse período de sistematização, atribui-se um papel de protagonista mais aos Concílios ecumênicos (e provinciais) e aos Padres que à atividade normativa dos Pontífices[10]; os primeiros, fonte coletiva, expressão da *unanimitas* da sociedade eclesial, os segundos, fonte doutrinal e de particular credibilidade; em ambos, a dimensão teológica sobrepujava de longe a jurídica, mas era tam-

---

[9] "Revelação" é o que o próprio Deus revelou nas Sagradas Escrituras; "Tradição" é o que o próprio Deus revelou graças ao ensinamento transmitido oralmente pelos Apóstolos, recebido e conservado pela Igreja.

[10] O termo "Padres", "Padres da Igreja" refere-se àqueles mestres da fé cristã caracterizados pela ortodoxia doutrinal e pela santidade de vida, que foram os sucessores da Tradição apostólica na doutrina, assim como os bispos o foram na hierarquia. A patrística, ou seja, o conjunto doutrinal dos Padres, desenvolveu-se do século I ao século VII da era comum. Nela estão incluídos Tertuliano e Agostinho, que citamos nas nossas páginas.

bém a dimensão eficaz para rechaçar proposições heréticas ou pretensões das autoridades civis.

Nessa fase histórica, é óbvio que o teológico e o jurídico se mesclam com nítida predominância do primeiro; e é óbvio que os aspectos – vamos chamá-los assim – "publicísticos" prevalecem. Será preciso esperar ainda – a partir do século XII – para que se delineie uma reflexão canonista em toda sua autonomia de análise jurídica e um direito canônico que, ao lado dos grandes temas publicísticos, se incline para o social e se preocupe com os institutos da vida cotidiana, impregnando – cada vez mais – o direito global e pretendendo fazê-lo. Esse será o momento culminante na vida histórica da juridicidade eclesial, o que os canonistas chamam – não sem razão – de "direito canônico clássico": momento de consciência aguçada, de elaborações dogmáticas, de definição, de manifestação plena e madura.

Na segunda parte do livro dedicaremos especial atenção a esse momento histórico vital. Por enquanto, uma constatação se faz premente: a juridicidade na Igreja tem uma motivação e uma função claramente unitárias, é sustentada por uma visão antropológica que é e continua a ser unitária e uniforme, não é afetada – nem mesmo potencialmente – pelas fases históricas da vida eclesial, que, no entanto, existem e deixam vestígios[11]. Gostaríamos

---

[11] Uma introdução geral à história do direito canônico, cuja leitura recomendamos (descartados sem hesitação os tratados canonistas de cúria), é aquela escrita por G. Le Bras, *La Chiesa del diritto. Introduzione allo studio delle istituzioni ecclesiastiche* (ed. or. 1955), trad. it. de G. e F. Margiotta Broglio, Bolonha, Il Mulino, 1976. Para quem quiser se aprofundar nesse universo jurídico extremamente singular que é o direito canônico, onde história e direito vigente necessariamente se fundem, recomenda-se a leitura, na canonística italiana, de duas obras de linhas diferentes: P. A. D'Avack, *Corso di diritto canonico. I. Introduzione sistematica al diritto della Chiesa*, Milão, Giuffrè, 1956, e P. Fedele, *Lo spirito del diritto canonico*, Pádua, Cedam, 1962 (nesta última obra estão sistematizadas e definidas as ideias que o próprio Fedele, com visão pioneira, teve no distante ano de 1941, em seu discutido, discutível, mas repleto de intuições, *Discorso generale sull'ordinamento canonico*).

agora de reservar um espaço necessário a esse ponto de vista e dar-lhe uma fisionomia concreta, uma vez que, já no primeiro milênio eclesial, caracterizou intensamente o direito canônico nascente.

2. Originariedade e originalidade do direito canônico: a imobilidade do direito "divino", a elasticidade do direito "humano"

Há um libelo redigido no último decênio do século XI que nos parece um reflexo do processo de "formação" do direito canônico durante o primeiro milênio, e sobretudo um reflexo de como foi se caracterizando como um direito muito peculiar. Será conveniente mencioná-lo para facilitar nossa abordagem sem, contudo, desvirtuar o sentido geral de um percurso histórico. O libelo é o tratado metodológico que o canonista francês Yves, bispo de Chartres, escreveu como introdução ao seu grande trabalho de compilação, uma antologia de textos precedentes que conservam uma importância incontestável para o estudioso canonista[12].

A personalidade e a obra de Yves são testemunhos de uma conturbada situação histórica para a Igreja medieval e, por esse motivo, são de grande interesse para o historiador do direito. Yves é efetivamente um divisor de águas, pois concentra em si o velho, mas se projeta no novo; em outras palavras, reflete muito bem aqueles últimos decênios do século XI, que os historiadores da Igreja chamam de era gregoriana[13]. Mergulhado até o pescoço

---

[12] Sobre Yves e sua obra, a síntese mais expressiva, com um *status quaestionis* histórico-filológico bastante atualizado, está em P. Landau, verbete "Ivo von Chartres", in *Theologische Realenzyklopädie*, v. XVI, Berlim-Nova York, De Gruyter, 1987, col. 422 ss. A principal obra antológica de Yves é o chamado *Decretum*, composto por volta de 1094. O tratado metodológico que mencionamos aqui é conhecido como *Prologus in Decretum* e foi publicado juntamente com ele in Migne, *Patrologia latina*, v. CLXI, col. 47 ss.

[13] Sob o aspecto histórico-jurídico, um bom ensaio introdutório a Yves e a esse momento delicado é a obra, bastante retrospectiva, do mais competente pesquisador

na grande disputa sobre as investiduras[14], do ponto de vista tipicamente canonista revela-se um trabalhador zeloso que se põe a serviço da reforma em andamento. Ele adota o rigorismo de Gregório VII: tentativa de impedir os muitos e irrefreados fracionismos consuetudinários, que o clero contrário à reforma evoca como razão e fundamento da própria oposição; tentativa de ordenar o imenso e desordenado arsenal doutrinal teológico-jurídico acumulado no milênio, separando os textos apócrifos dos autênticos; tentativa de conciliar as *discordantiae*, ou seja, as antinomias que a vida multissecular da sociedade eclesial acumulara dependendo das épocas, lugares e circunstâncias diferentes, e que agora se mostram pastoralmente escandalosas e inadmissíveis perante um governo papal centralizador e unificador.

São os sinais do novo do qual Yves é partícipe e com o qual é solidário: é daí que nasce o insistente apelo ao ensinamento concorde da Igreja, o único capaz de ser interpretado como Tradição apostólica, ou seja, o ensinamento divino transmitido oralmente pelos Apóstolos, recebido e protegido pela Igreja[15]; é daí que nas-

---

da obra de Yves, P. Fournier, *Un tournant de l'histoire du droit:* 1060/1140 (ed. or. 1923), atualmente in id., *Mélanges de droit canonique*, Aalen, Scientia, 1983, v. II; ensaio que deve ser complementado e corrigido com os esclarecimentos histórico-filológicos fornecidos por S. Kuttner, *Urban II and the Doctrine of Interpretation: a turning Point?* (ed. or. 1972), atualmente in id., *The History of Ideas and Doctrines of Canon Law in the Middle Ages*, Londres, Variorum Reprints, 1980. Em geral, sobre essa "era gregoriana" continuam esclarecedoras as várias pesquisas aprofundadas de Capitani, sintetizadas em "Papato e Impero nei secoli XI e XII", in Firpo (org.), *Storia delle idee politiche...*, cit., v. II/2. Do ponto de vista histórico-jurídico, são bastante relevantes as considerações do próprio autor desenvolvidas em "L'interpretazione 'publicistica' dei canoni come momento della definizione di istituti ecclesiastici (secc. XI-XII)", in *Fonti medioevali e problematica storiografica*, Atti del Congresso Internazionale dell'Istituto Storico Italiano (1883-1973), Roma, Istituto Storico Italiano per il Medio Evo, 1976, pp. 253-82.

[14] Cf. Landau, *Ivo von Chartres*, cit., col. 424.
[15] Bispo Yves de Chartres, *Decretum*, cit., pars IV, cap. 195.

ce o acentuado desprezo com que, após séculos de oscilação[16], são vistos os particularismos consuetudinários[17]; é daí que nasce a classificação precisa dos livros autênticos e dos apócrifos contida na obra antológica de Yves[18]; é daí que nasce um aspecto primordial dessa obra, ou seja, o fato de ser uma *consonantia canonum*[19], inserindo-se perfeitamente numa época – como veremos também a seguir – constelada de concordâncias e dominada pela instância de uma "harmony from dissonance"[20].

No entanto, Yves, em seu pequeno tratado metodológico, faz algo mais: elabora uma reflexão sobre como o direito da Igreja foi se caracterizando, como Cristo, o legislador divino, e depois os Padres, os Pontífices e os Concílios conceberam esse direito; sobre sua intrínseca especificidade, o espírito que o sustenta e o torna peculiar; e invoca como fundamento de tão profunda caracterização a atividade de todo um milênio. Acaso não foram ampla e minuciosamente citados pontífices dos séculos V e VI como Inocêncio I, Leão Magno, Gregório Magno, ou do século IX como João VIII e Nicolau I? O pequeno tratado de Yves, embora projetado para o futuro, é também a valiosa síntese retrospectiva de um longo processo de formação, que é precisamente o que agora nos interessa.

No momento em que redige um amplo inventário fielmente expressivo desse processo, reunindo livremente cartas pontifí-

---

[16] Para uma documentação dessas oscilações de Tertuliano a Yves, cf. R. Wehrle, *De la coutume dans le droit canonique. Essai historique s'étendant des origines de l'Eglise au Pontificat de Pie XI*, Paris, Sirey, 1928, pp. 49 ss.

[17] Yves de Chartres, *Decretum*, cit., pars IV, caps. 196, 197, 202, 203, 204, 206, 207, 208, 211, 213.

[18] Id., ibid., cap. 64 (*de libris authenticis quos recipit Ecclesia*); cap. 65 (*de notitia librorum apocryphorum qui a Sanctis Patribus damnati sunt*).

[19] Assim é designado comumente o *Prologus* (cf. Kuttner, *Harmony from Dissonance* (ed. or. 1960), atualmente in id., *The History of Ideas*, cit., p. 4).

[20] É o excelente título do ensaio de síntese de Kuttner, citado na nota anterior.

cias[21], cânones de concílios, páginas dos Santos Padres e também fragmentos do direito romano de Justiniano e de capitulares dos monarcas francos[22], Yves de Chartres preocupa-se com possíveis erros e equívocos do leitor, e pretende fornecer-lhe um guia para a correta interpretação de todo esse enorme material.

A primeira preocupação é a de que o leitor fique confuso diante da variedade de soluções previstas para o mesmo fato jurídico, uma variedade que por vezes mostra também francas contradições. Daí a necessidade de esclarecer algumas regras interpretativas fundamentais que surgem das próprias peculiaridades de que o direito da Igreja está permeado e com as quais foi lentamente edificado no primeiro milênio. Só assim o leitor, sem estranhar as diversidades (e, por vezes, divergências) de tratamento, conseguirá resgatar a unidade substancial do direito canônico e ver nele uma imagem genuinamente unitária (a "una facies", como diz Yves)[23].

Tudo se deve à "instrumentalidade" que o direito assume na ótica da Igreja: Igreja jurídica, extremamente convicta de que é no tempo e no social que se combate e se vence a batalha de cada fiel pela vida eterna e, portanto, extremamente convicta de sua opção pelo direito e, sendo assim, produtora de seu próprio direito, mas também uma Igreja que não tem cultos formalísticos pelo direito, que não o coloca como seu fim (como faz a sociedade

---

[21] A seguir esclareceremos o caráter dessas "cartas" pontifícias no sistema das fontes do direito canônico.

[22] "Excerptiones ecclesiasticarum regularum partim ex epistolis Romanorum Pontificum, partim ex gestis, Conciliorum catholicorum episcoporum, partim ex tractatibus orthodoxorum Patrum, partim ex institutionibus catholicorum Regum nonnulo labore in unum corpus adunare curavi", (Yves de Chartres, *Prologus in Decretum*, cit., col. 47).

[23] "diligens lector intelliget unam faciem esse eloquiorum sacrorum" (ibid., col. 48, D).

civil, que pode e deve admitir entre seus objetivos a ordem jurídica e sua conservação), que o identifica sempre e apenas como instrumento – necessário e imprescindível, mas instrumento – para alcançar o único verdadeiro fim da Igreja: a conquista da eternidade, a *salus aeterna animarum*.

Yves, melhor do que ninguém[24], reúne a mensagem concorde e unívoca que recebeu de mil anos de análise teológico-jurídica, toda ela sempre inclinada a sublinhar essa instrumentalidade; e o direito canônico lhe aparece como realmente é: um instrumento criado para o *homo viator*, para o homem peregrino na terra, que segue adiante arduamente sob o fardo de suas fragilidades[25].

A opção pelo direito e a visão instrumental deste apoiam-se numa análise antropológica mais profunda de cunho claramente pastoral. Se o direito canônico deve servir essa criatura extremamente frágil, pecadora, vítima das mais diversas circunstâncias, se deve tornar-se instrumento dela, não pode ser concebido como uma regra igual para todos. A igualdade jurídica de nós, modernos, que é a igualdade burguesa, igualdade formal de pessoas concretamente desiguais, é para a Igreja uma monstruosidade. Nos tribunais canônicos de todos os tempos, inclusive nos atuais, seria inconcebível a expressão "a lei é igual para todos", que nós, leigos, gostamos de ostentar com ingênua vaidade em nossas au-

---

[24] Aproximadamente na mesma época de Yves (final do século XI), uma atitude idêntica pode ser encontrada no teólogo e canonista Alger de Liège, no qual domina obstinadamente o princípio geral da *relaxatio* e *temperatio* da norma canônica por razões de *pietas, necessitas, utilitas*: Alger de Liège, "Liber de misericordia et justitia", in Migne, *Patrologia latina*, v. CLXXX, sobretudo cap. V ("praeceptum vero, quamvis sit omnibus necessarium, pro variis tamen rationalibus causis, ex auctoritate canonica, persaepe est relaxandum") e cap. VI ("praecepta canonica pro tempore, pro persona, pro variis rerum eventibus vel partim temperata, vel omnino intermissa").

[25] É significativa a comparação do *fidelis* a um doente e do superior-juiz-intérprete/jurista a um médico (Yves de Chartres, *Prologus in Decretum*, cit., col. 48 C).

las de direito, porque a lei canônica não pode ser igual para todos se todos não são efetivamente iguais. A lei canônica – que não é uma garantia formal, mas um auxílio substancial – deve levar em conta as *humanae fragilitates* que tem diante de si e, para organizá-las adequadamente, deve amoldar-se a elas, sacrificar a logicidade, a sistematicidade e a unitariedade formais e "elasticizar-se" como uma roupa que procura se adequar aos diversos corpos subjacentes.

Surgem daí as *discordantiae*, que os mil anos de vida jurídica da Igreja demonstram; *discordantiae* que podem ser interpretadas como repúdio a todo rigorismo formalístico caso o requeira a *charitas*, aquela *charitas* que é a *plenitudo legis*[26], ou seja, é a essência mais profunda do direito canônico. É nesse ponto que se resgata perfeitamente a *una facies*, a unidade substancial: as discordâncias não são lacerações da túnica inconsútil da Igreja, não são fruto do capricho de Pontífices, Padres, juízes, doutores; são, ao contrário, a atitude natural de um direito que é, por sua índole e natureza, extremamente plástico, porque extremamente humano, que não se presta a ser reduzido a normas rígidas e abstratas – tanto é verdade que por mil anos consistira num acúmulo ininterrupto de soluções práticas –, que não suporta a estrutura de uma codificação – tanto é verdade que a Igreja, no mundo moderno, foi o último dos grandes ordenamentos a elaborar um Código e não o fez de um modo indolor, mas depois de grandes hesitações e ásperas discussões[27].

---

[26] Ver o texto – mencionado cuidadosamente por Yves – da epístola do pontífice são Leão aos bispos africanos, no qual se adotava um antigo ensinamento que sem dúvida remonta a são Paulo: "monemus, ut si quis quod legerit de sanctionibus sive dispensationibus ecclesiasticis, ad charitatem, quae est plenitudo legis, referat, non errabit" (ibid., col. 58 D).

[27] No final do século XIX, amplas correntes de canonistas sustentaram a impossibilidade e a insensatez de uma tarefa de codificação do direito canônico contrária à atitude pontifícia movida por exigências de certeza do direito.

A ligação entre direito canônico e salvação eterna é indefectível, do contrário a juridicidade na Igreja é aberração, apenas aberração. E é uma ligação que, assim como provoca e exige a plasticidade, exige – por outro lado – algumas imobilidades inabaláveis. E, aos nossos olhos, a ordem jurídica canônica mostra-se articulada em dois níveis distintos: o primeiro, superior, caracterizado por uma imutabilidade absoluta, universal, perpétua, é um patrimônio intocável até mesmo pelo Pontífice Romano ou por um Concílio ecumênico, resistente a todo devir histórico quase como uma cidadela inexpugnável; o segundo, e inferior – do qual se falou até agora –, é extremamente plástico e móvel. Uma dialética de contrários, que pode surpreender e à qual convém dispensar alguns esclarecimentos.

E digamos de imediato: é o próprio fim absorvente da *salus animarum* que pretende tal articulação, que a justifica e até a compõe. Vamos ceder a palavra ao bispo de Chartres:

> Praeceptiones itaque et prohibitiones, aliae sunt mobiles, aliae immobiles. Praeceptiones immobiles sunt, quae lex aeterna sanxit: quae observatae salutem conferunt, non observatae eamdem auferunt... Mobiles vero sunt, quas lex aeterna non sanxit sed posterorum diligentia ratione utilitatis invenit non ad salutem principaliter obtinendam, sed ad eam tutius muniendam[28].

É a dicotomia fundamental, que Yves reúne das fontes anteriores e na qual a ordem canônica positiva ainda hoje se baseia,

---

[28] ("Entre os comandos que impõem ou vetam um comportamento, alguns são móveis; outros, imóveis. É imóvel o que é sancionado pela lei eterna: cuja observância (ou inobservância) confere (ou tolhe) a salvação. É móvel o que a lei eterna não sancionou, mas no decorrer da história humana foi sucessivamente identificado como instrumento de salvação – embora não imediato nem direto – porém útil ao fim de garantir um acesso mais seguro a esta."), Yves de Chartres, *Prologus in Decretum*, op. cit., col. 50 A.

entre *ius divinum* e *ius humanum*, ambos voltados para a salvação eterna dos fiéis: o primeiro em relação de necessidade; o segundo, de utilidade; o primeiro revelado pela generosidade do próprio Deus por ser necessário para o acesso ao Reino, o segundo excogitado pelo zelo pastoral da Igreja por ser útil e facilitador; o primeiro composto de poucas regras essenciais, constitucionais (tais como "não matar", "não cometer adultério"), o segundo formado por um conjunto enorme de regras acumuladas na vida histórica da Igreja em decorrência dos cuidados pastorais da sagrada hierarquia para ajudar os fiéis no caminho da salvação.

Sem dúvida, este último constitui a maior parte do direito canônico, e é um material jurídico de extraordinária elasticidade nas mãos do superior eclesiástico, seja ele o Pontífice Romano, um bispo ou um juiz canônico, na sua função de aplicar o direito: se esse material baseia-se não num critério de necessidade, mas apenas de utilidade, utilidade para o fiel, é justo e oportuno que o superior tenha o poder – grande, mas funcional – de tornar essa utilidade substancial, adaptando-a às situações concretas inerentes ao próprio indivíduo ou às circunstâncias em que ele estiver inserido historicamente. Por isso, os superiores eclesiásticos às vezes aplicam com severidade e rigor os cânones sagrados; às vezes, pela necessidade dos tempos, *toleram* que se cometam violações e às vezes, em benefício espiritual do indivíduo ou para evitar um prejuízo coletivo, *dispensam* a observância da norma.

Estas últimas palavras foram traduzidas do próprio Yves[29] e revelam uma teoria interpretativa que não era de sua autoria, mas que ele reunira havia tempos e, melhor do que ninguém – isso sim –, sistematizara e definira.

---

[29] "Multa quoque principes Ecclesiarum pro tenore canonum districtius judicant, multa pro temporum necessitate tolerant, multa pro personarum utilitate vel strage populorum vitanda dispensant" (ibid., col. 52 A)

As discordâncias, que podem parecer excessivas, delineiam-se no momento da aplicação da norma e significam simplesmente que a mesma norma pode ser suscetível de diferentes aplicações: às vezes será empregada com todo o rigor (*rigor*), às vezes com moderação (*moderatio/temperatio*), às vezes nem sequer será aplicada (*relaxatio*). No entanto, essas discordâncias devem ser consideradas oportunas e necessárias, pois apoiam-se num olhar atento, concreto, específico às várias necessidades dos tempos e às diversas utilidades (espirituais, é óbvio) das pessoas. Para manter seu caráter instrumental, a norma *deve* poder variar conforme as variações sobre as quais se organiza. Da mesma forma, o superior tem um *dever* – mais do que um poder – de diversificar a aplicação ou de chegar ao remédio máximo de não aplicá-la.

Trata-se de um refrão recorrente no *prologus* de Yves, dominado pela insistência em termos como *moderatio, dispensatio*, atenuação do rigor normativo, dispensa da própria norma. E se delineia nitidamente, recebida de uma longa e notável tradição eclesiástica, aquela que será um dos fundamentos do direito canônico até mesmo nos dias atuais, ou seja, a teoria da dispensa, do dever do superior eclesiástico de não aplicar a norma no caso concreto (*relaxatio legis*) se, conforme a sua discrição (uma discrição aparentemente livre e meramente potestativa, mas que o compromete frontalmente diante de Deus), essa aplicação, diante do caso concreto, vir a ser *peccati enutritiva*, fonte de prejuízo mais do que de proveito espiritual.

Um fundamento, um pilar que demonstra uma vez mais a singularidade de um direito – o canônico – que tem raízes e características próprias, absolutamente únicas, vinculadas à sua qualidade de instrumento, inclusive pastoral, para o ordenamento de uma sociedade religiosa.

Para encerrar, apenas uma observação: essa teoria da dispensa era adequada à índole da política papal da era gregoriana, sobretudo do próprio Gregório VII: a dispensa – concebida unicamente como meio de governo controlado pela sagrada hierarquia e não relegada a iniciativas de caráter usual provenientes de baixo (como a dessuetude) – é um admirável instrumento de direção e de orientação, garantia de centralização; em suma, está diretamente ligada àquele poder das chaves que o primeiro e supremo pontífice, Cristo, transmitiu a Pedro e aos sucessores de Pedro e que é precisamente o poder de ligar e de desligar para o acesso ao Reino[30].

---

[30] Ver as interessantes observações de G. M. Cantarella, "Sondaggio sulla 'dispensatio' (secc. XI-XII)", in *Chiesa, diritto e ordinamento della "societas christiana" nei secoli XI e XII*, Milão, Vita e Pensiero, 1986, sobretudo pp. 47 ss.

SEGUNDA PARTE

EDIFICAÇÃO DE UMA EXPERIÊNCIA JURÍDICA. O LABORATÓRIO SAPIENCIAL

CAPÍTULO SEIS

A MATURIDADE DE UMA EXPERIÊNCIA JURÍDICA E SUAS CARACTERÍSTICAS EXPRESSIVAS

1. Entre os séculos XI e XII: continuidade e maturidade dos tempos

Um saudoso historiador italiano, Gioacchino Volpe, referiu-se ao século XI como uma época "repleta de origens"[1]. Frase feliz e sugestiva, mas que traz em si um grande risco: o de valorizar a ideia do início substancial de um "novo" tempo, com a consequência de insistir num devir descontínuo, estabelecendo uma ruptura entre o antes e o depois. Para o historiador da civilização medieval, e sobretudo para o historiador do direito, o século XI – especialmente a segunda metade do século XI – mostra-se mais como um extraordinário momento de maturidade: os tempos estão maduros para colher os frutos de muitas semeaduras da alta Idade Média; semeaduras lentas, mas constantes.

Vamos começar com alguns dados estruturais. No final do século XI, o panorama agrário de boa parte da Europa ocidental encontra-se significativamente mudado: os cultivos intensos que começam de maneira maciça a partir de 950 em Flandres, na Nor-

---

[1] A frase é lembrada por C. Violante em sua aula introdutória: "Il secolo XI: una svolta? Introduzione ad um problema storico", in id. J. Fried (org.), *Il secolo XI: una svolta*, Bolonha, Il Mulino, 1993, p. 11.

mandia, em Beaujolais, para continuar largamente na Espanha e mais tarde na Alemanha ocidental, nos Países Baixos, na Itália setentrional e mais tarde ainda na Inglaterra, com um grandioso processo de expansão do século X ao XII, refletem-se no aspecto dessa paisagem agora dominada por campos cultivados. O resultado elementar, mas extremamente relevante, é de uma quantidade bem maior de produtos agrários disponíveis e de uma notável atenuação do antigo pesadelo da fome e da sobrevivência cotidiana. Produz-se mais, come-se mais, nasce-se mais.

O crescimento demográfico é evidente, e os lugares parecem cada vez mais povoados. A própria psicologia coletiva se modifica. O encontro solidário entre os homens, sua perene salvação começam agora a se realizar numa vertente diversa: se nos séculos protomedievais os homens se encontravam fechando-se para o exterior, pagando para se enclausurar na proteção murada do castelo, o lugar ideal para o encontro passa a ser a cidade, uma comunidade de homens e de casas aberta para o exterior, propensa – por sua própria natureza – a estreitar relações e a se colocar no centro de um reticulado delas, sempre situada em grandes artérias de comunicação que lhe dão sangue e vida.

A antiga confiança no social contentava-se em inserir o indivíduo pobre e incapaz no nicho protetor de uma microcomunidade concebida como substancialmente isolada. A partir de então, a confiança no social significa também intolerância pelas velhas barreiras, enquanto se amplia cada vez mais o tecido de relações. Convém repetir aqui o que escrevemos em nosso antigo curso sobre as situações reais: a cidade não é um amontoado de pedras, não é uma grande quantidade de pessoas e casas aglomeradas e organizadas dentro de certos muros; ela é sobretudo um ato de confiança coletiva, pois é uma comunidade aberta, projetada para o exterior e que não teme afirmar a sua dependência do exterior.

E surge outro sinal incontestável de confiança coletiva: a melhor qualidade intrínseca e a maior circulação da moeda. E surge, ganhando cada vez mais consistência, num tecido de relações cada vez mais denso, um sujeito substancialmente novo: o comerciante profissional. Há mais produtos, com uma indubitável exuberância de alguns deles em certas localidades; torna-se necessária a troca, faz-se indispensável a presença da engrenagem insubstituível da troca: o comerciante. A permuta de produtos que ocorria no rudimentar mercado do vilarejo protomedieval dá lugar à capacidade e ao caráter empreendedor de um sujeito que, assumindo grandes riscos, faz da intermediação nas trocas a própria profissão. Um sujeito que, na sua essência, é um habitante da cidade, um viajante incansável, indiferente a barreiras e fronteiras, como requer o raio de ação cada vez mais amplo de suas transações e negócios.

Mas a mudança não se limita ao panorama estrutural e também atinge plenamente a dimensão espiritual da sociedade, a sua consciência mais profunda, exprimindo-se numa reflexão difusa e acurada que percorre todas as ciências humanas, a começar da teologia, ciência das coisas divinas, mas que na Idade Média se questiona, como sabemos, sobre os grandes problemas do homem nas suas relações com Deus, com o cosmo, com a sociedade. Sintonia singular que a maturidade dos tempos continua a nos mostrar, indicando as misteriosas divisões do curso da história.

No clima estimulante da reforma gregoriana, quando o conflito entre Igreja e Império abala velhas certezas e perturba velhos torpores, assiste-se a um movimento sem precedentes no período anterior: abrem-se discussões e debates; o monólogo, que encerrado num claustro o sábio da alta Idade Média redigia – às vezes num nível muito elevado –, torna-se naturalmente um diálogo; as ideias circulam muito mais que antes, e muito mais que antes o contemplador solitário cede a uma realidade naturalmente dialógica: a escola.

Quase já não se trata mais de vozes isoladas, mas de centros que amplificam, aprofundam, problematizam um certo programa cultural. Logo nos vêm à mente a grande escola de Chartres (que já mencionamos) e, sobretudo no século XII, o convento parisiense de São Vítor com a epifania coletiva dos chamados "vitorinos". A cultura torna-se riqueza bem mais difundida, e a escola deixa os muros segregadores do mosteiro para descer às cidades, ao centro das cidades, muitas vezes ao lado das catedrais, nos cruzamentos mais movimentados aonde chegavam e de onde partiam caminhos de uma remota conjunção espacial. Um mundo tendencialmente estático parece ser substituído por um mundo muito mais dinâmico, caracterizado por uma circulação intensa, que afeta todos os níveis da vida.

Dirá o leitor que há uma mudança enorme, imensa, nesse divisor de águas histórico representado pelo final do século XI e início do século XII. Impressionado com as variações minuciosamente indicadas – abertamente manifestadas apenas nesse momento, embora lentamente preparadas e sedimentadas –, ele se sentirá no direito de acreditar que o *continuum* da experiência foi interrompido e que esse divisor de águas marca um limite nítido. Sem dúvida, a mudança é incontestável, assim como os aspectos novos; com relação ao momento que estamos observando, há sem dúvida um antes e um depois. O problema que temos diante de nós é se realmente se trata de um tempo repleto de origens, como na imagem de Volpi, e se é possível deduzir-se uma negação daquela unidade experiencial presente em toda a Idade Média, na qual tanto insistimos no início. É evidente que não, mas cabe-nos o dever de demonstrar, o que faremos sem demora.

2. Os sinais da continuidade: o "princeps-iudex" e a produção do direito. O poder político como "iurisdictio"

A tradição antiga, que identificava no príncipe o juiz supremo dos seus súditos e na justiça a sua principal função, bem como sua principal virtude, fora, como sabemos[2], integralmente reunida no início do século VII por santo Isidoro, que a considerou bem adequada para todo o ideário protomedieval e que, por ser um mestre respeitado, a transmitira à ciência política posterior: "Reges a regendo vocati [...] non autem regit, qui non corrigit [...]. Unde et apud veteres tale erat proverbium: 'Rex erit, si recte facias; se non facias, non eris'. Regiae virtutes praecipuae duae: iustitia et pietas"[3].

É uma concepção que encontramos intacta, em meados do século XII, no primeiro grande tratado de filosofia política do momento sapiencial escrito pelo prelado inglês João de Salisbury, em que o príncipe é retratado como "imago aequitatis"[4], e na reflexão conclusiva de santo Tomás, o definidor das certezas medievais, na qual, com base num preciso ensinamento aristotélico, se insiste no príncipe como "custos iusti", guardião do que é justo[5]. Trata-se, sem dúvida, de um patrimônio comum dos juristas[6].

O atributo (e a função) essencial e característico desse *princeps-iudex* não é uma criação inconcebível do direito, mas o que o ideário medieval exprime com o conceito de *iurisdictio*, termo latino (e não será o único) que, por sua especificidade destinada a ser irremediavelmente desvirtuada pelo termo correspondente

---

[2] Ver referência à p. 115.
[3] ("Os reis são assim chamados porque regem o governo da comunidade; por outro lado, não rege quem não corrige, não governa quem não julga e condena. Por essa razão, também entre os antigos existia o seguinte provérbio: 'Serás rei se agires retamente, do contrário, não o serás.' As principais virtudes régias são duas: a justiça e a piedade.") Santo Isidoro, *Etymologiarum*, livro IX, III, 4-5. O mesmo conceito é reafirmado nas *Sententiae* (v. Santo Isidoro, "Sententiarum", livro 3, in Migne, *Patrologia latina*, v. LXXXIII, cap. XLVIII, n. 7).
[4] João de Salisbury, *Policratici*, livro VIII, Londres, C. Webb, 1909, reimpressão anastática, Frankfurt a. M., Minerva, livro VI, c. 2.
[5] Santo Tomás, *Summa Theologica*, cit., Secunda Secundae, q. LVIII, a. I, ad. 5. Trata-se, no entanto, de um conceito recorrente.
[6] Costa, *Iurisdictio*, cit., pp. 178 ss.

"jurisdição", vamos deixar na língua original, não por mania de cultismo, mas por ser intraduzível.

Iurisdictio, em sentido estrito, é a função de julgar própria do juiz ordinário, mas também – e sobretudo – algo maior e mais complexo: é o poder daquele – pessoa física ou jurídica – que ocupa uma posição de autonomia diante dos outros investidos de poder e de superioridade diante dos súditos; e não é este ou aquele poder (numa visão espasmodicamente fragmentária que é própria de nós, modernos[7], mas não foi a dos medievais), mas sim uma síntese de poderes que não se teme ver condensada num único sujeito[8]. Com esta advertência fundamental: que nessa síntese de poderes a função emergente e característica é a de julgar: alguém é príncipe por ser juiz, juiz supremo.

Pois bem, se há um conceito logicamente estranho à *iurisdictio* é a criação do direito: "dizer" o direito significa pressupô-lo já criado e formado; significa explicitá-lo, torná-lo manifesto, aplicá-lo, não significa criá-lo. Não devemos nos deixar enganar pelas afirmações majestáticas de um imperador que luta para manter seu domínio no mundo (referimo-nos a Frederico Barbarruiva), nem pelas reverências de algum *doctor iuris* ao Imperador como *con-*

---

[7] A divisão dos poderes é um princípio totalmente moderno; de fato, é a civilização moderna secularizada que, desprovida de justificativas religiosas, na busca desesperada de garantias formais, o adota como fundamento estável da própria vida político-jurídica. É um princípio totalmente desconhecido dos medievais, que, numa visão integral das dimensões civil e religiosa, contentavam-se com garantias mais substanciais, ou seja, que substancialmente restringiam e direcionavam os investidos de poderes.

[8] F. Calasso teve o mérito de chamar a atenção para essa noção fundamental de *iurisdictio*, porém de um ponto de vista bastante limitado, in *Iurisdictio nel diritto comune classico* (ed. or. 1953), atualmente in *Annali di storia del diritto*, IX, 1965 – *Scritti di Francesco Calasso*. Ver atualmente as pesquisas amplas e esclarecedoras de Costa, *Iurisdictio...*, cit., que podem ser bem elucidativas para o leitor que se sujeitar ao ônus da difícil leitura da obra desse estudioso; e também o excelente e recém-publicado volume de J. Vallejo, *Ruda equidad, ley consumada. Concepción de la potestad normativa* (1250-1350), Madri, Centro de Estudios Constitucionales, 1992.

*ditor legum, pater legum, lex animata*⁹, motivadas às vezes por servilismo, às vezes pelo obséquio às proposições absolutistas contidas no *Corpus iuris*, mais frequentemente pela percepção de uma exigência de validade para o próprio discurso¹⁰.

A identificação do príncipe com um *conditor legum* e a conexão necessária entre atividade legislativa e poder político são fatos que surgem apenas na crise da civilização jurídica medieval, e são testemunhos evidentes dessa crise, sinais claros do novo que abre caminho no corpo que morre¹¹. Enquanto o corpo da sociedade medieval estiver bem vivo e firme nas suas convicções e idealidades, pode-se tranquilamente afirmar que a relativa indiferença do detentor do poder político pela produção do direito continua.

Portanto, o direito continuará a ser produzido – predominantemente – por outras fontes. Na próxima seção, ao tentar compreender o caráter medieval da *lex* e as relações entre *princeps* e *lex*, forneceremos uma documentação que irá embasar melhor essas afirmações. Por ora, é necessária e suficiente a seguinte constatação: a extrema raridade e, portanto, a quase irrelevância das intervenções legislativas, por parte dos príncipes, nas realidades monárquicas que se tornam cada vez mais frequentes na área mediterrânea¹². Alguns exemplos ajudarão a entender melhor.

---

⁹ Cf. L. Mayali, "Lex animata. Rationalisation du pouvoir politique et science juridique (XIIème-XIVème siècles), in *Renaissance du pouvoir législatif et genèse de l'Etat*, Montpellier, Société Histoire Droit, 1988, pp. 155 ss.

¹⁰ Essa alusão, que pode soar obscura e que remete à dialética "validade-efetividade" em que se baseia boa parte de nossa análise, será esclarecida posteriormente (cf. p. 197).

¹¹ Costa, *Iurisdictio...*, cit., pp. 167 ss.

¹² O fato de não ter considerado a área territorial germânica é justificável, uma vez que essa região, ainda no século XIII, estava baseada nos costumes: cf. as breves exposições de H. Coing, "La pre-recezione in Germania", *Annali di storia del diritto*, III-IV (1959-60).

Na França, foi minuciosamente evidenciada "la timidité", até mesmo "la relative aphasie" dos monarcas capetíngios para intervir no território do direito privado, e constatou-se que, ainda "au XIIIe siècle, en France, l'empire de la coutume est universel"[13]; o rei continua a ser o grande justiceiro do Reino, e será preciso esperar por Filipe IV, o Belo, para uma mudança substancial[14]; mas com ele estamos no limiar do século XIV, século de transição, de sobressaltos, de presságios.

Em Portugal, a lei geral do príncipe é fonte totalmente esporádica, com algumas manifestações na primeira metade do século XIII[15]; intensifica-se somente com Afonso III na segunda metade do século[16].

Na Espanha, enquanto na Catalunha, em Aragão, Valência e Navarra o "localismo jurídico" domina até a metade do século XIII,

---

[13] Esta última frase é de P. Ourliac, "Coutume et mémoire: les coutumes françaises ao XIIIe siècle", in *Les jeux de mémoires*, Montreal, 1985, p. 111. Os dois esclarecimentos anteriores são de A. Gouron: a primeira em *Législation et droit privé dans la France médiévale* (ed. or. 1982), atualmente in id., *La science du droit dans le Midi de la France au Moyen Age*, Londres, Variorum Reprints, 1984, p. 211; a segunda no Posfácio a *Renaissance du pouvoir*, cit., p. 279. Ver também Ourliac, Gazzaniga, *Histoire du droit privé français...*, cit., pp. 141 ss. Mais otimista a avaliação de A. Rigaudière, "Législation royale et construction de l'Etat dans la France du XIIIe siècle", in *Renaissance du pouvoir*, cit., pp. 203 ss. Uma sistematização abrangente pode ser encontrada em G. Giordanengo, "Le pouvoir législatif du roi de France (XIe-XXXe siècles): Travaux récents et hypothèses de recherche", in *Bibliothèque de l'Ecole des Chartes*, 147 (1989).

[14] Cf., para todos, F. Olivier Martin, *Histoire du droit français des origines à la Révolution*, Paris, CNRS, 1984 (ed. or. 1948), pp. 215-7 e 283-4. Eventualmente, pode-se destacar, desde o final do reinado de Filipe Augusto, um crescente interesse da monarquia pelo controle do rico e caótico material consuetudinário, como muito bem ressalta P. Ourliac, "1210-1220: la naissance du droit français", in *Studi in onore di Arnaldo Biscardi*, Milão, Cisalpino, 1982, v. IIII, pp. 489 ss.

[15] M. J. de Almeida Costa, *História do direito português*, Coimbra, Almedina, 1992², p. 191.

[16] N. Espinosa Gomes da Silva, *História do direito português. Fontes de direito*, Lisboa, Fundação Gulbekian, 1991, pp. 215 ss.; Almeida Costa, *História do direito português*, cit., pp. 254 ss.

com um florescimento de *iura propria* de caráter genuinamente consuetudinário[17], começa a sobressair em Castela, na segunda metade do século XIII, e provavelmente por obra de Afonso X, o Sábio[18], a festejadíssima, mas bastante singular, consolidação jurídica conhecida pelo nome de *Las Siete Partidas*[19]; a singularidade está no fato de que o seu conteúdo "es derecho comun [...] y no derecho de Castilla"[20], é até mesmo "ius canonicum y ius civile traducido, derecho comun vertido y adaptado"[21], ou seja, obra de doutores e com conteúdo tipicamente doutrinário, teórico, a ponto de ser rechaçada pela práxis castelhana, que não poderia nela reconhecer-se e que conseguiu retardar sua entrada em vigor por quase um século.

Uma última consideração para a península italiana e para a sólida estrutura monárquica que é o *Regnum Siciliae*, onde, na primeira metade do século XIII, um príncipe singular promulga uma coletânea normativa, o *Liber constitutionum Regni*, talvez mais conhecido como *Liber Augustalis*. Poderíamos dizer com razão: um príncipe singular para uma obra singular. O príncipe é Frederico II, o Imperador, que, no caso – como legislador –, é rei da Sicília; um personagem forte cuja ação política, totalmente voltada a criar um organismo político autossuficiente, projeta-se mais adiante daqueles decênios iniciais do século XIII em que se situa e é permeada de antecipações e de presságios. O que nos in-

---

[17] F. Tomas y Valiente fala de "localismo jurídico", *Manual de historia del derecho español*, Madri, Tecnos, 1979, pp. 141 ss. Ver também a síntese de B. Clavero, *Institución histórica del derecho*, Madri, Pons, 1992, p. 47.

[18] O advérbio "provavelmente" torna-se necessário diante das inúmeras dúvidas levantadas por uma recente historiografia jurídica espanhola (para saber mais, ver Tomas y Valiente, *Manual...*, cit., pp. 237 ss.).

[19] Assim denominada em decorrência de sua divisão interna.

[20] Tomas y Valiente, *Manual...*, cit., p. 240.

[21] Clavero, *Institución histórica...*, cit., p. 49.

teressa sublinhar aqui é a visão instrumental – e a tentativa de instrumentalização – do direito àquela que – anacronicamente – não hesitaríamos em chamar de razão de Estado.

Seria, então, o *Liber constitutionum* um corpo estranho na civilização jurídica medieval? Seria Frederico II o primeiro de uma futura série de príncipes autocráticos já munidos de uma visão estatal e construtores de um Estado em sentido próprio, moderno? O salto seria demasiado grande. Um exame analítico e abrangente do *Liber* revela ambiguidades e contradições quase como a própria construção política de Frederico II, que mantém praticamente intacta a sua estrutura de organismo feudal[22]. Excessivamente exaltado por certa historiografia jurídica, evidencia sua veleidade precisamente em seu caráter não orgânico; sobretudo no que diz respeito ao aspecto da vida jurídica cotidiana, suas intervenções são poucas e fragmentárias, mas o que mais se destaca é a ideologia político-jurídica que continua ambivalente[23]. O princípio iminente é aquele de um monarca que é ainda o grande justiceiro e cuja tarefa principal é "universis et singulis, prompto zelo, justitiam ministrare"[24]; que, no que diz respeito à justiça – como o próprio Frederico confessa com um jargão famoso e controvertido – é, ao mesmo tempo, pai e filho, senhor e subordinado[25].

---

[22] Ver o *status* da questão em Bellomo, *Società e istituzioni...*, cit., p. 285.

[23] Uma leitura pontual parece ser ainda hoje aquela fornecida por Calasso em sua excelente síntese: *Rileggendo il "Liber augustalis"* (1952), atualmente em A. L. Trombetti Brudriesi (org.), *Il "Liber augustalis" de Federico II de Svevia nella storiografia*, Bolonha, Pàtron, 1987. Nesse ótimo volume antológico o leitor poderá encontrar, reunidos, os mais significativos ensaios historiográficos modernos sobre o *Liber*. Atualmente, uma excelente sistematização sobre o *Liber* pode ser encontrada em E. Mazzarese Fardella, "Leggendo il 'Liber augustalis'", *Rivista di storia del diritto italiano*, LXXVIII (1995).

[24] Ou seja: proporcionar justiça, de maneira pronta e pontual, à coletividade e a cada um de seus membros.

[25] "oporter igitur Caesarem fore justitie patrem et filium, dominum et ministrum" ("Constitutiones Regni Siciliae, livro I, tít. XXXI – De observatione justitie", in *His-*

EDIFICAÇÃO DE UMA EXPERIÊNCIA JURÍDICA · 167

O autocrata, que entende ter o dever de instrumentalizar o direito, mostra-se ainda preso por um antigo emaranhado de ideias vinculadas a uma antiga visão de príncipe. O *Liber augustalis* é um testemunho singular, ligado a um personagem extraordinário e, portanto, singular e solitário com toda sua carga sugestiva de ambivalências.

3. Os sinais da continuidade: a "lex" como revelação de uma ordem jurídica preexistente. A consciência da filosofia política

De tudo o que foi exposto até agora, a conclusão a que inevitavelmente se chega é simples: se a essência do poder político medieval, inclusive da Idade Média sapiencial, consiste no *ius dicere*, em dizer o direito; se esse poder continua relativamente indiferente à produção do *ius*, é porque o direito é uma realidade preexistente que o poder não cria, não pretende criar, não seria capaz de criar, que apenas pode dizer, declarar[26].

Essa ideia basilar, que a noção de *iurisdictio* assinala nitidamente, é manifestada com igual nitidez pela noção central de *lex*. Eis-nos novamente diante de um termo-conceito ambíguo e repleto de possíveis equívocos, cujo correspondente muitas vezes usamos despreocupadamente. Também neste caso iremos banir o termo "lei", por evocar excessivamente soluções que não podem ser transplantadas e concepções modernas, e usaremos o termo latino *lex*, mais despojado ideologicamente e mais neutro, toda-

---

toria diplomatica Friderici secundi, ed. J. L. A Huillard-Bréholles, reimpressão anastática, Paris, Plon, 1854 [Turim, Bottega d'Erasmo,1963], v. IV/I). Pode ser interessante ler também a página clássica que E. H. Kantorowicz dedica a essa dupla figura e a esse duplo espírito, in *I due corpi del Re. L'idea di regalità nella teologia política medieval*, trad. it. de G. Rizzoni, Turim, Einaudi, 1989 (ed. or. 1957), pp. 84 ss.
[26] Ver as afirmações extremamente precisas e plenamente compartilháveis de Vallejo, *Ruda equidad...*, cit., pp. 308 e 312-4.

via, reiterando aqui a cautela que adotamos em relação ao período protomedieval. Não é a primeira vez nem será a última; acabamos de fazer o mesmo para *iurisdictio*-jurisdição, e também o faremos em relação a *interpretatio*-interpretação, e sempre com idêntica motivação: evitar equívocos ligados ao termo moderno, devido à profunda diversidade e ao caráter quase antitético no que diz respeito ao que representaram para os medievais os termos *iurisdictio, lex* e *interpretatio*.

Mas voltemos à *lex*, que é nosso problema atual. *Lex* é mais substância que forma, e é noção relativa (ou seja, relativizada), por ser totalmente substancial. É o oposto de tudo o que se operou na cultura político-jurídica moderna, em que a noção de lei é, ao contrário, extremamente rígida porque formal. A esta última cultura não interessam prioritariamente os conteúdos da lei. A lei caracteriza-se como ato de império, ou seja, é essencialmente a manifestação de vontade daquele que é investido do máximo poder político, motivo pelo qual o que conta é somente o órgão que a produz, pois é sobretudo o órgão que confere a uma certa regra a qualidade de lei.

As coisas são bem diferentes na nossa cultura medieval, na qual pouco importa quem a produz, ao passo que é muito mais importante o que a regra deve ser na essência para elevar-se a *lex*, ou seja, o que importam são seus conteúdos. As *leges* podem ser produzidas por uma pluralidade de sujeitos políticos: o *populus*, a *plebs*, o *senatus*, o *princeps*, a *civitas*, qualquer comunidade dotada de autonomia; falar-se-á tranquilamente de *lex scripta* ou *non scripta*, relativizando ainda mais a noção, mas sempre se pretenderá que ela seja caracterizada por um determinado conteúdo. Seus redatores não podem agir ao bel-prazer, mas devem tomar como base aquele reservatório subjacente e preexistente que é a ordem jurídica, ou seja, um conjunto de regras racionais e, por essa razão, conformes e adequadas à natureza e, portanto, à vontade de Deus, único e verdadeiro criador do direito, único autêntico legislador.

A concepção era antiga: um antecedente remoto está na *Política* de Aristóteles, onde é clara a ideia do *nomos* como *taxis*, da lei como ordem; um antecedente mais próximo – e muito mais declarado e motivado em razão de seu estoicismo com base naturalista – está no *De legibus* de Cícero; mas o meio mais seguro que leva as reflexões dos clássicos ao resultado medieval é santo Agostinho, leitor muito atento das páginas ciceronianas, personagem fronteiriço, perenemente entre dois mundos; e é o Agostinho – que já conhecemos – obcecado pela ideia de ordem, de um Deus organizador, de um cosmo extremamente organizado, de uma comunidade política organizada e organizadora[27].

O ideário protomedieval deixou-se docilmente impregnar por essas convicções: como já vimos, elas pareciam bastante coerentes com a convicção profunda, basilar, que percorre todo o primeiro período medieval, de um direito como ordem, como plataforma estável da sociedade.

Nesse sulco ininterrupto, ela tem grande destaque em alguns textos elementares das *Etimologias* do enciclopedista Isidoro, cartilha incontestável também do futuro coro sapiencial. Ali encontramos esboçada uma primeira teoria das *leges*, sumária, tipicamente medieval, que pode ser brevemente resumida assim: a ordem jurídica possui dois níveis concêntricos, o do direito divino e o do direito humano, aos quais correspondem a *lex divina* e a *lex humana*; a *lex humana*, toda *lex humana*, é a expressão de uma pro-

---

[27] Ainda hoje são esclarecedoras e fundamentais as páginas (não recentes, é claro) de O. Lottin, *Psychologie et morale aux XIIe et XIIIe siècles*, v. II. Problèmes de morale, Parte I, Gembloux, Duculot, 1948, pp. 14-8.

funda plataforma de costumes (*mores*)[28]; pode ser escrita ou não escrita, ou seja, pode apresentar-se como *consuetudo* ou como *constitutio*, mas sua qualidade permanece unitária e não sofre influência dessa diversidade de manifestações; de fato, a substância comum e indefectível de toda *lex* é sua racionalidade, a assunção do próprio conteúdo tão somente de um conjunto de regras objetivas inscritas na natureza das coisas[29]; por isso a *lex* não pode deixar de ser justa, coerente com a natureza e com o costume da comunidade, adequada aos lugares e épocas diferentes, necessária, útil, voltada à utilidade comum e não a um interesse privado[30]; por isso representa as exigências da comunidade, da qual é a voz normativa[31].

Se olharmos para as notas de rodapé da nossa página, veremos que, nessa enumeração prolixa, simplesmente traduzimos o texto latino primitivo e singelo do santo bispo de Sevilha. Essa prolixidade se justifica porque, mesmo com a pobreza cultural daquele século VII no qual escrevia, Isidoro esboça uma teoria da *lex* que não será contestada pelas fortes especulações subsequentes[32]. Terá, ao contrário, o êxito singular de ser transcrita integral-

---

[28] "Omnes autem leges aut divinae sunt aut humanae. Divinae natura, humanae moribus constant" (Santo Isidoro, *Etymologiarum*, cit., livro V, II, I).

[29] "Omne autem ius legibus et moribus constat. Lex est constitutio scripta. Mos est vetustate probata consuetudo, sive lex non scripta [...] Consuetudo autem est ius quoddam moribus institutum, quod pro lege suscipitur, cum deficit lex: nec differt scriptura an ratione consistat, quando et legem ratio commendet. Porro si ratione lex constat, lex erit omne iam quod ratione constiterit" (ibidem, livro V, III, I, 2, 3; a essência do texto é repetida também no livro II, X, 2, 3).

[30] "Erit autem lex honesta, iusta, possibilis, secundum naturam, secundum consuetudinem patriae, loco temporique conveniens, necessaria, utilis, [...] nullo privato commodo, sed pro communi civium utilitate conscripta" (ibidem, livro II, X, 6).

[31] "Lex est constitutio populi" (ibid., livro II, X, I).

[32] Terá um êxito surpreendente também nas regiões mais afastadas da área cultural europeia. Exemplos singulares na legislação nórdica (também da Idade Moderna) são oferecidos por C. Peterson, "Das schwedische Gesetzbuch von 1734: Ein Gesetzbuch mittelalterlicher Tradition oder reformerischer Aufklärungskodifikation?", in H. Mohnhaupt (org.), *Revolution, Reform, Restauration*, Frankfurt a.M., Klostermann, 1988, pp. 98-9.

mente – e oferecida como alimento cotidiano aos juristas – na grande consolidação que inaugura a era do direito canônico clássico, o *Decretum,* que o monge Graciano redige em Bolonha em meados do século XII[33].

A ideia primordial de uma *lex* que não seja mera vontade ou ato de império, mas leitura das regras sensatas inscritas na natureza das coisas, não abandonará mais a filosofia política da Idade Média sapiencial; pouco depois de Graciano, João de Salisbury, no seu *Policraticus,* irá qualificá-la como "aequitatis interpres"[34].

É uma variação formal de notável relevo, pois indica a familiaridade do prelado inglês com o léxico e o ideário dos juristas, em que *aequitas* – conforme veremos – é uma noção fundamental; mas a essência é a mesma. Examinaremos com atenção o grande problema do significado dessa noção no pensamento jurídico medieval[35], mas por ora basta dizer que *aequitas* é aquele conjunto ordenado e harmônico de princípios, regras e institutos que, para além das formas jurídicas, é possível enxergar com modéstia e atenção nas próprias coisas. Uma realidade objetiva a ser lida, declarada, transcrita na *lex.* E disso resulta o chamado *conditor legis* de poderes fortemente condicionados[36].

É uma abordagem que encontra completude e maturidade de expressão no majestoso tratado *De legibus,* que santo Tomás, com

---

[33] Mais adiante (p. 249), vamos nos deter nesse famoso monumento da cultura jurídica medieval e, na oportunidade, procuraremos dar a ele uma conotação mais específica. Os textos de Isidoro encontram-se na Prima pars-Distinctio prima, cânones III, IV, V; distinctio secunda, can. I; distinctio quarta, can. II. Cabe mencionar, por dever de precisão, que nossos textos também ingressaram em consolidações canônicas anteriores a Graciano.

[34] "Lex vero [aequitatis] interpres est" (João de Salisbury, *Policratici,* liber IV, cap. 2, cit.).

[35] Cf. mais adiante, p. 216.

[36] Tanto que João de Salisbury pode qualificar o *princeps* como "publicae utilitatis minister et aequitatis servus" (*Policratici,* liber IV, cap. 2, cit.).

uma visão ampla e profunda, enfrenta e desenvolve na *Prima Secundae* de sua *Summa Theologica*. Como sabemos, estamos na segunda metade do século XIII, e nos encontramos diante da conclusão de todo um percurso reflexivo. Convém nos determos um pouco nele.

A definição de *lex* é aquela mais que conhecida, excelente em sua concisão:

> quaedam rationis ordinatio ad bonum commune, ab eo qui curam communitatis habet promulgata[37]:

um ordenamento produzido pela razão, voltado ao bem comum, redigido por quem governa uma comunidade.

Se não nos detivermos no resultado da definição, e se tivermos paciência para ler por inteiro todas as oito *quaestiones* – da 90 à 97 – dedicadas com profusão de argumentos ao grande problema, poderemos deduzir observações significativas: em primeiro lugar, uma insistência repetitiva na função ordenadora da *lex*, como a indicar ao leitor o caráter essencial. Eis um texto, eloquente na sequência proposital dos três advérbios de modo: "lex proprie, primo et principaliter respicit ordinem ad bonum commune"[38]. Em segundo lugar, a insistência na pertinência da *lex* ao terreno do racional: "est aliquid rationis"[39], "est quoddam dictamen practicae rationis"[40].

Mas não se trata de verdades apodíticas: em sua articulação estrutural, a *Summa* de santo Tomás demonstra que pertence plenamente a um saber medieval imbuído de humildade, que visa

---

[37] Santo Tomás, *Summa Theologica*, cit., Prima Secundae, q. 90, a. 4.
[38] ("a lex, no seu significado primeiro e essencial, é um ordenamento voltado ao bem comum"). Ibid., Q. 90, a. 3.
[39] ("é algo racional") Ibid., Q. 91, a. 2, ad tertium.
[40] ("é uma expressão da razão prática") Ibid., Q. 91, a. 3.

certamente à verdade, mas sabe que tem de conquistá-la, que pode aproximar-se dela apenas gradativamente, apenas através de questionamentos e da problematização, apenas depois de ter comparado e avaliado as possíveis soluções. É um saber extremamente dialético, que encontra na *quaestio*, ou seja, na abordagem problemática, seu processo natural de perfeição. Sobre o tema da lei, o primeiro problema a enfrentar – efetivamente enfrentado na *quaestio* preliminar, a 90 – é precisamente se a *lex* diz respeito ao terreno da razão ou da vontade. Santo Tomás, bom conhecedor do *Corpus iuris* de Justiniano[41], tem presente – e cita – a máxima registrada no *Digesto*[42] "quod principi placuit legis habet vigorem", ou seja, começa propondo uma possível solução voluntarista, mas a descarta imediatamente: para que a vontade do detentor do poder seja considerada *lex*, é preciso que seja orientada e governada pela razão, ou seja, que essa vontade tenha um conteúdo racional[43]; caso contrário, não é *lex*, mas *iniquitas*[44].

Essa necessidade de racionalizar não se detém nem mesmo diante dos limites supremos da lei divina. O Deus de santo Tomás e da primeira Escolástica[45] não é o Deus de Occam e do voluntarismo franciscano do século XIV – um Deus percebido como vontade e potência, e também como amor –; é, ao contrário, uma

---

[41] Cf. J. M. Aubert, *Le droit romain dans l'ouvre de Saint Thomas*, Paris, Vrin, 1955.
[42] *Digesto*, 1, 4, 1.
[43] Note-se que, para santo Tomás, o próprio comando (*imperium*), situação que parece totalmente volitiva, também é *actus rationis*.
[44] S. Tomás, *Summa Theologica*, cit., Q. 90, a. I, ad tertium: "ratio habet vim movendi a voluntate [...] sed voluntas de his quae imperantur, ad hoc quod legis rationem habeat, oportet quod sit aliqua ratione regulata. Et hoc modo intelligitur quod voluntas principis habet vigorem legis: alioquin voluntas principis magis esset iniquitas quam lex".
[45] Um texto significativo a respeito pode ser encontrado no tratado *De legibus et praeceptis*, do final do século XII, no qual é notável a identificação da *lex aeterna* num *actus ordinandi* (ver o texto em Lottin, *Psychologie et morale*, cit., p. 20).

divindade ordenadora[46], não diferentemente do príncipe terreno; e o paralelo entre a *gubernatio* de uma *universitas* e aquela da *tota communitas universi* é estabelecido sem hesitação na página tomista[47].

É uma blasfêmia contra a onipotência do Deus cristão? Para evitar esse risco, santo Tomás não hesita em fixar o olhar bem no interior da própria vontade divina, distinguindo nela duas dimensões: a vontade considerada em si e para si, que é soberania, com uma dimensão absolutamente potestativa; a vontade quando se projeta na criação, com uma dimensão tipicamente racional, porque ordenante[48].

É óbvio que, segundo essa visão, a lei humana é uma descoberta racional de regras sensatas[49]; regras preexistentes porque a ordem preexiste desde o princípio dos séculos à disposição de quem tenha humildade de buscá-la[50]. E é igualmente óbvio que o príncipe, o monarca ou o preposto de uma comunidade é um personagem com poderes limitados pela própria essência de sua função declarativa, pelo restrição que a finalidade indefectível do bem comum faz recair sobre sua ação.

---

[46] A *lex aeterna* é "ratio gubernationis in supremo gubernante" (S. Tomás, *Summa Theologica*, cit. Q. 93, a. 3).

[47] "Tota communitas universi gubernatur ratione divina. Et ideo ipsa ratio gubernationis rerum in Deo sicut in principe universitatis existens, legis habet rationem" (ibid., Q. 91, a. 1).

[48] "De voluntate Dei dupliciter possumus loqui. Uno modo, quantum ad ipsam voluntatem: et sic, cum voluntas Dei sit ipsa eius essentia, non subditur gubernationi divinae neque legi aeternae, sed est idem quod lex aeterna. Alio modo possumus loqui de voluntate divina quantum ad ipsa quae Deus vult circa creaturas: quae quidem subiecta sunt legi aeternae inquantum horum ratio est in divina sapientia. Et ratione horum, voluntas Dei dicitur rationabilis" (ibid., Q. 93, a. 4, ad primum).

[49] "Istae particulares dispositiones adinventae secundum rationem humanam dicuntur leges humanae" (ibid., Q. 91, a. 3).

[50] Ibid., Q. 93, a. 1.

Essa concepção, que torna a *lex* uma irrelevante "coisa" do príncipe, está bem expressa num texto pouco conhecido, mas muito importante, de Alberto Magno, o mestre de santo Tomás, que remonta a meados do século XIII:

> Lex est constitutio populi per consensum et utilitatem et observationem, iurisconsulti autem est per inventionem et ordinationem, et principis per autorictatis sanctionem[51].

A *lex* – diz santo Alberto – é realidade subjetivamente complexa, para a qual concorrem vários sujeitos: um sujeito determinante, o *populus*, que tem, com o próprio assentimento, uma função ativa, para cuja utilidade é promulgada e que depois é obrigado a observá-la; um segundo sujeito, o cientista-jurista, que dá à *lex* forma técnica e conteúdos; um terceiro sujeito, o príncipe, que é chamado unicamente a conferir a sanção da sua autoridade. Uma participação modesta por parte do detentor do poder, com uma modesta função que permanece externa ao processo de formação, processo em que, por sua vez, o teólogo-filósofo insere, sem hesitação, comunidade e ciência jurídica.

4. Os sinais da continuidade: a "lex" como revelação de uma ordem jurídica preexistente. A consciência da ciência jurídica

À precisa consciência da reflexão filosófico-política corresponde uma igualmente precisa consciência da nova doutrina jurídica, que é uma presença viva a partir do final do século XI. Ela

---

[51] ("A *lex* é norma que se origina de três sujeitos: o povo, a quem a utilidade se destina, que a aceita e a observa; o mestre de direito, que a identifica e a redige em formas tecnicamente apropriadas; o príncipe, que lhe imprime a marca de sua autoridade.") Alberto Magno, "De bono", ed. H. Kühle, C. Feckes, B. Geyer, W. Kübel, in *Opera omnia*, v. XXVIII, Aschendorff, Monasterii Westfalorum, 1951, Trat. V-*de justitia*, q. II-*de legibus*, a. I-*quid sit lex*.

se encontra nítida e manifestamente declarada desde seus primórdios; de fato, já em algumas das reflexões iniciais repete-se sem cessar uma definição eloquente:

> Lex est ratio insita nature que iubet que facienda sunt prohibetque contraria[52].

A definição é de Cícero e tem um caráter claramente naturalista. A *lex* não é uma vontade, não está ligada ao sujeito detentor do poder político; pelo contrário, ela pertence à realidade objetiva; é uma regra preceptiva que encontra na natureza sua fonte e sua legitimação; deve ser extraída da natureza e reduzida a preceito formal.

Passam-se mais de duzentos anos até se chegar ao mais difundido e festejado dicionário jurídico da Idade Média tardia, redigido na primeira metade do século XIV por Alberico de Rosciate, sábio jurista italiano, teórico e prático de notável envergadura. Vamos abri-lo e lê-lo:

> Lex humana aequitatis interpres est[53].

Duzentos anos se passaram sem afetar a consciência de que a *lex* não é criação, mas apenas revelação, que seus conteúdos preexistem ao legislador e consistem naquele conjunto ordenado e harmônico de fatos, princípios e regras que Alberico chama de *aequitas*: *aequitas* – basta-nos por ora essa afirmação bastante genérica – que é uma dimensão da própria natureza das coisas.

---

[52] ("A *lex* é apenas uma expressão da razão, implícita na natureza das coisas; a *lex* impõe e proíbe comportamentos."). Ver os vários textos reproduzidos in E. Cortese, *La norma giuridica. Spunti teorici nel diritto comune classico*, v. I, Milão, Giuffrè, 1962, p. 295. Pode ser útil a leitura dos textos reunidos por R. Weigand, *Die Naturrechtslehre der Legisten und Dekretisten von Irnerius bis Accursius und von Gratian bis Johannes Teutonicus*, Munique, Hueber, 1967.
[53] ("A *lex* humana é intérprete da *aequitas*.") Alberico de Rosciate, *Dictionarium ad utriusque iuris facilitatem...*, Lugduni, 1548, verbete "Lex".

A ciência jurídica é unânime em apreender a função mais apropriada e mais delicada do príncipe nessa atividade de tradução: traduzir a equidade em formas jurídicas[54], "ipsam [aequitatem] eruere, erutam in praeceptis redigere, redactam subditis conservandam iniungere"[55], ou seja, identificar os conteúdos da equidade, depois redigi-los em preceitos e, uma vez redigidos, impô-los à observância dos súditos. E, num coro unívoco que vai de Irnério – primeira *lucerna iuris* – a Bártolo de Sassoferrato, jurista do período mais fértil da ciência jurídica da Idade Média tardia, será possível apreender no *statuere aequitatem* – ou seja, na fixação dos conteúdos da equidade – o núcleo da *iurisdictio*; em Cino de Pistoia, lo *aequitatem statuere* torna-se núcleo do próprio *imperium*[56].

Em suma, uma construção coerente, que reforça o ponto do qual partimos: a identificação do príncipe com a função de "dizer o direito"; a identificação do direito com uma realidade que está muito além do poder político, uma realidade que a *lex* tem a tarefa de manifestar. Nessa construção coerente, extremo ato de coerência, o direito – que está muito além – constitui inevitavelmente um restrição intransponível para o poder e para seus detentores: repete-se nos juristas tudo o que pudemos observar nos escritores de filosofia política.

Os juristas não hesitam em elaborar análises refinadas sobre os embaraçosos textos romanos do *Corpus iuris* nos quais se falava claramente de um príncipe *legibus solutus*; e o resultado é sempre o de tentar atar as mãos do príncipe, de obrigá-lo a respeitar

---

[54] Ver em Costa, *Iurisdictio*, cit., pp. 138 ss., uma ampla gama de textos citados e analisados.
[55] Azonis, *Summa super Codicem*, Papiae, 1506, reimpressão anastática, ex officina Erasmiana, Augustae Taurinorum, 1966, Materia ad Codicem.
[56] Textos em Calasso, *Iurisdictio nel diritto comune classico*, cit., pp. 97 ss.

o direito⁵⁷. E não é talvez nessa direção que aponta a teoria da *causa legis*, que pretende subtrair a *lex* ao arbítrio de uma vontade potestativa e inseri-la em bases objetivas justificando-a unicamente nelas?[58] Calasso falou de uma "época de legalidade"[59]. Poderíamos concordar, se não tivéssemos receio do termo "legalidade", bastante comprometido com a cultura moderna e impregnado de conotações rigidamente positivistas e intransferíveis[60]. Talvez fosse necessário falar mais de legitimidade que de legalidade, com uma referência a bases substanciais e não formais[61]. É efetivamente o primado ontológico do direito como síntese de múltiplas e várias forças históricas, que nenhuma norma autoritária e nenhuma forma imobilizadora são capazes de reunir[62].

5. A civilização tardo-medieval e sua dimensão sapiencial. O papel primordial da ciência na sociedade

Nas seções anteriores registramos alguns importantes sinais de continuidade que unem dois momentos do período medieval,

---

[57] Calasso, *Gli ordinamenti giuridici del rinascimento medievale*, cit., pp. 268 ss.; Cortese, *La norma giuridica...*, cit., v. I, pp. 143 ss.

[58] F. Calasso, *Causa legis. Motivi logici e storici del diritto comune* (ed. or. 1956), atualmente in *Annali di storia del diritto*, IX (1965), cit.; Cortese, *La norma giuridica...*, cit., I, cap. VI.

[59] Frequentemente; uma referência explícita está em Calasso, *Medioevo del diritto*, cit., p. 481.

[60] É um risco ao qual não se esquiva U. Nicolini, *Il principio di legalità nelle democrazie italiane. Legislazione e dottrina politico-giuridica dell'età comunale*, Milão, Marzorati, 1946; trata-se de uma obra sobrecarregada pelo ônus de uma noção de legalidade totalmente moderna, que o autor não se esforça para eliminar de sua mente.

[61] Pode ser esclarecedora a releitura de dois valiosos ensaios de C. Schmitt, "Legalità e legittimità" e também "Abozzo di storia del rapporto legalità e legittimità", in id., *Le categorie del "politico". Saggi di teoria politica*, organizado por G. Miglio e P. Schiera, Bolonha, Il Mulino, 1972 (com referências a ideias weberianas precisas: M. Weber, *Economia e società*, Milão, Comunità, 1968² – ed. or. 1922 –, v. 1, Parte 1, cap. III).

[62] Abordagens e avaliações diferentes encontram-se em S. Gagnér, *Studien zur Ideengeschichte der Gesetzgebung*, Estocolmo, Almqvist, 1960.

e registraremos outros a seguir. Por ora, convém nos determos um pouco num sinal de mudança que é igualmente importante.

À medida que nos distanciamos do século XI para penetrar no segundo período medieval, a civilização revela-se a nós – conforme já mencionamos – numa dimensão tipicamente sapiencial, predominantemente sapiencial. Isso não significa apenas que se multiplicam os centros de educação e de estudo, que educação e estudo são presenças circulantes e difusas, que o conhecimento científico (teológico, filosófico, jurídico) se exprime num conjunto cada vez mais amplo e admirável em quantidade e qualidade; significa também, e sobretudo, que a ciência ocupa um papel central na civilização e que a sociedade lhe atribui um papel primordial no seu interior.

As motivações dessa centralidade – que não é imposta, mas reconhecida – são múltiplas e valerá a pena considerá-las com atenção, pois suas raízes se encontram no centro do ideário medieval e podem ter para nós um valor esclarecedor e introdutório à reflexão mais específica que conduziremos, a partir da próxima seção, no limitado terreno do jurídico.

I – A primeira e fundamental razão está em conceber a ciência como caminho para a verdade, como garantia para alcançar a verdade. Não podemos esquecer que a civilização medieval não se resume nas estreitezas da imanência, mas, pelo contrário, abre-se para o alto numa fusão harmônica entre céu e terra, entre dimensão física e metafísica. Deus, o além povoado de anjos e santos, com todo seu patrimônio de verdades eternas, não são uma realidade distante e inatingível, mas se colocam precisamente como ponto final da história, e a ponte lançada entre finito e infinito é extremamente sólida e ininterrupta. A história é tensão e aspiração, mas é também caminho concreto em direção à eternidade; todas as fragilidades, as dúvidas, as miopias que são inatas ao *homo viator* tendem a ser solucionadas num horizonte supremo, mas real, que é Deus como verdade.

É nesse caminho que a ciência vê exaltado o seu papel: porque não é o conhecimento do finito, conhecimento esse que permanece prisioneiro de suas angústias, mas a conquista da verdade, o meio seguro para alcançar sua plena contemplação.

Hugo de São Vítor, nos primeiros capítulos de seu compêndio do saber sagrado e profano que é o *Didascalicon*, exprime bem tal convicção: a ciência é iluminação, é colóquio e amizade com a divindade, é fonte de verdade[63]. Mas talvez Raul Ardens, um filósofo quase desconhecido do século XII, tenha compreendido sua essência melhor do que qualquer outro, conforme seu tratado de teoria da ciência: "Scientia est vera perceptio mentis infinita finite comprehendens"[64]. O cientista tem à sua disposição instrumentos finitos, imperfeitos, mas é o único capaz de com eles romper a prisão da finitude e alcançar o infinito, a perfeição, a verdade. E persiste por toda a Escolástica a ideia da ciência como iluminação e, portanto, como aproximação à verdade.

II – O final do século XI – como sabemos – coincide, para a história da Igreja Romana e também para toda a sociedade europeia, com a chamada era gregoriana, período de lutas contra intromissões e contaminações laicas, mas também de reformas eclesiais, de choque frontal contra abusos do clero, contra os fracionismos de costumes e usos locais que comprometiam o tecido

---

[63] Hugo de São Vítor, "*Didascalicon de studio legendi*". *A critical Text*, organizado por Ch. Buttimer, Washington, Cath. University of America Press, 1939, cap. I e II.
[64] O texto, extraído do *Speculum universale* de Raul (Radulfus) Ardens, foi publicado por M. Grabmann, *Storia del metodo scolastico*, Florença, La Nuova Italia, 1980, p. 301.

unitário e, particularmente, a unidade disciplinar da Igreja[65]. Nos programas papais, destaca-se cada vez mais a oposição entre a verdade una e única, da qual é portador e garante o corpo místico eclesial personificado no Pontífice Romano, e os costumes, entendidos como fatos particulares lesivos à universalidade de disciplina e de magistério. A ciência, iluminada do alto, portadora, por sua natureza e vocação, de uma abordagem e de um discurso universais, mostra-se não apenas como garantia de verdade, mas de unidade.

III – A civilização medieval – toda ela, como já sabemos –, precisamente por ser inculta e incapaz de construir uma estrutura estatal unitária, precisamente por sofrer contínuas lacerações no nível político comum, aspira constantemente a edificar – num nível diverso e mais recôndito que não este último – uma ordem de sustentação; e a ideia de ordem se mostra central em toda a gama da cultura medieval, desde a filosófica até a mais propriamente teológica, a literária, a jurídica. Aspiração que a Igreja, na era gregoriana, não podia deixar de exasperar: era preciso estabelecer uma ordem, já que a ordem se apresentava como garantia de unidade. Esse aspecto também exaltava o papel da ciência, que é sempre um papel tipicamente organizativo.

As citações poderiam ser bastante numerosas, mas pouparemos o leitor, referindo aqui apenas uma, tardia, e, portanto, sintetizadora, de um jurista – um grande jurista – que, todavia, se situa num plano de epistemologia geral, ou seja, de método científico, de método de toda abordagem científica para além de particularizações disciplinares restritivas. Trata-se do jurista italiano Baldo degli Ubaldi, que atua em pleno século XIV, nos limites extremos

---

[65] Extremamente útil a leitura das obras de Ovidio Capitani citadas à p. 145.

da *koinê* medieval, e que, embora com algum pressentimento do novo que está germinando naquele século "repleto de origens"[66], representa o momento de plena maturidade da ciência jurídica medieval.

Baldo é o mais culto dos juristas, o mais provido de leituras filosóficas e o mais consciente de que fazer ciência – mesmo a jurídica – pressupunha o domínio prévio de certezas epistemológicas fundamentais. Seu texto, que citamos a seguir, insiste precisamente no caráter organizativo da ciência:

> Omnia doctrinarum omnium fere principia a voce habentur magistra et sine ordine tradi non possunt. Est nam ordo principia mediis et media suis finibus iungens, et scire quid facias et nescire quo ordine facias, teste Ambrosio, non est perfectae cognitionis... Ordo nam est modus entium, unde memorialis cedula ex ordine vel ex spiritu colligato efficacior redditur[67].

Trata-se de um texto que Baldo escreve nas páginas iniciais de seu majestoso comentário ao *Corpus* de Justiniano, e é realmente exemplar, impregnado de linguagem e conhecimento filosóficos. Está embasado na convicção de que o saber – o saber autêntico – é edificado pelos homens de ciência, que o fazem organizando, ou seja, incrementando os instrumentos técnicos de cada disciplina graças à inspiração dos princípios universais e

---

[66] Retomamos, aplicando-a ao século XIV, a expressão de Gioacchino Volpe citada no início desta parte do livro (cf. p. 157).

[67] ("Os princípios de quase todas as ciências são estabelecidos por mestres e não podem ser ensinados aos discípulos sem uma ordem. Com efeito, a ordem consegue conciliar os princípios com instrumentos cognoscitivos e os instrumentos com seus fins. Saber o que fazer, mas ignorar em que ordem fazer, não é próprio do conhecimento pleno, como ensina santo Ambrósio. A ordem é efetivamente uma harmonia das realidades, motivo pelo qual a tela da memória – graças precisamente ao vínculo entre intuição e ordem – se torna mais eficaz.") Baldo degli Ubaldi, *In priman Digesti Veteris partem commentaria*, Venetiis, 1577, Prooemium, V. Quoniam, n.os 1-2 e 4.

harmonizando-os à luz desses princípios: a organização, em suma, como o principal caminho para garantir a cientificidade; imitação – ainda que opaca e distorcida – da suprema obra ordenante de Deus.

IV – Impõe-se uma consideração ulterior, que retoma e complementa a referência que acabamos de fazer às exigências ordenantes da Igreja gregoriana. É uma Igreja que já tem atrás de si mil anos de história; e isso significa, como já tivemos oportunidade de mencionar na primeira parte, um fardo também de adulteração de textos, de catalogação confusa de textos, de inserção de textos espúrios, muitas vezes de sobreposições de textos contraditórios por serem provenientes – ao longo de mil anos – de lugares e tempos diversos. Na era gregoriana, como em nenhuma outra, há uma exigência de ordem que se delineia sob dois aspectos: separação do que é autêntico daquilo que é espúrio; harmonização e superação das antinomias, que soam escandalosas ao patrimônio doutrinal da sociedade eclesial.

É uma tarefa imensa que cabe, sobretudo, à ciência. É esse o momento em que a "moderníssima" escola de Chartres descobre a natureza cósmica como valor autônomo, e a descobre como *universitas*, ou seja, como unidade harmônica[68]; é esse o momento em que surge, de maneira bastante clara, a necessidade de *consonantia* – como vimos –, isto é, de tornar harmônicos entre si os elementos e os aspectos que, ao contrário, parecem estar em *discrepantia*, isto é, em contradição entre si. E isso em todos os níveis: se o teólogo Honório de Autun (início do século XII) nos

---

[68] Como mencionamos mais acima (p. 102). Para saber mais a respeito, pode ser útil consultar as páginas repletas de inteligência crítica e de conhecimento cultural dedicadas ao tema pelo padre Chenu, *La teologia nel dodicesimo secolo*, cit., pp. 26 ss., um livro realmente valioso e único, até mesmo para o historiador do direito.

participa uma exigência que ele lê na própria natureza das coisas[69], o jurista Yves de Chartres – no seu *Decretum* que já conhecemos – preocupa-se com as disparidades entre os textos canônicos e com sua autenticidade[70], ao passo que, em sua obra *Sic et non*, o lógico Pedro Abelardo (nos anos 1121-22) dedica-se, por um lado, ao grave problema da corrupção dos textos sagrados e, por outro, à tentativa de harmonizar as aparentes antinomias desses mesmos textos, analisando, com instrumentos totalmente racionais, os possíveis significados diferentes de um mesmo termo em contextos históricos diversos[71].

São marcas emblemáticas da era gregoriana – era de concordâncias, senão de concórdias – o *Decretum* de Graciano (cerca de 1140) e o *Quattuor libri sententiarum* de Pedro Lombardo (cerca de 1150), obras conclusivas – a primeira no terreno jurídico, a segunda no teológico – de um debate que já durava décadas, e sobretudo obras conciliadoras; não devemos nos esquecer do título que Graciano quis dar à sua obra e não a denominação que lhe foi posteriormente atribuída: *concordia discordantium canonum*, harmonização dos preceitos canônicos com conteúdos discrepantes.

Para abreviar um discurso que corre o risco de se tornar bastante longo, podemos dizer que, quando se trata de discernir o autêntico do corrompido e do espúrio, quando se trata de coordenar e sistematizar as estratificações lentamente sedimentadas, isso é tarefa mais da ciência que da autoridade.

---

[69] "natura rerum exigit, ut quae sunt universitate discrepantia, per sibi contrarium vel simile fiant consonantia" (o texto é citado por Chenu, op. cit., p. 31). As discrepâncias lesam o tecido compacto da *universitas*, mas podem ser reconduzidas à harmonia por meio de um procedimento dialético baseado em oposições e analogias.

[70] Sobre o *Decretum* de Yves de Chartres, lembramos o que foi dito mais acima, à p. 144. Por ora, convém repetir que Yves reproduziu no seu *Decretum* o catálogo "de libris authenticis quos recipit Ecclesia" (pars IV, cap. 64).

[71] Leia-se o eloquente e programático *prologus* (Pedro Abelardo, "Sic et non", in Migne, *Patrologia latina*, v. CLXXVIII).

Talvez agora fique mais fácil entender por que, nesse limiar do segundo período medieval, a ciência não pode deixar de se elevar a um papel fundamental e insubstituível no interior da sociedade. Ela não perde a ocasião e ocupa esse papel com plena convicção, afirmando sua presença nos muitos pontos de encontro que a dinâmica social oferecia, refletindo, distinguindo e problematizando, até mesmo exasperando a sua função de análise sutil, e é essa exasperação que está por trás da melancólica denúncia que o canonista Étienne de Tornai apresenta ao papa no final do século: o próprio dogma trinitário é dissecado e decomposto em cada esquina[72].

Duas últimas considerações, que em breve serão extremamente úteis.

A ciência terá tanta consciência desse papel, concedido de maneira tão disponível pela civilização circunstante, que se verificará, lenta, mas progressivamente, uma mudança geral de foco do texto autorizado para a reflexão autorizada sobre o texto, da autoridade do texto à autoridade dos *doctores*, dos homens de ciência.

A ciência será cada vez mais caracterizada por sua socialidade, e não apenas porque os *speculatores*, individualmente considerados, serão substituídos por um trabalho cada vez mais coletivo, mas também – e sobretudo – porque o saber elaborado já possui uma articulação indefectivelmente dialética. Como dizíamos mais acima a propósito de santo Tomás, não a proposição arrogante de uma opinião solitária, individual, mas o confronto perene, único procedimento do qual pode derivar uma verdade provável, a mais provável[73]; e o esquema onipresente é o da *quaestio*,

---

[72] O episódio é lembrado por Chenu, op. cit., p. 383.
[73] E. Garin, *La dialettica dal sec. XII ai principii dell'età moderna* (ed. or. 1958), atualmente in id., *L'età nuova. Ricerche di storia della cultura dal XII al XVI secolo*, Nápoles, Morano, 1969; G. Preti, "Dialettica terministica e probabilismo nel pen-

ou seja, da problematização do tema, que se faz apresentando as possíveis soluções contrárias, analisando-as e debatendo-as antes de se chegar à solução proposta. Procedimento esse de abordagem cautelosa à verdade, que é desprovido de ceticismo, que é apenas permeado de humildade e que, seja como for, leva a uma socialização da pesquisa científica.

E isso com um resultado relevante que o jurista inevitavelmente se regozija de apontar: é natural que, para tal saber dialético, o esquema arquetípico, o modelo a ser seguido, seja o modelo jurídico da controvérsia entre autor e réu[74], com a consequência de dar à ciência jurídica um autêntico primado epistemológico. Em outras palavras, cabe à ciência jurídica oferecer os padrões metodológicos básicos às outras ciências[75].

6. Experiência jurídica e ciência jurídica. A experiência confia à ciência a sua edificação

A ciência jurídica, a primeira entre as ciências, a pioneira em criar um método eficiente de busca da verdade, não podia deixar de ser afetada pelo movimento ascensional que caracteriza o segundo período medieval como período sapiencial. Na intensa dinâmica que percorre a sociedade, no reflorescimento cultural geral, a ciência jurídica também demonstra, a partir da segunda metade do século XI[76], robustez e vitalidade, e tem início um papel cada

---

siero medievale", in A. Banfi (org.), *La crisi dell'uso dogmatico della ragione*, Turim, Bocca, 1953.

[74] Consiste uma leitura útil a obra de A. Giuliani, "La controversia. Contributo alla logica giuridica", *Pubblicazioni della Università di Pavia – Studi nelle scienze giuridiche e sociali*, 143 (1966); do mesmo autor, cf. também: *Il concetto di prova. Contributo alla logica giuridica*, Milão, Giuffrè, 1961.

[75] Sobre a problemática mais propriamente jurídica, daremos indicações mais adiante.

[76] Ver, por último, a excelente sistematização de Cortese, *Il rinascimento giuridico medievale*, cit., passim.

vez mais crescente de tal ciência. Não há dúvida de que as motivações que acabamos de discutir justificam plenamente esse papel[77], mas para a ciência jurídica concorrem outras razões, específicas e peculiares.

A primeira decorre da própria natureza da nossa ciência: que é busca da verdade, é iluminação do alto, é doutrina de conceitos, é construção teórica, mas que é, antes de tudo, um saber naturalmente propenso a encarnar-se. O direito não tem lugar no Paraíso, mas tem pleno reconhecimento neste mundo povoado de homens demasiado frágeis, cingidos necessariamente em comunidades, mas dominados por paixões e tentações antissociais. Se toda ciência é, como nos ensinou Baldo, uma arquitetura intelectual ordenada e ordenante, o direito é ciência na sua essência. Não bastam conceitos e princípios universais; para existir, o direito precisa refletir-se no social. O saber jurídico é um saber encarnado; tende a organizar operacionalmente a sociedade, tende a se tornar organização concreta da história.

Essas considerações elementares pretendem chamar a atenção do leitor para a mudança social dos séculos XI-XII. A estrutura simples da velha sociedade protomedieval se torna complexa: ao movimento imóvel dos campos uniu-se o movimento agitado, cada vez mais agitado, das cidades e transações comerciais entre cidades; à estática das relações agrárias une-se a dinâmica dos comércios; surgem novos profissionais, enquanto a práxis mercantil e a marítima cunham instrumentos econômicos novos. Em suma, é

---

[77] Por exemplo, a convicção da ciência como iluminação do alto e do *doctor* como iluminado. É singular que um traço preciso dessa convicção penetre, ao mesmo tempo, na constituição *Habita* de Frederico Barbarruiva (meados do século XII) e na decretal *Super specula* do pontífice Honório III, de 1219. E é muito fácil pensar apenas numa *captatio* comum em relação à classe dos doutores. Os dois textos são citados em G. Le Bras, "Velut splendor firmamenti: le docteur dans le droit de l'Eglise médiévale", in *Mélanges offerts à Etienne Gilson*, Toronto-Paris, Vrin, 1959.

uma civilização que considera inadequadas as primitivas regras consuetudinárias, respeitadas e eficientes no passado, ou que, ao menos, requer novas regras que se coloquem lado a lado com as antigas. São muitos os vazios a preencher, os casos não previstos que aguardam qualificações jurídicas apropriadas. É uma sociedade que vive e que age ativamente entre os séculos XI e XII à espera de ser juridicamente organizada.

É óbvio que o instrumento consuetudinário já não serve mais; o particularismo dos usos, valioso e eficaz num panorama jurídico estático, torna-se agora limitante, sufocante. Na nova sociedade complexa, o costume pode manter um insubstituível papel de estímulo, como demonstram os recém-criados direitos do comércio e da navegação que se originam na práxis das várias praças mercantis e portuárias. Uma sociedade complexa necessita, porém, de esquemas gerais de organização; necessita de um arcabouço geral que sustente e contenha o extravasamento dos fatos econômicos.

Numa sociedade complexa, uma fonte eficaz é a lei, concebida como vontade geral, abstrata, rígida. É a opção da complexa sociedade moderna, cujo direito é quase exclusivamente legislativo: e é uma opção fácil, pois é a mais adequada para o incômodo sujeito político Estado, que domina essa sociedade, que pretende monopolizar a produção do jurídico e que encontra no monismo legislativo a solução de todos os seus problemas de organização jurídica.

Mas justamente em meados da Idade Média? Justamente quando o Estado é um futurível, e o príncipe, assimilando inconscientemente uma psicologia coletiva, é bastante parcimonioso na produção do direito? Obviamente, é inconcebível um remédio de regras "soberanas" autoritárias, abstratas, gerais, rígidas. São inconcebíveis leis no sentido moderno do termo, ao passo que continuam a se conceber *leges* na acepção que já procuramos esclarecer. Só restava a ciência: a única que poderia elaborar esse arcabouço geral de esquemas de organização, esse sistema exigido pela nova sociedade complexa. E a ciência foi chamada pela consciência coletiva a arregaçar as mangas e começar o imenso trabalho. E a ciência respondeu e correspondeu, como veremos.

Este último tema leva-nos a uma segunda razão específica a ser sublinhada; de certo modo, já a contém. Se é verdade que, numa civilização como a medieval, o direito nunca é criado, mas, ao contrário, pode ser buscado, lido, dito, interpretado, encontrado, adaptado por uma inteligência capaz de ler, interpretar, adaptar, podemos intuir que o campo para a ciência é enorme, assim como é enorme o seu papel.

É verdade que o príncipe é designado como intérprete da natureza das coisas onde está depositado o direito, mas também é verdade que se trata de um príncipe inerte, desvitalizado por uma psicologia coletiva que gostava de considerá-lo como juiz. Se o príncipe renunciou a ser intérprete, o fez raramente, fragmentariamente; a ciência preencheu o vazio e foi a *interpretatio* por excelência: não se tratou de "expropriação" de poderes, mas de uma substituição necessária.

Foi uma substituição difícil, repleta de problemas, fonte de ambiguidades e também de antinomias. Enfrentaremos essas dificuldades de percurso nas próximas seções. No entanto, desde já se impõe uma constatação: ao lado do principado de quem detinha o poder político, a ciência jurídica conquistou, durante todo o segundo período medieval, o seu *principatus*; certamente sem território e sem milícias, universal, *per orbem terrarum*, feito de prestígio e de poder, de presença ativa na sociedade e de consciência do próprio papel propulsor. No início do século XIII, esse fato era bem expresso pelo bolonhês Azo, um dos maiores juristas do momento, que, no início de uma *Summa*, exposição sistemática do patrimônio jurídico sob a égide das *Instituições* de Justiniano, contemplava com evidente satisfação o principado espiritual e intelectual da classe dos juristas no mundo: "iuris professores per orbem terrarum facit solemniter principari"[78].

7. A "solidão" da ciência jurídica medieval, a busca de um momento de validade e a redescoberta das fontes romanas: "glosadores" e "comentadores"

Mas quais seriam os problemas, as ambiguidades, as antinomias? Nesse ponto convém nos determos e esclarecer, pois o universo medieval necessita de uma disponibilidade intelectual autêntica para ser plenamente compreendido; o risco é, como de costume, o simplismo de pretender medir tudo com padrões modernos, e o resultado inevitável é o equívoco.

No mundo moderno, o problema da produção do direito foi resolvido de maneira simples e coerente: o direito é inserido entre os objetos relevantes para o Estado, e este se encarrega da produção, monopolizando o sistema das fontes, ou seja, hierarquizando-as e reduzindo-as substancialmente a uma, à lei, entendida como expressão da vontade suprema do Estado. O percurso da civilização jurídica moderna a partir do século XVI é testemunho de uma crescente vinculação do direito ao poder político, de um crescente totalitarismo jurídico que não será apenas reafirmado pela burguesia reinante, mas será cada vez mais absolutizado graças ao instrumento onivalente do Código.

O historiador do direito desprovido de prevenções ideológicas não pode deixar de observar um sacrifício enorme e extremamente árduo: a visão servil do direito reduzido a *instrumento regni*, não obstante as fábulas iluministas; a subordinação do direito ao poder e aos interesses da classe que o detém.

---

[78] Azo, *Summa Institutionum*, Papiae 1506, reimpressão anastática, ex officina Erasmiana, Augustae Taurinorum, 1966, Prohemium.

Sob outro aspecto, o pan-estatalismo moderno resolvia com extraordinária simplicidade e eficácia o problema da produção jurídica: detentor do poder e produtor passavam a coincidir substancialmente num sujeito complexo com duas dimensões; a dimensão produtiva extraía a sua legitimação primeiramente da dimensão potestativa, soberana, e a regra jurídica produzida não tinha problemas para encontrar o seu momento de indiscutível validade na vontade política suprema.

A validade, ou seja, a correspondência a um modelo superior geral e autorizado, é necessária ao direito para alcançar a respeitabilidade, já que somente da respeitabilidade decorrerá o mecanismo da obediência. No direito moderno – direito legislativo, direito criado, criado pelo poder – o momento de validade é forte, pois se apoia na dimensão política, ou seja, na dimensão de poder do sujeito produtor. Há um primado do político, no qual o direito – subsidiariamente – se justifica; e o político, cuja respeitabilidade e cuja coação lhe são inatas, se autojustifica, é capaz – aliás –, como poder soberano, de conferir justificação. Eis por que falávamos mais acima a respeito de solução simples e coerente: o direito moderno é carente de autonomia, mas não é – e não poderia deixar de ser – carente de validade.

Uma abordagem totalmente diferente deve ser feita em relação ao direito medieval, sobretudo ao direito chamado a ordenar a sociedade complexa no segundo período medieval. Na sociedade protomedieval – sociedade estática, dominada por um naturalismo vivo, permeada até mesmo de primitivismo; sociedade extremamente fracionada, com um eixo de sustentação na microcomunidade humana – o problema da validade é muito menos percebido, e, seja como for, seria solucionado satisfatoriamente por aquela ideia central de fato normativo e aquela fonte consuetudinária que reunia, num todo, natureza das coisas e norma.

As dificuldades surgem com a dinâmica dos séculos XI-XII, com a complexidade, com a exigência de elaboração de um direito que, sem trair os fatos, se posicionasse acima deles e os organizasse em esquemas universais. As dificuldades são grandes, pois, se há uma notável mudança social e econômica, não há mudanças significativas – ao menos na essência – no panorama político, que se concretiza na ausência do sujeito forte Estado, numa renúncia quase geral dos príncipes a produzir direito por muito tempo ainda, ao geral uso supletivo da ciência. Sobretudo, não muda a ideia principal de uma ordem jurídica na qual se encarna o fundamento estável de toda a sociedade, da autonomia do jurídico, do primado do direito.

Autonomia e primado são garantia de centralidade, mas, para a ciência, são também garantia de solidão: eis em que sentido se usou, inclusive no título desta seção, o substantivo "solidão", que certamente surpreendeu o leitor. A ciência está substancialmente sozinha na imensa tarefa – à qual é chamada – de dar uma roupagem apropriada à "nova" sociedade. E aqui se insere como exigência viva o problema da validade, a necessidade de encontrar um momento de validade para o próprio discurso. O problema nada tem de simples e sua solução não é fácil, justamente porque a situação é oposta àquela que será criada pelo mundo moderno: aqui o titular do poder político e o sujeito produtor são distintos, e um não pode dar apoio e sustentação ao outro; aqui o "produtor" do direito está sozinho no vazio que o poder geralmente deixa intacto ainda por muito tempo.

É a partir desse ponto de vista – embora não apenas dele – que deve ser avaliada a "redescoberta" do direito romano de Justiniano. Mas – por estarmos convictos de que a história não é produto de causas únicas – não vamos negligenciar nenhuma das complexas razões históricas que levam a essa "redescoberta" na segunda metade do século XI.

E comecemos por uma constatação preliminar: a "redescoberta" é relativa. Com efeito, durante todo o primeiro período medieval, uma corrente jurídica de certo modo romana continuou a viver – elementar, rudimentar, muito distante dos refinados cultismos do Digesto – sobretudo em alguns territórios, ao passo que a Igreja sempre se nutriu de direito romano. Se houve uma redescoberta, foi aquela de um direito romano "autêntico" e de textos "autênticos", filologicamente precisos, segundo aquela que parece ser uma exigência difusa – e não apenas eclesial – da era gregoriana[79]; se houve uma redescoberta, foi aquela do Digesto como instrumento operacional, e os historiadores do direito apontam, com ênfase, uma data e uma circunstância como relevantes, o ano de 1076 e o chamado Plácito de Márturi, uma assembleia judicial realizada na Toscana, no mosteiro-castelo de Márturi, em cujas datas e circunstâncias o Digesto é reapresentado como material utilizável e utilizado na práxis jurídica[80].

Uma vez determinados o sentido e a dimensão da "redescoberta", vamos investigar um pouco mais sobre as razões. A primeira – como já dissemos – estava inscrita nas coisas, ou seja, nas exigências reais dos tempos: o costume, factual e particularista, já não era suficiente; eram necessários amplos esquemas de organização, uma linguagem e uma técnica aprimoradas. Se essas arquiteturas gerais e apuradas, esse conhecimento técnico, essa linguagem específica tão elaborada haviam condenado o Digesto ao exílio durante todo o período protomedieval, agora se revelavam como bons motivos para reativá-lo. Se antes, em relação aos fatos

---

[79] Ver as explicações exaustivas de Cortese, *Il rinascimento giuridico medievale*, cit., pp. 19 ss.
[80] Por último, cf. a exaustiva sistematização de B. Paradisi, "Il giudizio di Màrturi. Alle origini del pensiero giuridico bolognese", *Atti della Accademia Nazionale dei Lincei. Classe di Scienze Morali, Storiche e Filologiche. Rendiconti*, série IX, 5/3 (1994), pp. 591 ss.

primitivos emergentes, elas pareciam e eram formas inaplicáveis e até incompreendidas, agora – no final do século XI – a crescente força cultural as tornava cada vez mais compreensíveis, enquanto o novo panorama econômico demonstrava que podiam ser novamente aplicadas. A "redescoberta" estava, portanto, nas coisas.

Mas havia uma outra razão, igualmente premente. O direito justinianeu podia ser o momento de validade que faltava ao discurso da ciência jurídica; um momento de validade forte. Poderia ser reconhecido – ainda que simples "postulado teórico"[81] – como a projeção jurídica de uma unidade imperial ainda presente e atuante nos séculos XI-XII, mas sobretudo tratava-se de um conjunto normativo coberto pelo manto de sacralidade e de venerabilidade: sacralidade, pois quem o promove e o promulga é um príncipe extremamente católico, Justiniano I, que propositalmente impregnou a compilação com o seu papel de defensor da fé e nela deixou traços visíveis da plena adesão à dogmática cristã (basta pensar nos títulos do *Codex* sobre a Trindade e sobre as *sacrosanctae ecclesiae*)[82]; venerabilidade, pois se trata de um conjunto normativo que remonta a uma Antiguidade percebida como remota e lendária, e por isso coberta com o manto dessa indiscutível respeitabilidade que o sedimentar-se dos séculos confere aos olhos do observador medieval. O *Corpus iuris* apresentava-se, em suma, como *auctoritas*: era um repositório sapiencial e normativo corroborado não só pelo decurso do tempo (que na Idade Média é sempre dotado de uma enorme força incisiva), mas pela aceitação coletiva; por ser recebido por uma longa corrente de gerações, é desvinculado do particular, é voz de uma grande *communio* e, por isso, é garantia segura e base sólida.

---

[81] Id., *Il problema del diritto comune*, cit., p. 1.043.
[82] *Codex*, 1, 4 e 5.

EDIFICAÇÃO DE UMA EXPERIÊNCIA JURÍDICA · 195

Tantos motivos excelentes para estimular e legitimar uma "redescoberta"; tantos motivos excelentes para surpreender os novos juristas do período sapiencial, continuamente inclinados sobre os textos do *Corpus iuris*, redigindo sobre eles exercícios cada vez mais complexos. Não por acaso eles foram chamados – e mais tarde continuaram a ser assim chamados – "glosadores" e "comentadores", ambos os termos tendentes a sublinhar a referência a um texto a ser glosado e comentado, a identificar – ao menos formalmente – sua atividade científica ao esclarecer um texto.

Inaugura-se, assim, uma das épocas mais intensas e férteis da história do pensamento jurídico ocidental, que só uma mente perturbada pelo classicismo poderia considerar de qualidade inferior à grandiosíssima *iurisprudentia* romana do período áureo: uma classe de juristas trabalhando, conscientes de constituírem uma categoria que exerce uma função de sustentação[83], conscientes da sua vocação e da sua capacidade de edificar um sistema jurídico adequado aos novos tempos; uma imensa coletividade que, da pequena escola privada daquele primeiro leitor atento e apaixonado pelo *Corpus* justinianeu, que no início do século XII, foi o bolonhês Irnério[84], estende-se aos séculos XIII e XIV por toda a Europa ocidental.

Uma distinção escolástica tradicional, que também utilizamos um pouco mais acima, distingue glosadores e comentadores:

---

[83] J. Fried, *Die Entstehung des Juristenstandes im 12. Jahrhundert. Zur sozialen Stellung und politischen Bedeutung gelehrter Juristen in Bologna und Modena*, Colônia-Viena, Böhlau, 1974. E. Cortese dedicou importantes pesquisas ao problema, "Scienza di giudici e scienza di professori tra XII e XIII secolo", in *Legge, giudici, giuristi*, Atti del Convegno, Cagliari 18-21 de maio de 1981, Milão, Giuffrè, 1982; "Intorno agli antichi iudices toscani e ai caratteri di um ceto medievale", in *Scritti in memoria di Domenico Barillaro*, Milão, Giuffrè, 1982; "Legisti, canonisti e feudisti: la formazione di um ceto medievale", in *Università e società nei secoli XII-XVI*, Pistoia, Editografica, 1983.

[84] Uma excelente sistematização recente pode ser encontrada em E. Cortese, "Alle origini della scuola di Bologna", *Rivista internazionale di diritto comune*, 4 (1993).

os primeiros, cuja atividade vai de Irnério aos anos 30 – aproximadamente – do século XIII e que se conclui com a grande consolidação da chamada *Glosa Magna*, obra e mérito do florentino Acúrsio[85]; os segundos, cuja vitalidade permanece quase intacta do final do século XIII ao início do século XVI, no limiar do humanismo jurídico. Num passado não recente apontava-se um grande salto de qualidade dos primeiros em relação aos segundos. Atualmente, podemos continuar usando a distinção que nos foi transmitida, mas conscientes de que estamos utilizando um instrumento definitivamente convencional e historiograficamente imperfeito: esse enorme movimento doutrinal deve ser percebido, sobretudo, no seu caráter unitário em relação ao tempo e ao espaço, todos construtores de uma real unidade jurídica europeia. Obviamente num crescendo que pode ser perfeitamente acompanhado: das primeiras glosas fragmentárias, frágeis, bastante tímidas, até o sistema jurídico completo com muitas intervenções particulares que Acúrsio já encontra no patrimônio anterior, ao grande voo – constituído também de robustas asas culturais – realizado pelos comentadores do século XIV.

Precisamente por ser unitário, o movimento doutrinário aumenta quantitativa e qualitativamente e prossegue sem interrup-

---

[85] Com a expressão *Glosa Magna, Glosa ordinária*, ou simplesmente – por antonomásia – *Glosa*, entende-se aquele imenso trabalho de seleção que Acúrsio realiza na obra precedente, mais que secular, de juristas dispostos a glosar; uma grande seleção, cujo resultado é um aparato ao *Corpus iuris* que reflete um minucioso trabalho de interpretação. A *Glosa Magna* teve enorme sucesso, tanto entre a futura reflexão científica como na prática forense; um sucesso que durou enquanto o direito comum continuou a ser o direito vigente, ou seja, em alguns Estados da península italiana como o Estado Pontifício e o Grão-ducado da Toscana, até mais da metade do século XIX. Sobre a questão intricada e que permanece aberta sobre o processo de formação da *Glosa Magna* – intricada e aberta em razão da precariedade das nossas bases filológicas –, ver, por fim, a exposição de G. Diurni, "La Glossa Accursiana: stato della questione", in A. Iglesia Ferreirós (org.), *El dret comú i Catalunya*. Actes del Ier Simposi Internacional, Barcelona, 25-26 de maio de 1990, Fundació Noguera, Barcelona, 1991.

ções, enriquecendo-se dos resultados anteriores. Mas seria injusto e injustificado imobilizar os glosadores na veste – que lhes é bastante estreita – de exegetas inexpressivos e presos à letra do texto, de personagens culturalmente desvitalizados. À custa de muito trabalho – e veremos em breve os motivos – são os glosadores que começam a obra de construção, e uma obra original e corajosa; e são os glosadores que usam largamente, para fundamentar sua inovadora construção técnica, instrumentos – particularmente de caráter lógico[86] – que a cultura filosófica oferecia. Se há uma mudança a ser sublinhada e uma transformação a ser destacada, trata-se da consciência cada vez maior de serem edificadores, a consciência cada vez maior da própria liberdade de ação intelectual[87].

Tudo isso, porém, sob o signo da continuidade do movimento: em outras palavras, trata-se de um acúmulo de riquezas que é a consequência natural do acúmulo dos tempos.

8. A ciência jurídica entre validade e efetividade

A nova ciência é, portanto, ciência de "glosadores" e de "comentadores". Poderia parecer elementar e lógico concluir que se trata de uma ciência de romanistas. Como já mencionamos ao longo do nosso trabalho, seria uma hipótese tão simplista quanto

---

[86] Sobre a amplitude desses conhecimentos, cf. G. Otte, *Dialektik und Jurisprudenz. Untersuchungen zur Methode der Glossatoren*, Frankfurt a.M., Klostermann, 1971. Deve-se lembrar, contudo, que esse foi um dos temas em que insistiu reiteradamente um pioneiro dos estudos sobre o método dos glosadores, o italiano Biagio Brugi, que voltou a ele definitivamente numa obra que deve ser considerada um verdadeiro legado intelectual (referimo-nos a: "Il metodo dei glossatori bolognesi", in *Studi in onore di Salvatore Riccobono*, v. I, Palermo, Castiglia, 1936).

[87] Isso parece nitidamente claro nos mestres franceses que atuaram nos séculos XIII e XIV e que, por se referirem sobretudo à Universidade de Orleáns, foram considerados como a escola de Orleáns (cf. B. Paradisi, *La scuola d'Orléans. Un'epoca nuova del pensiero giuridico* (ed. or. 1960), atualmente in id., *Studi sul medioevo giuridico*, cit., v. II, pp. 970 ss. Sobre a escola é possível ver atualmente a bem documentada sistematização de R. Feenstra, "L'Ecole de droit d'Orléans au XIII siècle: un état de la question", in Iglesia Ferreirós (org.), *El dret comú i Catalunya*, cit.

equivocada, porque trairia o caráter complexo e extremamente original dos nossos mestres. Vamos procurar esclarecer gradualmente um problema complicado e de difícil compreensão para a nossa mentalidade moderna.

Um primeiro dado não pode ser contestado: os "glosadores" redescobrem conscientemente o *Corpus* justinianeu, e o redescobrem como base formal do próprio discurso, ou, como preferimos dizer, como momento de validade.

Mas também um segundo dado não pode ser contestado: a ciência jurídica é chamada a ordenar juridicamente a sociedade do século XII e a edificar uma construção adequada à época.

E ainda um terceiro dado não pode ser contestado: o *Corpus* justinianeu reflete uma sociedade, ou seja, uma ordem social e econômica muito diferente daquela da Idade Média tardia.

O conflito é evidente: desenterra-se um direito velho – na melhor das hipóteses – de pelo menos seis séculos e, em boa parte, inadequado para organizar o presente dos "glosadores". E surge facilmente uma pergunta provocativa: mas, então, por que desenterrá-lo? Por que não se desvencilhar logo dele? E a resposta vem igualmente fácil, já antecipada nas páginas anteriores: não podiam deixar de fazê-lo pelos vários motivos já elucidados e sobretudo pela necessidade desesperada de um suporte de validade. Portanto, eis os nossos "glosadores" entre a cruz e a espada, entre a dimensão da validade que puxa numa direção e a da efetividade que leva para o lado totalmente oposto.

Não é uma situação exclusiva dos juristas, pelo contrário, é comum a todos os homens cultos medievais que se reportam aos dados oferecidos pela reflexão antiga, à sua autoridade, e, ao mesmo tempo, estão conscientes da necessidade de superá-los para seguir adiante. É uma das maiores antinomias da cultura medieval, e também uma grande dificuldade para o seu percurso.

Poderíamos pensar que os mestres medievais se sentissem como que espremidos numa morsa, quase condenados à impotência, encontrando-se no centro de duas forças contrárias; mas sua capacidade de mediação, sua profunda humildade, seu hábito com o complexo e com o problemático, sua familiaridade com o provável como único acesso concreto à verdade os levam a uma avaliação serena da difícil situação e a uma solução desembaraçada, ao menos para o nosso esquematismo mental, pois, como modernos, estamos habituados a conceber verdades e erros unicamente no plano da lógica formal, que os propõe como dois opostos em exclusão recíproca.

Nenhuma imagem reflete melhor esse estado de espírito do que aquela bem conhecida que compara os observadores medievais a anões que sobem nas costas dos gigantes para poderem ver coisas maiores e mais distantes, e que conseguem perceber não pela acuidade do seu olhar, mas porque o gigante os ergueu para o alto[88]. Imagem que surge no fértil terreno da escola de Chartres, que reverbera por todo o século XII[89] e que significa duas atitudes essenciais: a humildade de pedir aos gigantes antigos um suporte, mas ao mesmo tempo a consciência de dever e de poder enxergar com os próprios olhos, de dever e de poder instrumentalizar o corpo do gigante, de conseguir enxergar mais e melhor do que o gigante.

---

[88] É João de Salisbury que no seu *Metalogicon* (1159, aproximadamente) cita um jargão familiar a Bernardo de Chartres: "Dicebat Bernardus Carnotensis nos esse quasi nanos gigantium humeris insidentes, ut possimus plura eis et remotiora videre, non utique proprii visus acumine aut eminentia corporis, sed quia in altum subvehimur et extollimur magnitudine gigantea." Ver o texto em E. Jeauneau, *Nani sulle spalle di giganti*, Nápoles, Guida, 1969, p. 37 (o ensaio original, em francês, publicado na revista *Vivarium* em 1967, trazia um título mais específico: "Nani gigantium humeris insidentes. Essai d'interprétation de Bernardo de Chartres").
[89] Conforme o filósofo Alain de Lille, o médico Egídio de Corbeil, o epistológrafo Pierre de Blois (citações em Jeauneau, op. cit., pp. 60-1).

No mesmo século, um dos testemunhos mais penetrantes da renovada reflexão filosófica, um daqueles que reproduziram a imagem dos anões nas costas dos gigantes, Alain de Lille, irá exprimir melhor do que ninguém a aparente desenvoltura dos medievais, e chegará por conta própria à conclusão a que chegamos algumas linhas acima, a da imagem dos gigantes, propondo-nos uma outra imagem eloquente na sua ausência de preconceitos: tendo em vista que a autoridade tem nariz de cera, ou seja, que pode ser girado em vários sentidos, é preciso que aqueles que se dirigem a ela recorram a todos os instrumentos oferecidos pela razão[90]. Equivale a dizer o seguinte: a autoridade de um texto não é algo absolutamente rígido, pelo contrário, tem uma plasticidade, pode e deve – o texto – ser "traduzido" segundo o clima contemporâneo ao leitor-usuário, pode e dever ser *interpretado*.

Os glosadores, filhos autênticos do seu tempo, expressões fiéis da *koinê* da cultura medieval, imprimiram na própria pele a marca dessas angústias e desse desconforto: eles também se serviam, assim como os anões, das costas dos gigantes, e estavam conscientes de que o nariz da autoridade devia ser considerado maleável como a cera. Para eles, porém, havia uma complicação a mais – que, por exemplo, não existia para o filósofo ou o literato –, e que consistia no caráter normativo, estritamente normativo, do *Corpus iuris*, tão normativo que funcionava admiravelmente para eles como momento de validade.

Entre a necessidade de certeza e estabilidade da norma válida e a exigência de construir um direito efetivo, ligado aos fatos, roupagem adequada ao corpo social, se desenrola toda a história

---

[90] Alain de Lille, "De fide catholica contra haereticos sui temporis praesertim albigenses", in Migne, *Patrologia latina*, v. CCX, livro I, cap. XXX: "quia auctoritas cereum habet nasum, id est in diversum potest flecti sensum, rationibus roborandum est".

dos glosadores e comentadores; diríamos quase o seu drama, se não receássemos usar palavras com cargas demasiado emotivas. Certamente, esse foi o problema fundamental para eles, e só poderemos compreender de fato sua história se o tivermos sempre presente; sobretudo se conseguirmos focar historicamente – o que nem sempre é feito – a mensagem que eles nos transmitem.

9. A ciência jurídica medieval como "interpretatio"

A resposta dos glosadores e comentadores foi a *interpretatio*. Mas, pode-se objetar o seguinte: nesse mundo medieval onde Deus é o verdadeiro e único criador do direito, o único verdadeiro legislador graças à Revelação e à natureza, ou seja, graças ao direito divino positivo e natural; nesse mundo onde o direito é sentido como algo ôntico, duradouro, que está além do cotidiano, das suas turbulências e das suas vicissitudes inconstantes; nesse mundo medieval tudo é visto numa abordagem essencialmente interpretativa, e é *interpretatio* a atividade normativa do príncipe e a da comunidade por meio do costume, assim como é *interpretatio* a justiça feita pelo juiz ou a elaboração teórica feita pelo *magister*.

É uma objeção oportuna, corroborada por tudo o que se disse até agora: *interpretatio* é a própria ordem jurídica que vive, que se desenvolve lentamente na história; é a dimensão vital dessa ordem, o momento dinâmico. Isso tudo é absolutamente verdadeiro. No entanto, em razão da ausência do príncipe e do seu distanciamento psicológico da produção jurídica; em razão da inadequação do costume para garantir, por si só, um desenvolvimento adequado da ordem jurídica numa sociedade complexa; em razão da subordinação – conforme veremos – do juiz prático em relação ao *sapiens* e muitas vezes da identificação entre *iudex* e *sapiens*, a função interpretativa é sobretudo ônus e honra da ciência. A *scientia iuris* é por excelência *interpretatio*.

Outra palavra latina, que preferimos ao termo "interpretação", embora a tradução seja menos equívoca do que nos casos já examinados dos termos lei e jurisdição. Preferimos usá-la por receio de que uma noção excessivamente contaminada de positivismo jurídico, como ocorre com o termo interpretação, possa eivar o conceito medieval. Ou seja, receamos a contaminação – que seria tal – de uma noção de interpretação como atividade puramente lógica e do intérprete como um autômato sem vontade e liberdade próprias. Semelhante noção ainda é dominante junto a muitos juristas, que até hoje se satisfazem, de maneira obstinada e obtusa, em reafirmar com entusiasmo e inconscientemente o princípio da legalidade estrita e a imagem do *iudex* como *servus legis*, que a propaganda jurídica burguesa de dois séculos lhes incutiu no cérebro.

É verdade que os juristas culturalmente mais dinâmicos tentaram resgatar uma noção mais complexa de interpretação – tenho em mente, apenas para ficar restrito à Itália, a época remota, mas ágil, do áureo libelo filosófico-jurídico de Max Ascoli[91], ou, mais recentemente, a reflexão densa, sugestiva e admirável de Emilio Betti[92] –, mas resta em nós o fundado receio de que esse resgate não esteja efetivamente calcado nas consciências da maioria silenciosa. É por isso que preferimos o termo latino *interpretatio*, por ser o invólucro terminológico mais seguro de outro conteúdo semântico[93].

---

[91] M. Ascoli, *La interpretazione delle leggi. Saggio di filosofia del diritto*, Roma, Athenaeum, 1928 (o libelo de Ascoli foi reimpresso recentemente por iniciativa de Vittorio Frosini, pela editora Giuffrè, de Milão).

[92] A reflexão sobre a interpretação de Emilio Betti (1890-1968) se desenvolve por toda a vida desse grande estudioso, um dos maiores da Itália no século XX, e se manifesta numa vasta produção de obras dedicadas ao tema, algumas de caráter verdadeiramente monumental, como a *Teoria generale dell'interpretazione*. Indicamos aqui ao leitor aquela que nos parece a mais pontual e incisiva e na qual a mensagem de Betti é sintetizada com êxito: *Interpretazione della legge e degli atti giuridici*, Milão, Giuffrè, 1971 (ed. or. 1949) (ver sobretudo pp. 123 ss.).

[93] Sobre a noção medieval de *interpretatio*, indicamos aqui alguns textos essenciais para o aprofundamento de um tema tão relevante: alguns ensaios de B. Brugi,

EDIFICAÇÃO DE UMA EXPERIÊNCIA JURÍDICA · 203

E passemos imediatamente a esse "outro" conteúdo. E diga-se sem demora: a *interpretatio* dos medievais não é redutível a um processo meramente recognitivo, ou seja, meramente cognoscitivo da norma. A *interpretatio* dos medievais é também um ato de vontade e de liberdade do intérprete. A *Glosa Magna* – que resumia um ensinamento corrente por toda a escola dos glosadores – é precisa:

> interpretor, idest corrigo [...] Item verbum apertius exprimo [...] item arrogo, item prorrogo, sed econtra corrigo id est addo[94],

---

"I glossatori nella storia della nostra giurisprudenza civile", in id., *Per la storia della giurisprudenza e delle Università italiane. Saggi*, Turim, Utet, 1921, e, particularmente, "Dalla interpretazione della legge al sistema del diritto", in *Per la storia della giurisprudenza e delle Università italiane. Nuovi saggi*, Turim, Utet, 1921, que, embora sejam antigos, devem ser indicados por seu pioneirismo; e ainda os volumes de C. Lefebvre, *Les pouvoirs du juge en droit canonique. Contribution historique et doctrinale à l'étude du canon 20, sur la méthode et les sources en droit positif*, Paris, Sirey, 1938, que abrange um panorama muito mais amplo do que promete o título, mas contém várias imprecisões; de Cortese, *La norma giuridica...*, cit., v. I, sobretudo pp. 305 ss.; e, fundamentais, M. Sbriccoli, *L'interpretazione dello statuto. Contributo allo studio della funzione dei giuristi nell'età comunale*, Milão, Giuffrè, 1968; Costa, *Iurisdictio...*, cit.; Vallejo, *Ruda equidad...*, cit. Obras recém-publicadas sobre o tema: V. Crescenzi, "Problemi dell'interpretatio nel sistema del diritto comune classico", *Bulletino dell'Istituto Storico Italiano per Il Medio Evo*, n. 98 (1992), e também "Linguaggio scientifico e terminologia giuridica nei glossatori bolognesi: 'interpretari', 'interpretatio'", in *Vocabulaire des écoles et des méthodes d'enseignement au moyen âge. Actes du colloque Rome, 21-22 de outubro de 1989*, Turnhout, Brepols, 1992.

[94] ("Interpreto, ou seja, corrijo. Igualmente, exprimo mais claramente o significado de uma palavra [...]; igualmente, acrescento, igualmente, estendo; ao contrário, corrijo, ou seja, acrescento." Glosa (ed. Lugduni, 1562) *ad l. Sive ingenua I, ad senatusconsultum Tertullianum* [D. 38, 18, 1], glo. Interpretatione. Para o pleno entendimento das citações das glosas e comentários ao *Corpus iuris* justiniano que se farão nas notas, especificamos aqui, em caráter definitivo, o significado de algumas abreviações (de uso corrente entre os historiadores do direito): l. = *lex*; Insti. = *Institutiones*; D. = *Digestum*; C = *Codex*; glo. = *glosa*. Com a palavra latina *lex* nos referimos a cada fragmento do Digesto e a cada constituição do Código justiniano, caracterizados com a primeira palavra do texto romano (p. ex., nesta nota, l. Sive Ingenua); cada glosa é identificada pela palavra do texto romano que o jurista medieval pretende explicar (p. ex., nesta nota, glo. Interpretatione). As referências ao *Corpus iuris* justiniano que acompanham as citações das várias glosas não são feitas

sublinhando, com a eficaz hipérbole repetitiva, o campo do intérprete, que é amplo. É um ensinamento que chega a Bártolo[95] de forma direta, sem reelaborações, e é confiado àquela elaborada obra prático-científica que é o dicionário jurídico de Alberico de Rosciate[96]. E estamos em meados do século XIV.

É óbvio que, diante de um poder tão relevante, que dá ao intérprete a possibilidade de anular a autoridade da norma, coloquem-se problemas bastante delicados para aqueles que – como os nossos mestres – têm uma exigência de validade a salvar, ao menos sob o aspecto formal. É – para continuar a usar o termo bastante carregado que usamos mais acima – o drama dos glosadores em particular, cujo comportamento é tímido e duvidoso como o dos aprendizes, tendente a reafirmar o seu insubstituível momento de validade. No entanto, ainda que timidamente e com mais de uma aporia graças ao seu forte sentimento de validade, é precisamente entre os glosadores que tem início a teoria liberatória da *interpretatio*.

Determinam-se, em primeiro lugar, os sujeitos legitimados à interpretação, e comumente se ensina que são quatro: o príncipe, cuja *interpretatio* é "generalis et necessaria", ou seja, vinculadora para a generalidade dos súditos, e é escrita num ato normativo; o

---

com base na edição crítica moderna (ed. Mommsen-Krüger) usada atualmente pelos romanistas, mas sim na redação chamada "vulgata", difundida e usada no mundo do direito comum (e que está impressa nas antigas edições, como naquela de 1562 mencionada mais acima).

[95] Bártolo de Sassoferrato, *In priman Digesti veteris partem*, Veneza, 1615, ad. l. *Omnes populi, de iustitia et iure* [D. 1, 1, 9], n. 53: "interpretatio sumitur quandoque pro correctione, quandoque pro arctatione seu derogatione, quandoque pro verborum expositione seu declaratione, quandoque pro additione seu ad novum casum extensione".

[96] Alberico de Rosciate, *Dictionarium*, cit., v. *Interpretatio*: "aliquando ponitur pro aperta verbi significatione, aliquando interpretari apertius dicere [...] aliquando interpretari signum verbi extendere [...] aliquando interpretari distinguere [...] aliquando proprium significatum verborum restringere vel declarare [...] aliquando interpretari corrigere [...]".

costume, cuja *interpretatio* é "generalis et necessaria", ou seja, vinculadora para todos os membros da comunidade, mas não tem uma consolidação escrita; o juiz, cuja *interpretatio* é *necessaria*, mas não *generalis*, pois vincula apenas as partes da controvérsia decidida; e o mestre, cuja *interpretatio* é apenas *probabilis*[97].

Duas são as observações essenciais a fazer: que o príncipe e o costume são qualitativamente equiparados, sendo absolutamente extrínseca a circunstância da redação escrita; que também é titular do poder interpretativo o cientista do direito, que precisamente por ser "esclarecido", embora sem possuir poderes normativos, obtém um resultado "provável" (adjetivo – como sabemos – que não é inócuo, mas típico da lógica escolástica e que especifica uma aproximação dialética com a verdade).

Nessas afirmações gerais sobre os sujeitos, o momento de validade foi posto a salvo, mas imediatamente afloram desgastes e sobretudo reduções da validade a simples fachada formal. Os glosadores colocam-se de imediato o ineludível problema dos *nova negotia*, ou seja, das novas estruturas socioeconômicas que a práxis cria segundo suas exigências e que necessitam de uma veste jurídica: estruturas – é óbvio – desconhecidas ao direito romano ou desvinculadas dos seus esquemas rigorosos e rígidos. Trata-se de um problema muito presente, e consiste na negação mais irrefutável daquela velha fábula segundo a qual os glosadores eram alheios à realidade e exegetas insensíveis pertencentes a um passado remoto; é, por sua vez, um acúmulo de demandas que afloram em consciências muito sensíveis e que mergulha os nossos juristas bem no meio do seu tempo, com a intenção de construir arduamente o novo direito.

---

[97] É o que se extrai da Glosa, *ad l. Si de interpretatione, de legibus* [D. 1, 3, 37], glo. Si de interpretatione; *ad l. Inter aequitatem, de legibus* [C. 1, 17, 1], glo. Inter aequitatem e glo. Solis.

Eis um caso frequente: "cum dubitatur de facto novo quod non est in lege", ou seja, quando – em juízo – surgem fatos novos não previstos no *Corpus iuris*, a solução pode ser dúplice, ou com um ato normativo do príncipe, ou com o subsídio tipicamente evolutivo da *interpretatio* do juiz ou do jurisconsulto. A Glosa, por sua vez, assim estabelece: "interpretatione iurisconsulti authoritate", dando ao cientista uma posição e um prestígio que não parece conceder ao juiz[98]. Não se pode deixar de observar que, ao lado do príncipe, o juiz e o *doctor iuris* estão inseridos no processo de desenvolvimento da ordem jurídica.

Mas o sutil desgaste dos poderes do príncipe vai muito além: o problema mais premente para o glosador é sempre os *nova negotia*, ou seja, a adequação das formas e regras jurídicas; e se realça nitidamente a consciência de que o príncipe não se mostra eficaz nem tempestivo para tal adequação (o príncipe, por antonomásia, é efetivamente o Imperador, muitas vezes distante e até mesmo reduzido a mero símbolo). Sendo assim, o príncipe deve ser eliminado, mas incruentemente, pois não se pode deixar de ter respeito por um poder que é também sagrado e porque o momento de validade não pode ser suprimido.

Eis a desvitalização tal como aflora em muitos testemunhos (em geral, casuísticos): se, em juízo, há dúvidas "super aliquo novo negotio", deve-se interpelar o Imperador, desde que esteja presente... caso contrário, procede-se "de similibus ad similia"; se há dúvidas sobre um texto de lei, é preciso verificar como essa lei foi consuetudinariamente entendida, e somente se não se chegar a certificar o uso interpretativo deve-se recorrer ao príncipe, se estiver disponível *in loco*[99]. É de extremo interesse a segunda parte do

---

[98] Glosa, *ad l. Neque leges, de legibus* [D. 1, 3, 10], glo. Scribi.
[99] Glosa, *ad l. Non possunt, de legibus* [D. 1, 3, 12], glo. Non possunt: "distingue, cum dubitatio in iudicio contingit, aut super aliquo novo negotio aut super lege

casus, segundo a qual, para *interpretar* a *lex*, a voz consuetudinária da comunidade é preferida à do príncipe, mas não podemos nos ocupar com isso agora. Neste momento é preciso constatar que se dá um papel proeminente ao Imperador na configuração jurídica das novas estruturas econômicas somente se ele estiver presente no tribunal, circunstância improvável e nos limites da impossibilidade. Estar-se-ia zombando do Imperador? Deus nos livre; isso seria inconcebível. O concebível, por sua vez, é que os glosadores, deixando teoricamente ao Imperador o próprio momento de validade, relegam-no a simples suporte formal, esvaziando completamente – mas sem eliminá-la – a sua presença na evolução do direito, que por sua vez será plenamente considerada no procedimento *de similibus ad similia* confiado ao juiz e ao douto. E aqui estamos no terreno da *interpretatio* e na sua função criativa.

10. **A dimensão funcional da "interpretatio"**

Efetivamente não se trata da analogia que o próprio legalismo moderno consente em geral ao pobre juiz, servo da lei, mas de algo bem diverso, bem mais incisivo.

Uma glosa acursiana resume bem a política do direito dos glosadores no campo interpretativo:

> Nota magis mentem sive causam legis inspiciendam quam verba [...] Item quod de similibus ad similia procedatur [...] Item et nota: ubi est similis aequitas et simile ius statui debere[100].

---

aliqua. Si super negotio, dominus Imperator est consulendus, si tamen praesens sit et eius sit copia [...] si autem non sit eius copia, procedatur de similibus ad similia [...] Si vero super lege [...] si quidem ex consuetudine certo modo est intellecta, eius intellectui stabitur. Quo si ex consuetudine expositio non est certificata recurritur [...] ad Principem si sit eius copia". Conteúdo idêntico também na glosa *ad. l. Cum de novo iure*, de legibus [C. 1, 17, 10], glo. Novo.

[100] ("Deve-se atentar mais ao espírito e às razões objetivas da *lex* do que às palavras [...]. Faça-se uso do procedimento analógico [...]. E onde houver fatos da mesma natureza, faça-se corresponder a uma mesma solução jurídica formal.") Glosa, *ad l. Cum proponas, de interdictis* [C. 8, 1, 1], glo. Quibus ostenditur.

É uma política essencialmente liberatória, ainda que se trate de uma liberação obtida de forma indireta. O ponto de partida é o dado normativo, ou seja, a *lex romana*; essa deferência é pleiteada pela dimensão de validade do discurso dos juristas, mas em seguida o caminho aponta para o efetivo e nos direciona a duas etapas sucessivas: propõe-se a *causa legis* ou, como se diz em muitos outros testemunhos, a *ratio legis*, e não os *verba* como objeto de *interpretatio*; identifica-se a *causa/ratio* numa *aequitas* e sobre ela se elabora o procedimento analógico[101].

Falaremos sobre *aequitas* na próxima seção; por ora antecipamos, para facilitar o entendimento da nossa exposição, que *aequitas* é o que está subjacente às formas jurídicas, dando-lhes sustentação e conferindo-lhes força incontestável; um mundo de fatos e de coisas que não ousaremos chamar de metajurídico, mas que é apenas metaformal. Pois bem, qual é a operação que se delineia, de maneira árdua, mas resoluta, de modo cada vez mais firme com o avançar da escola e com o fortalecimento da consciência doutrinal? Não vincular a interpretação ao texto, não fazer do texto uma espécie de prisão para ele, criar caminhos na coesão não apenas verbal, mas conteudística do texto, para torná-lo disponível àqueles novos conteúdos que o intérprete pretende neles introduzir e que chegam em abundância de fora.

A *aequitas* é o instrumento que, graças ao procedimento formalmente irrepreensível da analogia, permite uma notável liberdade de ação ao juiz e ao mestre. "Ubi eadam aequitas, ibi idem ius", onde houver a mesma natureza factual, deve haver uma mesma solução formal, conforme reiteram inúmeros textos, que não vale a pena citar[102], e se determina que entre as causas da *interpre-*

---

[101] Cf. Lefebvre, *Les pouvoirs du juge...*, cit., pp. 37 ss.; Cortese, *La norma giuridica...*, cit., v. I, pp. 270 ss.

[102] Indicaremos apenas um: Glosa, *ad l. Divi Hadriani, de constituta pecunia* [C. 4, 18, 3], glo. Nullo modo.

tatio está "si ius scriptum discedat ab aequitate"[103] e que entre as finalidades não está apenas o esclarecimento de um texto obscuro, mas a bem mais rigorosa redução "de iniquo ad aequum"[104].

O intérprete tinha, portanto, a possibilidade de fortalecer o direito legal com elementos externos, de colocar-se como mediador entre o reino das formalidades e o reino dos fatos e de criar, assim, novas figuras jurídicas sem comprimir o novo nas estruturas do velho, mas adaptando ao novo – e até mesmo sacrificando-os – os esquemas tradicionais. O direito justinianeu – com o perdão da expressão – é como um recipiente vazio que os novos conteúdos deformam impiedosamente; um recipiente ao qual resta apenas a função de conter o signo da validade, cuja contribuição, em muitos casos, é reduzida a linguagem e a instrumentos técnico-jurídicos refinados; nem o intérprete se preocupa se os fatos novos, os novos conteúdos, forçam-no até desfigurá-lo, até torná-lo uma realidade que de romano tem apenas a origem remota e o rótulo formal. É sem dúvida um direito romano modernizado!

É nessa perspectiva que são vistos e utilizados dois instrumentos técnicos que remontam aos romanos: as chamadas *regulae iuris* e *actiones utiles*.

As *regulae iuris* – às quais Justiniano dedicou um título inteiro do Digesto, o último – são critérios gerais de juízo a que o cientista do direito chega na sua tentativa de traçar esquemas organizativos de caráter universal, partindo sempre de uma análise empírica de cada caso concreto[105]. Nos glosadores, o fundamento e a

---

[103] ("se o direito escrito se afasta da *aequitas*") Rogério, "Summa Codicis", ed. G.B. Palmieri in *Scripta anecdota glossatorum*, v. I, Gandolphi, Bononiae, 1913, livro I, tít. XII, n. 8.

[104] Placentini, *Summa Codicis*, Moguntiae, 1536, reimpressão anastática, Turim, Bottega d'Erasmo, 1962, livro IX, tít. XIV.

[105] Cf. S. Caprioli, "Tre capitoli intorno alla nozione di 'regula iuris' nel pensiero dei glossatori", *Annali di storia del diritto*, V, VI (1961-62), passim, mas sobretudo p. 225.

legitimidade da *regula* decorrem da circunstância de que, neles, "eadem aequits vertitur", há uma mesma base equitativa[106].

As *actiones utiles* são aquela criação do *ius honorarium* romano mediante as quais o pretor, ao constatar analogias, estendia a tutela processual para além dos casos previstos pelo *ius civile*: um tema extraordinariamente sugestivo para os pluralistas medievais é o da concorrência e integração entre dois ordenamentos e, de fato, é um tema retomado pelos nossos glosadores, e retomado segundo o costumeiro motivo equitativo: a ação útil é uma ficção pretoriana segundo a qual "fingitur ex aequitate"[107].

É um grande trabalho de reflexões, análises, extensões e ampliações corajosas e também de desvirtuamentos conscientes que os glosadores empreendem para elaborar uma *interpretatio* que possa estar realmente à altura das suas funções, funções essas de adequação. O momento de validade continua forte: mesclam-se timidez e coragem, como sempre acontece aos principiantes que trabalham de maneira solitária. O que deve ser assinalado ao leitor com a máxima intensidade é o sentido de um itinerário: um caminho preciso, deliberadamente traçado, que leva a um fim a ser alcançado, a desvinculação da *interpretatio*, vale dizer, a desvinculação do texto normativo. Esse itinerário só é nitidamente perceptível se seguirmos com atenção a investigação reflexiva da ciência jurídica.

Vamos analisar por um momento aquele modelo tão significativo que são as *actiones utiles*: já nos glosadores pareciam ligadas à *aequitas*, mas ainda vinculadas – para além dos *verba* – a uma pretensa *mens legis* que funcionava como elemento legitimador; apenas em algum espírito arrojado vinculam-se livremente à *interpretatio* extensiva dos doutores[108]. O momento em que a liber-

---

[106] Cortese, *La norma giuridica...*, cit., v. I, p. 281.
[107] Ibid., p. 311.
[108] Exemplos, ibid., p. 310.

dade já se mostra total e a desvinculação é alcançada é o final do século XIII, com a escola francesa de Orleáns, que inaugura um segundo momento – mais maduro, mais livre, mais desvinculado no que diz respeito aos fundamentos romanos – na história da ciência jurídica medieval. É preciso mencionar aqui dois testemunhos eloquentes, o de Jacques de Révigny, um dos grandes mestres da escola, que não hesitou em ver a fonte da ação útil "nec ex verbis nec ex mente legislatoris, sed ex ratione", e o do seu discípulo – e também um grande mestre em Orléans – Pierre de Belleperche, que reafirma sem hesitações: "extensio facta est ex interpretatione iurisconsulti", ou seja, alcançou-se a ampliação no significado graças à *interpretatio* do jurista[109]. O tempo da desvinculação fora alcançado e os comentadores convalidarão, unânimes, essa função criativa da *iurisprudentia*.

O momento de validade é cada vez mais latente e encoberto. Na profunda humildade, que também caracteriza constantemente a escola dos comentadores, o trabalho do jurista continua formalmente exegético, e as grandes obras dos maiores comentadores tornam-se análises do *Corpus iuris*, folheado e comentado rigorosamente livro por livro, título por título, fragmento por fragmento. Mas o texto romano se reduz, quando necessário, a simples fachada formal, não raramente citado de maneira inoportuna[110]. É significativo aquele episódio anedótico – que impressionou tanto

---

[109] Lefebvre, *Les pouvoirs du juge...*, cit., pp. 47-9; Cortese, *La norma giuridica...*, cit., v. I, pp. 314-7.

[110] Como constataram tranquilamente aqueles juristas posteriores que não se deixaram alterar demasiadamente pela fúria humanista. É o que ocorre quando, no século XVI, Alberico Gentili fala de glosadores e comentadores como "interpretes qui ad sua tempora accomodarunt leges Iustiniani", e Tibério Deciani os considera intérpretes fiéis da *facies* de seu tempo, ainda que desvirtuando a remota e inaplicável *facies romanorum* (ver as citações em V. Piano Mortari, *Il problema della interpretatio iuris nei commentatori* (ed. or. 1958), atualmente in id., *Dogmatica e interpretazione. I giuristi medievali*, Nápoles, Jovene, 1976, p. 213).

Savigny quanto Kantorowicz – que narra que o mais célebre dos comentadores, Bártolo de Sassoferrato, "primeiro formulava as decisões e depois pedia a seu amigo Tigrínio para indicar as passagens do *Corpus iuris* que podiam adaptar-se a elas"[111]. O direito justinianeu já se havia tornado um recipiente vazio, que podia ser forçado e deformado pelos conteúdos medievais.

Não devemos imaginar que se trata de uma atitude desrespeitosa, pois isso seria inconcebível em relação ao patrimônio do conhecimento antigo, inclusive por parte de um cientista livre como Bártolo, pelos motivos indicados mais acima. É, por sua vez, conforme especificaram os historiadores da teologia[112], a atitude geral de uma cultura como a medieval, que, no centro de uma forte dialética entre autoridade e liberdade, sofre necessariamente de não poucas antinomias. A ciência jurídica dos glosadores e comentadores quer simplesmente reviver esse texto segundo a própria mentalidade e em nome das próprias exigências; pretende revivê-lo para transformá-lo em regra da própria vida atual[113]. É óbvio que lhe dê – ou que lhe possa dar – conteúdos novos, reduzindo o texto a crisálidas secas.

Depois de tantas abordagens gerais gostaríamos de encerrar com alguns exemplos que sirvam para demonstrar o trabalho da *interpretatio*.

Uma das mais notáveis e novas elaborações da ciência medieval é – conforme veremos – a doutrina do domínio dividido, com base na qual, por motivos complexos que esclareceremos mais

---

[111] H. U. Kantorowicz, *La lotta per la scienza del diritto*, Bolonha, Forni, 1988 (ed. or. 1908), organizado por F. Roselli (o texto entre aspas foi extraído da tradução italiana de Majetti, p. 93).

[112] Chenu, *La teologia nel dodicesimo secolo*, cit., p. 395.

[113] Para os glosadores, ver as oportunas observações de Paradisi, *Le glosse come espressione del pensiero giuridico medievale* (ed. or. 1976), atualmente in id., *Studi sul medioevo giuridico*, cit., v. II, pp. 713-4.

adiante, foi possível criar mais propriedades solidárias, quais sejam, o domínio direto e o domínio útil, sobre o mesmo bem; uma verdadeira monstruosidade se comparada ao dogma romano da unicidade do *dominium*. O problema é como dar um fundamento de validade – ou seja, um fundamento romano – a essa doutrina; e é precisamente aqui que se insere a liberdade de ação dos nossos juristas.

Na compilação, eles encontram um texto do jurisconsulto clássico Paulo[114] que se refere aos *agri vectigales*, ou seja, às terras dos entes públicos que, por consistentes motivos de política agrária, eram arrendadas em condições mais vantajosas do que os arrendamentos privados comuns; dentre as vantagens estava a concessão de uma ação real para tutelar o arrendatário. Precisamente essa singularidade de tratamento faz com que Paulo especifique em seu texto o seguinte: "ainda que não sejam criados *domini*, foi-lhes concedida uma ação real". É o mesmo que dizer: eles possuem uma tutela qualificada, real, que não tem nada a ver com a propriedade fundiária. Em suma, o texto de Paulo reafirma o dogma da unicidade do domínio e cuja conclusão é o oposto daquela a que chegaram os medievais com a teoria do domínio dividido.

No entanto, é precisamente com base nesse texto que os glosadores irão trabalhar, e o farão forçando-o, fazendo-o dizer aquilo de que necessitavam, mas que Paulo não quis nem pensou em dizer. De que modo? Assim escreve Paulo: "tamquam non efficiantur domini, placuit eis concedere actionem in rem", em que *domini* é denominação geral sem sinais de uma limitação. O glosador, por sua vez, ao comentar a palavra *domini*, escreve o seguinte: "scilet directo", ou seja, proprietários diretos. O simples advérbio – *directo* –, aparentemente insignificante, altera completamente o

---

[114] Conforme D. 6, 3, 1.

conteúdo do texto de Paulo. Para ele, a propriedade – que é uma só – mantém-se solidamente nas mãos do concedente; para o glosador, fica nas mãos do concedente o novo domínio direto, mas não é absolutamente impossível ao foreiro o outro domínio, o domínio útil. Eis o indício de como o glosador não hesita em intervir quando tem consciência de que o texto colide com as convicções e exigências medievais. O texto continua a fundamentar formalmente o tema no plano da validade, mas é completamente esvaziado.

De igual relevância é também o segundo exemplo, que nos parece oportuno propor ao leitor. Diz respeito ao tema das *regulae iuris*, que já comentamos. Sobre essas regras – embora merecedoras de consideração e apesar de dignamente consideradas no Digesto – o jurisconsulto Paulo, o mesmo mencionado anteriormente, é resoluto: a regra não tem caráter normativo, dela não se extrai o direito, mas exatamente o contrário[115]. A glosa não aceita essa solução redutora, que colide com a intensa valoração acerca da ciência jurídica, e inverte de maneira inovadora o discurso de Paulo: a *regula iuris*, construção genérica cunhada por aquele elaborador de esquemas universais que é o cientista, ela mesma ato de *interpretatio*, ganha autonomia e adquire eficácia normativa[116].

Uma glosa. Cem anos depois da Glosa, Bártolo não economiza elogios a essa desenvoltura e lhe dá *toto corde* sua aprovação entusiástica: "Glossa dicit quod [regula] facit ius [...] Glossa bene dicit"[117]. Não poderia ser de outra forma. Para Bártolo, totalmente convencido – no século XIV – da criatividade da *interpretatio*, o desprendimento da Glosa era o sinal da liberação, liberação de uma *auctoritas* rigorosa em nome da racionalidade e da respeitabilidade da intervenção incisiva dos doutores. É o próprio Bárto-

---

[115] D. 50, 17,1 : "non ut ex regula ius sumatur, sed ex iure quod est regula fiat".
[116] Cit. em Cortese, *La norma giuridica*..., cit., v. I, pp. 334-5.
[117] Ibid., p. 337.

lo quem nos dá uma espécie de interpretação autêntica: uma conclusão que tenha conteúdos racionais triunfa sobre os dizeres do texto romano e legitima a interpretação contrária à norma, fundamentando-a no mais alto nível.

A doutrina, como fonte interpretativa por excelência, tem sua centralidade incontestável[118], pois é convicção difundida que "o direito é coisa de juristas"[119], com a consequência óbvia de que os juristas têm importância na sociedade, são uma presença crescente nas magistraturas citadinas ou na corte dos novos monarcas[120]. Isso interessa relativamente pouco para nós; por sua vez, uma presença que devemos sublinhar é aquela que se coloca ao lado do juiz como parte integrante do próprio processo judicial.

A referência consiste num instituto típico da Idade Média sapiencial que se costumar designar com os termos latinos *consilium sapientis iudiciale*, ou seja, o parecer jurídico de um cientista do direito que o juiz, frequentemente um inculto, muitas vezes é obrigado a solicitar, e que tem caráter vinculativo para ele[121]; que, portanto, constitui essencialmente a parte dispositiva da sentença[122].

---

[118] É natural que o notável jurisconsulto italiano do século XV Raffaele Fulgosio não hesite em confessar o seguinte: "volo pro me potius glossatorem quam textum", ou seja, prefira contar mais com a *interpretatio* do texto normativo que com o próprio texto (é citado por Brugi, "Come insegnavano gli antichi professori italiani", in *Per la storia della giurisprudenza e delle Università italiane. Saggi*, cit., p. 57).

[119] Como escreve argutamente, em seu brilhante ensaio, L. Lombardi, *Saggio sul diritto giurisprudenziale*, Milão, Giuffrè, 1967, p. 111.

[120] Pensemos, por exemplo, na simbiose entre os professores de Orléans e a corte real na França entre os séculos XIII e XIV.

[121] Para um bom enquadramento do instituto no direito medieval como direito jurisprudencial e para mais detalhes sobre o dever do juiz de requerer e seguir o *consilium*, ver as páginas de W. Engelmann, *Die Wiedergeburt der Rechtskultur in Italien durch die Wissenschaftliche Lehre*, Leipzig, Koehler, 1938, pp. 243 ss.; de Lombardi, op. cit., pp. 126 ss., bem como o volume específico de G. Rossi, *Consilium sapientis iudiciale. Studi e ricerche per la storia del processo romano-canonico*, I (secoli XII-XIII), Milão, Giuffrè, 1958.

[122] Rossi, op. cit., pp. 105-7.

É um instituto frequente na práxis comunal italiana desde a primeira metade do século XIII, cuja difusão e penetração são documentadas nos formulários práticos compilados para uso dos notários, que o inseriram nos esquemas de sentença mencionados[123]. Trata-se de um sinal de simbiose entre foro e ciência, sinal do *principatus* incontestável da ciência.

11. Os sinais da continuidade: a "aequitas" e a dimensão factual do direito

Conforme já sabemos: a *lex* é interpretativa da *aequitas*, o príncipe é intérprete da *aequitas*, a *interpretatio* é redução da ação injusta a *aequitas*, a *iurisdictio* é a instauração e a conservação da *aequitas*. Mas o que é e no que consiste essa realidade onipresente?[124]

A melhor resposta foi dada por um dos primeiros glosadores num fragmento teórico de rara expressividade:

---

[123] Ibid., pp. 81 ss.
[124] A literatura sobre a *aequitas* é vasta. Indicamos ao leitor, limitando-nos às abordagens gerais, algumas boas tentativas de aprofundamento: como primeira leitura, algumas páginas de Calasso repletas de intuições (em particular: *Il diritto comune come fatto spirituale* [ed. or. 1948], atualmente in id., *Introduzione al diritto comune*, Milão, Giuffrè, 1951, sobretudo pp. 166 ss., e *Medioevo del diritto*, cit., pp. 476 ss.); e depois Lefebvre, *Les pouvoirs du juge...*, cit., sobretudo pp. 164 ss. (desse autor, ver também o verbete "Equité" no *Dictionnaire de droit canonique*); E. M. Meijers, *Le conflit entre l'équité et la loi chez les premiers glossateurs* (ed. or. 1941), atualmente in id., *Etudes d'histoire du droit*, v. IV, Leiden, Universitaire Pers Leiden, 1966; M. Boulet-Sautel, "Equité, justice et droit chez les glossateurs du XXe siècle", in *Recueil de memoires et travaux publiés par la Société d'histoire du droit et des institutions des anciens pays de droit écrit*, fasc. II, Montpellier, Univ., 1951; H. Lange, *Ius aequum und ius strictum bei den Glossatoren* (ed. or. 1954), atualmente in id., *Das römische Recht im Mittelalter*, Darmstadt, Wissenschaftliche Buchgesellschaft, 1987; Cortese, *La norma giuridica...*, cit., v. I, passim; Paradisi, *Diritto canonico e tendenze di scuola nei glossatori da Irnerio ad Accursio* (ed. or. 1965), atualmente in id., *Studi sul medioevo giuridico*, v. II, cit., sobretudo pp. 577 ss.; id., *Le glosse come espressione del pensiero giuridico medievale*, cit., sobretudo pp. 725 ss.; Cortese, *Lex, aequitas, utrumque ius nella prima civilistica*, in A. Ciani, G. Diurni (org.), *Lex et iustitia nell'utrumque ius. Atti del VII Colloquio internazionale romanistico-canonistico* (12-14 de maio de 1988), Cidade do Vaticano, Libreria Editrice Vaticana, 1989; Vallejo, *Ruda equidad...*, cit., passim.

Quia iusticiae fons et origo est aequitas, videamus prius quid sit aequitas. Aequitas est rerum convenientia quae in paribus causis paria iura desiderat. Item Deus, qui secundum hoc quod desiderat, aequitas dicitur. Nichil autem est aequitas quam Deus. Si talis aequitas in voluntate hominis est perpetuo, iusticia dicitur. Quae talis voluntas redacta in praeceptionem, sive scripta, sive consuetudinaria, ius dicitur[125].

Fragmento expressivo, pois exprime numa síntese eficaz as aspirações da civilização medieval para constituir-se numa ordem, numa grande ordem unitária que se realiza por meio de um formidável instrumento de unidade. Deus é a garantia dessa ordem harmônica, e a equidade é a dimensão de organização. Dimensão e instrumento da ação benéfica divina que desce gradualmente do metafísico (a divindade) para o físico (as coisas, a natureza das coisas), para o humano (a vontade dos homens), tornando-se justiça e manifestando-se, por fim, num sistema de normas escritas ou consuetudinárias fundado e edificado nela.

Segundo essa visão, que poderia ser equivocadamente confundida com uma visão panteísta, mas que na verdade é essencialmente neoplatônica (fomos quase tentados a dizer plotiniana), tudo desce beneficamente do alto, impregnando o universo cósmico e histórico, e tudo é *aequitas*. É *aequitas* Deus (que os mais atentos juristas captam na dimensão de *natura naturans* que lhes dão os teólogos), é *aequitas* a natureza (a *natura naturata* dos teó-

---

[125] ("Visto que a equidade é fonte e origem da justiça, veremos, em primeiro lugar, no que consiste a equidade. A equidade é aquela harmonia de fatos que exige igual tratamento jurídico para causas iguais. O próprio Deus pode ser qualificado como equidade. Com efeito, a equidade nada mais é do que Deus. Essa equidade torna-se justiça no momento em que a vontade humana se apropria dela. Se essa vontade se concretiza em preceitos (escritos ou transmitidos oralmente pelo uso), é qualificada como direito.") *Fragmentum Pragense* (ed. in H. Fitting, *Juristische Schriften des früheren Mitellalters*, Halle, Buchhandlung Waisenhaus, 1876, p. 216).

logos), é *aequitas* a justiça, é *aequitas* o direito, quando é verdadeiramente tal, ou seja, quando é ordem. Eis aqui uma das características mais originais e recônditas de todo o direito medieval, e Calasso, esse grande historiador italiano do direito, tinha razão em insistir a respeito, em identificá-la como princípio sustentador de todo o edifício jurídico, uma realidade que o termo equidade só consegue empobrecer.

Sendo assim, preparemo-nos para entender o significado dessa realidade, repropondo a costumeira advertência linguística: vamos falar de *aequitas* e não de equidade, para evitar equívocos com a sobreposição dos nossos esquemas mentais atuais que fazem da equidade um espaço interpretativo livre nas mãos do juiz, abominado e recusado – salvo hipóteses insignificantes e irrisórias na economia do ordenamento – pelo nosso legalismo exasperado. E acrescentemos ainda que a *aequitas* da Idade Média sapiencial não é, sem dúvida, uma realidade recém-criada, mas sim o prolongamento daquela concepção equitativa do direito que permeia todo o momento de fundação; o que existe a mais é uma visão bastante amadurecida e elaborada no plano teórico graças às contribuições das ciências teológicas e filosóficas[126], e também bastante espiritualizada; uma visão que se torna também construção sistemática.

A *aequitas* é, portanto, um dos sinais fundamentais de continuidade entre o primeiro e o segundo período medieval que decompõe a diversidade na unidade, e como tal é por nós aqui interpretada. Depois de darmos adequadamente espaço aos sinais incontestáveis da mudança bem impressos na civilização tam-

---

[126] Sobre as confusões entre ciência teológica e ciência jurídica em torno desse tema específico, cf. Cortese, *La norma giuridica*..., cit., v. I, pp. 57-8, e também G. Garancini, *Diritto naturale e storicità del diritto. La riflessione medievale sul diritto naturale. Ricerche di storia del diritto, I, Alcuni presupposti teorici*, Milão, Giuffrè, 1981, p. 108.

bém citadina e sapiencial, vamos repropor a referência à unidade, a qual nunca devemos perder de vista. E tentaremos esclarecer o significado dessa *aequitas*.

O fragmento doutrinal que citamos acima por extenso nos dá uma imagem unitária; veremos e registraremos que, em relação a diferentes correntes de pensamento, os glosadores irão operar, por sua vez, uma dicotomia basilar. No entanto, por trás dessas opções diversificadas, cremos que é possível e necessário entender um significado essencial, o significado essencial de *aequitas*, que consiste naquelas duas palavras colocadas bastante em evidência e estritamente conexas no fragmento supracitado, quais sejam, "rerum convenientia", e posteriormente repetidas infinitas vezes inclusive pela literatura não jurídica[127].

Convenientia é harmonia, ordem recíproca, semelhança, igualdade substancial; tudo isso identificado nas coisas, dimensão e processo de coisas. Sendo assim, essa *aequitas*, que é fonte e início da justiça e, portanto, também do direito; que é manifestação da justiça nas normas dos homens; essa *aequitas* tem uma primeira feição fundamental: não é um produto da mente humana, está nas coisas e a partir das coisas se projeta entre os homens.

Uma outra reflexão, provavelmente do mesmo autor do fragmento citado, nos diz incisivamente o seguinte:

> ipsum autem aequum non nisi in rebus consistit[128],

ou seja, deve ser encontrada nas coisas, é referente às coisas, é harmonia entre coisas.

---

[127] Por exemplo, por João de Salisbury no seu *Policraticus* (livro IV, cap. II), que declara expressamente deduzir a noção a partir dos jurisperitos.
[128] É o chamado "fragmentum de aequitate" (§ I), publicado no rodapé da *Quaestiones de iuris subtiliatibus des Irnerius*, organizado por H. Fitting, Berlim, Guttentag, 1894.

E isso é muito relevante e, sobretudo, está em perfeita coerência com todo o ideário jurídico medieval: a factualidade do direito, recusa a todo formalismo e tendência a entender como osmose contínua o mundo dos fatos e o mundo das formas jurídicas. A *aequitas* é o meio valioso, insubstituível, entre os dois mundos; é o canal que leva à exterioridade do direito a seiva da substância subjacente e não o deixa secar, não lhe permite pagar o preço escandaloso de uma separação entre a exterioridade e a substância nem um esgotamento da primeira. A *aequitas* está nos fatos, onde já é direito, mas de onde espera ser transportada, traduzida, interpretada, reduzida a preceitos.

Essa é uma certeza não só do "spiritualis homo" que foi o glosador Martinus, discípulo de Irnério, provável autor dos textos até agora mencionados, mas de toda a ciência jurídica medieval; do primeiro glosador, Irnério, que ensina: "in rebus percipitur"[129], ao comentador tardio do século XV, Angelo Gambiglioni, que escreve: "bonum et aequum reperitur ex factis hominum"[130]. Garantia de harmonia entre fatos e normas, exigência de bases factuais para cada norma, ou, como bem colocado por Luca da Penne, jurista do século XIV, original e extremamente perspicaz, "effectus unitaris"[131]: essa é a *aequitas*, o sinal dessa unidade entre mundo dos fatos e mundo das criações humanas, que nunca deveria ser subestimado e que é um fim supremo a ser perseguido.

Dois esclarecimentos antes de prosseguir. Quando falamos de mundo dos fatos, estamos nos referindo à natureza das coisas, ou seja, a uma realidade objetiva de coisas que traz em si a marca

---

[129] Numa glosa publicada por E. Besta, *L'opera di Irnerio (contributo alla storia del diritto italiano)*, v. II, *Glosse inedite d'Irnerio al Digestum vetus*, Turim, Loescher, 1896, p. 1.

[130] É citado por Calasso, *Il diritto comune come fatto spirituale*, cit., p. 175.

[131] É citado ibid.

benéfica e providencial de Deus. Não podemos nos esquecer de que o primeiro produto desse supremo legislador – e instilado por Ele no coração do homem – é o *ius naturale*, um direito inscrito na natureza e que emana dela e, enquanto tal, qualificado pelos nossos glosadores como "ius aequissimum"[132], ou seja, uma quintessência de *aequitas*.

Quando mais acima definimos *aequitas* como uma *convenientia*, fizemos, todavia, uma observação: igualdade substancial. Nada é mais distante da mentalidade medieval que a nossa igualdade, aquela invocada muitas vezes nas inscrições diligentemente fixadas nos salões dos nossos Tribunais. A nossa igualdade é formal, abstrata; igualdade jurídica de sujeitos efetivamente desiguais e que permanecem desiguais apesar da ilusória afirmação de princípio. A igualdade que a *aequitas* quer garantir é, ao contrário, totalmente substancial. Nessa Idade Média factual o que importa são as situações de fato. A unicidade do sujeito – o sujeito civilístico abstrato – é um futurível das criações iluministas. Aqui não existe *o* sujeito, mas *os* sujeitos, e sujeitos bem concretos com todo o seu fardo de factualidades, ou seja, de imersão nos fatos: homens ou mulheres, ricos ou pobres, padres ou leigos, nobres ou plebeus, camponeses ou mercadores. Como tais, como personagens em carne e osso, o direito os considera com toda a carga de historicidade que possuem; e a *aequitas* leva isso em conta, harmoniza criaturas concretas, prega uma igualdade que é repleta de fatos.

Vamos reler o fragmento do qual partimos: "convenientia, quae in paribus causis paria iura desiderat". *Causa, causae* são as situações efetivas em que se encontram inseridos os sujeitos – para usar uma frase incisiva –, a carnalidade deles. A paridade, a *aequa-*

---

[132] Cortese, *La norma giuridica...*, cit., v. I, p. 48.

litas, é medida com base nelas, ou melhor, a *aequitas* é invocada para sublinhá-las, para pesá-las e medi-las; examinada de um modo um pouco apressado e superficial, é com elas que vem a ser identificada[133]. A conclusão geral, unânime, é de que a paridade – por ser justiça e, portanto, também *ius* – não é senão paridade de situações substanciais, situações de fatos. Sabemos que elas são importantes no mundo das formas jurídicas e que as alteram; é sensato e "equo" levá-las em consideração em vez de relegá-las à irrelevância teórica.

Se o significado da *aequitas* é esse, pode-se entender como tal noção – sobretudo se admitida como princípio conformador de toda a ordem jurídica – veio a colidir com os fundamentos de validade estabelecidos. *Aequitas* – entendida de maneira unitária e genérica – era efetivamente uma projeção da ordem jurídica no terreno da efetividade, mas o risco era a excessiva plasticidade dos fatos e a perda de um ancoradouro de validade que muitos dos glosadores, na sua solidão, sentiam necessário. É nessa dialética entre "válido" e "efetivo" – de resto, dialética perene nesses primeiros momentos de reflexão sapiencial – que amadurece a distinção entre *aequitas rudis* e *aequitas constituta*; a primeira, ainda informe e não lapidada, tal como pode ser encontrada entre os fatos; a segunda, como dirá o glosador Rogério com uma frase intensamente sugestiva, "iuris laqueis innodata"[134], ou seja, já filtrada em regras jurídicas. Diríamos nós: a primeira com uma juridicidade oculta, ainda a ser declarada, a ser definida; a segunda com uma juridicidade evidente e já enredada em termos e conceitos técnicos.

---

[133] De acordo com a primeira grande *Summa* da era dos glosadores, a chamada *Summa Trecensis*: "semper causa seu aequitas [...] inspicienda est" (v. *Summa Codicis des Irnerius*, organizada por H. Fitting, Berlim, Guttentag, 1894, III, 48, 3).

[134] Rogério, "Enodationes quaestionum super Codice", in H. U. Kantorowicz, *Studies in the Glossators of the Roman Law*, Aalen, Scientia, 1969 (ed. or. 1938), p. 282.

A distinção está ligada a duas escolas, que, segundo a tradição, trilham caminhos muitas vezes opostos, ambas evocando dois discípulos de Irnério, Martinus e Bulgarus. A avaliação que hoje parece mais correta sobre a diversidade de opiniões (que certamente houve e cujos vestígios se conservam) é que, de um lado – para maior clareza, é preciso mencionar que se trata de Martinus e de seus seguidores –, preferiu-se olhar livremente para a efetividade; de outro lado – ainda visando a clareza, trata-se aqui de Bulgarus e de seus seguidores –, houve maior receio e se quis dar maior salvaguarda ao momento de validade do discurso dos juristas. Enquanto os primeiros confiavam aos *interpretes* a tradução de todos os tipos de equidade em preceitos e, portanto, a possibilidade ilimitada de rechaçar os rigores do direito formal em nome de todos os tipos de equidade e de dar-lhes prevalência na aplicação, os segundos deixavam ao príncipe a tarefa de traduzir em norma a *aequitas rudis*, e colocavam nas mãos dos juristas e dos doutores a *aequitas constituta*, impondo-lhes dar preferência a elas em detrimento do *rigor iuris*, ou seja, do estrito direito formal.

Mas não devemos falar de legalismo por parte dos bulgarianos; trata-se, como já dissemos, da singular legalidade dos medievais, muito mais semelhante à legitimidade do que à obtusa legalidade moderna: quando se define efetivamente, por parte deles, no que essa *aequitas é constituta* e não *rudis*, se diz: "de qua iam tractatum erat, veluti a lege XII tabularum vel a populo vel a plebe vel a senatoribus vel a pretoribus"[135]; o que significa dizer: de que já se ocupou a tradição jurídica em toda a gama das suas fontes.

Em conclusão: por toda parte, um enorme destaque para a dimensão equitativa como dimensão factual, mais ou menos fil-

---

[135] ("de cuja equidade já se havia tratado, assim como da Lei das XII Tábuas, ou do povo, ou da plebe, ou dos senadores, ou dos pretores") *Summa Trecensis*, cit., Exordium, n. 3.

trada; por toda parte, uma dialética *aequitas-rigor iuris*, com clara propensão a superar a rigidez das formas legais na tendência nitidamente presente a fazer coincidir *ius* e *iustum*.

A ciência se move cada vez mais nessa direção; de forma lenta, mas decisiva, a efetividade passou ao seu controle: buscar-se-á extrair da *lex* a *mens*, tendo como suporte uma série de circunstâncias estranhas à própria *lex*. E o intérprete irá colocar-se seguramente como mediador entre fatos e norma, elaborando ele mesmo as normas, graças ao instrumento da *aequitas*.

A essa altura, as distinções entre *aequitas rudis* e *constituta*, operadas por uma ciência tímida e terrivelmente só, ficarão como simples recordação: será o vital solavanco dos orleanenses e, posteriormente, de Cino de Pistoia e de todos os comentadores. Mas já com os glosadores a *aequitas*, sobretudo uma *aequitas* compreendida sob o ponto de vista de Martinus, dará os primeiros frutos consistentes com a superação de velhas e inadmissíveis indiferenças romanas[136]; será o campo da representação, do contrato em favor de terceiro, dos títulos ao portador, da letra de câmbio, ou seja, o campo totalmente novo das novas transações comerciais irá pretender regras efetivamente contidas na realidade e organizadoras dessa realidade[137].

12. Os sinais da continuidade: o costume e a dimensão factual do direito

O rico tecido consuetudinário em que se expressara a voz mais genuína da ordem jurídica protomedieval, uma voz – aliás – proveniente do interior dos campos, não se atenuou na nova civilização também citadina e sobretudo sapiencial. Antes, tornou-se um fenômeno nitidamente ascendente.

---

[136] Meijers, *Le conflit entre l'équité et la loi...*, cit., pp. 148 ss.
[137] Ver os exemplos reunidos em *ibid*. e em Boulet-Sautel, *Equité, justice et droit...*, cit., p. 8.

A complexidade e a vivacidade da vida cotidiana nas cidades, particularmente no seu aspecto econômico e social, exigem novos instrumentos jurídicos, mais adequados, mais eficazes. O campo das relações civis, o novíssimo campo dos tráficos mercantis e marítimos, o campo das controvérsias civis e, por conseguinte, do sistema processual para sua solução são os terrenos em que a prática usual exerce um papel primordial e relevante, criando e cunhando com empirismo e imaginação.

A cidade é, portanto, nesse segundo período medieval, um extraordinário laboratório consuetudinário, bastante ativo e eficiente.

Mas não é suficiente. O costume citadino é, para cada *civitas*, mais que um instrumento para regular as relações jurídicas; é, com efeito, um instrumento político, pois indica uma relativa autonomia no âmbito do grande invólucro imperial. A luta anti-imperial das nascentes comunas da Itália centro-setentrional, que ocupa de forma bastante intensa a história italiana e europeia da segunda metade do século XII, é acima de tudo luta por uma *iurisdictio* autônoma, cujo símbolo mais prestigioso e mais importante era o conjunto de normas consuetudinárias. E a paz de Constância de 1183, epílogo dessa luta, é antes de mais nada o reconhecimento – por parte do Imperador – do conjunto consuetudinário citadino como conjunto normativo das autonomias citadinas[138].

Isso explica por que, a partir de meados do século XII, intensificaram-se as tentativas de consolidar o patrimônio usual numa redação escrita: depois da pioneira Gênova, é a vez de Pisa, de

---

[138] Ver o texto da *Paz*, em que, no n. 1, o imperador Frederico Barbarruiva concede: "omnes consuetudines sine contradictione exerceatis, quas ab antiquo exercuistis vel exercetis" (in *Monumenta Germaniae Historica. Constitutiones*, ed. L. Weiland, I, n. 293).

Alexandria, de Milão[139]; mas o panorama não é apenas italiano, é também comum à França e à península Ibérica. Enveredam-se nesse caminho, que levará – naturalmente, sem percalços – da *consuetudo municipalis*, à *lex municipalis*[140], àquele florescimento de normas escritas particulares, os Estatutos citadinos, que irão constituir, em dialética com o direito elaborado pela ciência – o *ius commune* –, a densa trama dos *iura propria*.

Falaremos disso mais adiante. O que devemos ressaltar aqui é que a dimensão consuetudinária continua a ser, também na Idade Média sapiencial, uma das estruturas de sustentação da ordem jurídica: uma imensa gama de costumes, com conteúdos muito variados e provenientes dos produtores mais diversos, que tanto podiam ser uma grande comunidade urbana como uma pequena comunidade agrária, que podiam concretizar-se tanto num uso universal da classe mercantil como num uso particular restrito a uma certa praça comercial, que podiam manifestar-se em textos escritos ou que aguardavam o instrumento de uma confirmação judicial para aflorar[141]. Um patrimônio consuetudinário que, mesmo num panorama mais aberto e multifacetado, continuava a afirmar uma decisiva e firme factualidade do direito; um patrimônio

---

[139] Cf. G. Garancini, "Consuetudo similis est homini. La consuetudine nei diritti italiani del basso medio evo", *Iustitia*, XXXVIII (1985), p. 215 (o texto, em francês, foi também publicado em *La coutume-Custom*, cit.). Para Alexandria, ver o "curso" recém-publicado e pontual de G. Pene Vidari, *Le consuetudini di Alessandria* (1179), Turim, Pluriverso, 1992.

[140] Um caso realmente exemplar é o de Milão, cidade defensora da ação anti-imperial, e de seu *Liber consuetudinum*, uma consolidação bastante rica em *universae consuetudinum*, consolidação essa almejada, em 1215, pela autoridade citadina; cf. U. Nicolini, "Diritto romano e diritti particolari in Italia nell'età comunale", *Rivista di storia del diritto italiano*, LIX (1986), p. 89.

[141] Também para o segundo período medieval o leitor pode encontrar atualmente instrumentos de abordagem úteis nas duas coletâneas de diversos ensaios recém-publicadas, já citadas: *La coutume-Custom* (que é uma "Recueil" da Société Jean Bodin) e *Gewohnheitsrecht und Rechtsgewohnheiten im Mittelalter*.

consuetudinário que deve ser visto, portanto, como um grande sinal de continuidade.

Mais acima dissemos: uma das estruturas de sustentação; e é óbvio que seja assim. O mundo jurídico simples do primeiro período medieval tornou-se uma realidade complexa; à dimensão meramente factual uniu-se a ciência, assumindo um papel de organização central.

Mas não devemos pensar em dois níveis paralelos e distantes que se ignoram reciprocamente. Sobretudo não devemos pensar numa ciência cheia de soberba e de arrogante desprezo. A ciência jurídica dos glosadores e dos comentadores, ciência inserida na sociedade e destinada a ordenar convenientemente a sociedade; ciência convencida de que sua tarefa consiste mais num olhar atento para o *efetivo* que num ancoradouro conservador do *válido*, essa ciência está consciente de que a dimensão da efetividade amadurece sobretudo através de um patrimônio usual que se renova.

A nova ciência será muito sensível ao fenômeno consuetudinário, fazendo um relevante esforço para dar-lhe uma plena valorização no âmbito das fontes e uma sistematização teórica aperfeiçoada; e estará disposta a adotar as invenções criadas pela práxis e consolidadas no uso, formalizando-as e fortalecendo-as em elaborações técnicas e dogmáticas. Graças à sua sensibilidade e a uma enorme capacidade de autoconsciência, a *scientia iuris* medieval reafirma sua posição de protagonista no centro da ordem jurídica. Valerá a pena nos atermos um pouco em suas elaborações.

As certezas e os problemas de uma teoria do costume parecem-nos claramente expressos na primeira *Summa Codicis*, ou seja, no primeiro estudo sistemático conduzido sob a égide dos primeiros nove livros do Código de Justiniano; referimo-nos à já citada *Summa Trecensis* redigida na primeira metade do século XII. O rico inventário que se extrai da pequena página de comentário ao título *quae sit longa consuetudo*[142] contém alguns elementos essenciais que merecem ser sublinhados, que são precisamente estes: o direito consuetudinário não é um ordenamento de qualidade inferior, mas um modo de ser do jurídico – o *ius non scriptum* – que tem a mesma dignidade que o outro modo de ser, ou seja, o *ius scriptum*[143]; de fato, se este encontra seu fundamento na autoridade do povo, aquele parece fundado nas próprias coisas ("rebus ipsis et factis"); se este extrai sua origem da vontade popular, aquele a faz derivar dos fatos da vida cotidiana, repetidos e transformados em uso ("ipsis negotiis cotidie ex usu"); os costumes, ou seja, um costume prolongado no tempo e sustentado pelo consentimento dos usuários, têm dignidade e valor de lei ("pro lege servantur"); o costume interpreta as leis de maneira notável, mas também possui força para ab-rogá-las[144].

É um inventário rico; rico e significativo, pois o desconhecido sumulista dos primórdios soube identificar motivos que acompanham toda a reflexão científica até a plena maturidade dos comentadores. Merecem uma análise mais aprofundada os temas da factualidade e da força ab-rogadora.

---

[142] C. 8, 53.

[143] Exprime bem tal pensamento a seguinte Glosa: "tantum valet consuetudo ubi lex scripta non est, quantum lex ubi scripta est" (*ad Insti. I, de iure naturali, § Sine scripto* [Insti. I, 2], glo. Imitantur), reiterando-o também em outro lugar (*ad, l. Leges, quae sit longa consuetudo* [C. 8, 53, 3], glo. Leges imitantur). Bártolo dirá mais tarde, sem artifícios, percebendo a idêntica qualidade das fontes legislativa e consuetudinária: "lex et consuetudo differunt sicut tacitum et expressum" (*In primam Digesti veteris partem...*, cit., ad. l. De quibus, de legibus [D. 1, 3, 32]).

[144] *Summa Trecensis*, cit., livros VIII-XLVIII: "Huc usque de iure scripto, nunc de iure non scripto edisserendum est. Quemadmodum ius scriptum auctoritate populi romani nititur, imo eius cui a populo hoc permissum est, ita ius non scriptum rebus ipsis et factis eodem iudicio declaratur: nichil enim interest, populus suffragio voluntatem suam declaret, na ipsis negotiis cotidie ex usu et consuetudine hoc ostendit. Diuturni enim mores consensu utencium comprobati pro lege servantur [...] Consuetudo etiam optima legum interpres est, nec non per consuetudinem quoque leges ipse abrogantur".

Uma ideia constante, que liga os primeiros glosadores ao comentário mais tardio[145], é a de que o costume permite que um universo subterrâneo de fatos se eleve ao nível do direito e que este, portanto, é expressão dos fatos, está inevitavelmente imbuído de factualidade. Cino de Pistoia, refinado jurista do início do século XIV, não hesita em dizer que o direito não escrito "in facto consistit"[146], e mais tarde, quase no término da reflexão medieval, Baldo degli Ubaldi, um personagem extremamente refinado e culto, deixa quase escapar da pena que "consuetudo est quoddam tempus complexum et formatum"[147], admitindo a força brutal do prolongado decurso do tempo (*complexum*) – embora vivenciado e organizado por uma comunidade de homens (*formatum*) – como característica peculiar. E é precisamente sob essa perspectiva que é redescoberta e repetida, a partir dos glosadores, a fórmula ciceroniana do costume como "altera natura", como segunda natureza[148].

Certamente, o outro passo a ser ressaltado em relação ao rudimentar conceito protomedieval do costume como fato normativo consiste na acentuada insistência no elemento do consentimento, do *tacitus consensus* da comunidade como algo essencial[149],

---

[145] Ver os textos em F. Flumene, *La consuetudine nella dottrina civilistica medioevale*, Sassari, Libreria Italica, 1931 (ensaio útil – na falta de melhor – pela coletânea de textos que oferece, mas nem sempre confiáveis e que devem ser usados com cautela), sobretudo pp. 17, 41, 62.
[146] Cino de Pistoia, *In Codicem... commentaria...*, Frankfurt a.M., 1578, *ad l. I, quae sit longa consuetudo* [C. 8, 53, 1], n. 3.
[147] Baldo degli Ubaldi, *In VII. VIII. IX. X. et XI. libros Codicis libros commentaria*, Veneza, 1577, *ad. l. Consuetudinis, quae sit longa consuetudo*, [C. 8, 53, 2].
[148] L. Mayali, "La coutume dans la doctrine romaniste au moyen age", in *La coutume-Custom*, cit., p. 14.
[149] Basta citar dois textos, bastante eloquentes, da Glosa de Acúrsio: "cum enim consuetudo non sit sine consensu" (*ad l. Quod non ratione, de legibus* [D. 1, 3, 39], glo. Ratione), e também *ad Instit. I, de iure naturali*, §. *Sine scripto* [Insti. I, 2] glo. Consensu, em que, precisamente em relação à palavra *consensu*, o glosador acrescenta o seguinte: "alias non potest esse consuetudo, cum dicatur consuetudo quasi communis assuetudo".

e numa distinção entre *mores, usus, consuetudo* que já era comum na escola dos comentadores[150]: o costume é *ius*, nasce daquele universo de fatos primordiais que são os costumes (*mores*) e os usos (*usus*), é indiscutivelmente o *causatum* dessas *causae*[151], mas é uma situação filtrada, e filtrada pela psicologia pertinente aos membros de uma comunidade. A *causa* do costume continua a ser identificada nos fatos, no entanto é o resultado de uma combinação de fatos naturais e vontade humana, um *causatum* mais complexo diante da simplicidade e da pluralidade de suas *causae*.

Mais delicado é o problema das relações entre *lex* e *consuetudo*, delicado porque desafiava os mestres medievais precisamente no terreno do conflito entre momento de validade e momento de efetividade de seu discurso. Por isso a solução é discutível, apresenta uma franca *dissensio*, ou seja, uma profunda dialética de posições contrárias; mas, como sempre, para a nossa sensibilíssima doutrina medieval, é a efetividade que vence e, se preferirmos, é a vida, é a experiência que prevalece sobre as formas e sobre os modelos de validade, ainda que antigos e respeitáveis.

O coro doutrinal é unânime para aquelas que, numa linguagem muito expressiva, são chamadas as *virtudes* (*virtutes*) do costume, ou seja, suas múltiplas capacidades de incidir na ordem jurídica. Se, como lemos, a *Summa Trecensis* já falava de uma função interpretativa e de uma função ab-rogadora, o discurso se mostra muito mais sistematizado no grande aparato de Acúrsio:

---

[150] Ver a respeito um exemplo bastante elaborado naquela que talvez seja a teoria mais completa sobre o costume, de autoria do grande mestre orleanense Jacques de Révigny, sobre a qual podemos atualmente contar com a exaustiva análise de L. Waelkens, *La théorie de la coutume chez Jacques de Révigny*, Leiden, Brill, 1984. Cf., de Jacques, a *repetitio* a Insti. I, 2, 9 (in Waelkens, op. cit., p. 419), e também a *repetitio* "de quibus" (ibid., pp. 472-3), e finalmente a *repetitio* à l. Consuetudinis (ibid., pp. 530-1). Outro texto exemplar in Bártolo (*In primam Digesti veteris partem...*, cit., *ad l. De quibus, de legibus* [D. 1, 3, 32], n°s 6 e 10).

[151] Flumene, op. cit., p. 41.

nota tres virtutes consuetudinis: imitandi [...] interpretandi [...] corrigendi [...] Item, et quarto, corroborandi[152];

sistematização totalmente retomada pela reflexão dos comentadores[153]. Utilizando a frase bem elaborada e sintética do glosador Azo, para os jurisconsultos o costume é "conditrix legis, abrogatrix et interpretatrix"[154], ou seja, fundamenta, interpreta e modifica o direito, ainda que este consista numa *lex* romana.

Assim sendo, majestade e centralidade do costume e, portanto, elevada consideração de seu papel propulsor para o direito medieval que avançava; mas consideração também de sua força incisiva, tão penetrante e determinante a ponto de modificar e anular uma *lex*.

Infelizmente, para os glosadores, naquele enorme repositório que era o *Corpus iuris*, ao lado de um fragmento do jurista clássico Juliano, que falava de dessuetude[155], havia um texto terrivelmente embaraçoso. Tratava-se, com efeito, de uma constituição de Constantino I, imperador apreciado no mundo medieval por ser símbolo da palingenesia cristã do Império. Nessa constituição, depois de um tributo formal à autoridade do costume, fixava-se uma hierarquia de fontes que o colocava em último lugar, não apenas depois do direito natural, mas até mesmo depois do direito positivo promulgado pelo príncipe[156].

O início sapiencial mostra-se desconcertante. Irnério parece querer interromper toda discussão a respeito. Juliano poderia fa-

---

[152] ("Note que são três as virtudes do costume: imitar [...] interpretar [...] corrigir. Existe ainda uma quarta: confirmar.") Glosa, *ad l. Leges, quae sit longa consuetudo* [C. 8, 53, 3], glo. Leges imitatur. A teoria das três virtudes é repetida também em glo. Imitantur, *Insti. I, de iure naturali §. Sine scripto*.
[153] Ver, por exemplo, a teoria "de virtutibus consuetudinis" de Jacques de Révigny (Waelkens, op. cit., p. 461).
[154] Azo, *Summa super Codicem*, cit., livro VIII-tít. Quae sit longa consuetudo.
[155] D. 1, 3, 32.
[156] C. 8, 53, 2.

lar de dessuetude, já que – na sua época – o povo ainda não transferira ao príncipe o poder de promulgar o direito; *hodie*, século XII, verificando-se desde há muito essa transferência, o princípio da dessuetude da norma escrita é inadmissível[157]. Negligência do primeiro glosador? Diríamos que se trata mais de uma preocupação premente e preponderante com a dimensão da validade do próprio discurso. Na sua solidão de pioneiro, Irnério faz uma opção: talvez receie justamente aquilo de que tem plena consciência, ou seja, a factualidade do costume, ou, em outras palavras, os inúmeros costumes gerais e locais; talvez receie que o costume, fonte viva que deriva da experiência, não seja um terreno suficientemente sólido para alicerçar a construção da ciência jurídica. A instância que aflora nele, como em tantos desorientados glosadores do período inicial, é de um ancoradouro, em suma, da validade.

Alguns o seguirão – como Piacentino[158] –, mas será uma corrente absolutamente minoritária[159]. A coletividade da escola e da ciência faz uma opção resoluta, que hoje chamaríamos de política do direito: a firme consciência da força vital do conjunto de costumes, aliada à convicção de que o direito medieval atuara e continuaria a atuar precisamente ali, leva-os à habitual desenvoltura exegética. E começa um debate cerrado[160] cujos vestígios podem

---

[157] Sobre esse tema/problema da capacidade do costume de ab-rogar uma *lex*, podemos contar atualmente com um ensaio bastante informativo de A. Gouron, "Coutume contre loi chez les premiers glossateurs", in A. Gouron e A. Rigaudière (org.), *Renaissance du pouvoir législatif et genèse de l'Etat*, Montpellier, Société Histoire Droit, 1988 (para o texto de Irnério, cf. p. 119).

[158] Ver Gouron, op. cit., p. 123.

[159] Ver, por exemplo, como Azo irá rechaçá-la asperamente: "eius sententia manifeste reprobatur" (*Lectura... ad singulas leges duodecim librorum Codicis Justiniani...*, Paris, 1581, a C. 8, 53, 2, n. 4), dando a entender que o parecer de Piacentino é manifestamente infundado e, portanto, deve ser desaprovado e rechaçado.

[160] Que seria de extremo interesse acompanhar, ainda que não o possamos fazer aqui. Uma boa exposição sobre os glosadores está em Gouron, op. cit., pp. 119 ss.

ser encontrados na coletânea de *dissensiones*, e no texto da constituição constantiniana tem início um exercício extremamente apurado daquela arma apontada que é, nas mãos dos glosadores, a *distinctio*: será feita a distinção entre costume geral e especial e posterior à lei; será feita a distinção entre a situação de ciência ou de ignorância da comunidade produtora; irá se falar de revogação local e não de ab-rogação; serão interpretados os dois limites estabelecidos por Constantino à ação do costume – a *ratio* e a *lex*, o direito natural e o direito do príncipe – como uma hendíadis e o sentido da hierarquia constantiniana será subvertido, vinculando-se o costume apenas à lei que tenha conteúdo de direito natural[161]; o costume será diagnosticado como acordo tácito e será invocado um confronto com a possível capacidade revogatória do *pactum*[162].

Um vultoso trabalho põe à dura prova a *interpretatio*, e o resultado é incontestável, embora entre hesitações, contradições e embaraços mais ou menos velados: o povo, a comunidade, as comunidades, não transferiram ao príncipe nem totalmente nem irreversivelmente o próprio poder de *condere ius*, de estabelecer o direito; pelo contrário, as comunidades o mantêm, permitindo à ordem jurídica acompanhar e regular harmônica e plasticamente o corpo social em contínuo crescimento.

Na experiência cotidiana e na consciência reflexa dos jurisconsultos, os costumes conservam o papel de força de adequação;

---

[161] E diz-se: "id est rationabilem legem" (exemplos em Meijers, *Le conflit entre l'equité et la loi...*, cit., p. 150). A argumentação continua inalterada, após duzentos anos, em Baldo: "Consuetudo non vincit rationem aut legem, id est non vincit rationabilem legem. Dicitur autem ex rationabilis illa quae habet in se aequitatem vel iustum motivum legislatoris" (*ad l. Consuetudinis, quae sit longa consuetudo*) [C. 8, 53, 2].

[162] Tendo em vista os objetivos deste estudo, vamos aqui resumir e simplificar um debate muito mais articulado e repleto de matizes. Dele se ocupa fielmente Gouron, op. cit., passim.

a ciência, em vez de ridicularizá-los, dá-lhes o próprio aval, liberta-os do manto de chumbo da lei antiga e envelhecida, restaurando-os em seus esquemas universais. Dialética singular entre universal e particular, e também simbiose singular entre os usos, que se arrastam pela terra e de terra estão impregnados, e uma ciência que é iluminação do alto. É a especificidade do direito da Idade Média sapiencial.

Isso pode ser constatado seguindo-se passo a passo o desenvolvimento doutrinal[163] e observando-se mais tarde o espaço cada vez mais amplo dos costumes locais nas obras dos glosadores[164]. Azo não hesita em abrir um saboroso parêntese localista bem no centro de sua solene *Lectura* do Código de Justiniano e em corroborar sua argumentação pró-consuetudinária com um exemplo extraído da práxis regional emiliana das concessões enfitêuticas sobre os bens eclesiásticos: "exemplum satis familiare occurrit in terra ista, praecipue tamen Mutinae et Ravennae [...]"[165].

São os tempos em que, na Itália centro-setentrional, os *sapientes* começam a se sentar ao lado do juiz como conselheiros e a criar, como advogados, uma literatura incrivelmente farta de pareceres legais, onde teoria e práxis estarão ligadas de maneira indissolúvel.

---

[163] É até mesmo inútil acrescentar que, nos comentadores, a doutrina corre a rédeas soltas, superando há tempos a preocupação de Irnério com a validade. Apenas para recorrer a uma fértil análise teórica que inaugura um discurso inovador, v. Jacques de Révigny na *repetitio* "de quibus" (em Waelkens, *La théorie de la coutume...*, cit., pp. 507 ss.).

[164] A observação, pontual, já fora feita por P. Legendre, *Recherches sur les commentaires pré-accursiens* (ed. or. 1965), atualmente in id., *Ecrits juridiques du Moyen Age occidental*, Londres, Variorum Reprints, 1988, p. 369, nota 88, e por Cortese, *Il rinascimento giuridico medievale*, cit., p. 62, nota 196.

[165] ("do caso em exame, podemos ter um exemplo bastante familiar nesta nossa terra emiliana, mas sobretudo em Módena e em Ravena"), Azo, *Lectura*, cit., *ab lib*. VIII, *tit*. LIII, *quae sit longa consuetudo, ad l. Consuetudinis*, n°s 4-5.

13. Os sinais da continuidade: dimensão factual do direito e novas figuras jurídicas

O discurso sobre o costume leva-nos facilmente ao tema dos conteúdos desse notável patrimônio usual que compõe a Idade Média sapiencial: costumes e usos que se afirmaram lenta, mas continuadamente na práxis, aceitos pelos usuários, muitas vezes submetidos a uma formalização elementar por parte dos primitivos notários, que faziam emergir à superfície do direito esquemas e figuras novas, naquela adequação perene que a ordem jurídica espontaneamente vive na sua essência.

O uso, que poderia parecer um instrumento de conservação e de estabilização, é, ao contrário, o instrumento dinâmico e o principal veículo de adequação; num ordenamento pluralista, de livre produção jurídica, como é o ordenamento medieval, o novo amadurece na prática cotidiana, de grandes ou pequenas comunidades, torna-se sua norma, recebe prontamente da ciência mecanismos de sustentação sensatos.

É esse, em suma, o panorama que nos oferece o nosso fértil século XII: mudanças estruturais – já o sabemos – e, por conseguinte, surgimento de novas figuras jurídicas. Os *nova negotia* são agora um problema urgente, sobretudo para a ciência, que é chamada a ordenar a incandescência jurídica: se para o glosador Rogério a *varietas negotiorum*, o turbilhão de figuras que gira diante dele e parece quase lhe escapar das mãos, dada a sua novidade e variabilidade, é causa de evidente embaraço[166], em personagens de notável sensibilidade como o glosador Giovanni Bassiano o

---

[166] "Haec varietas [...] non iustitie set negotiorum est", afirma Rogério ("Quaestiones super Institutis", § I, in Kantorowicz, *Studies in the Glossators*, cit., p. 272), comparando a "constância" da justiça organizativa [justiça ordenante] (n. da rev. téc. da trad.) (tal como na definição romana) e a "variabilidade" do material social a ser organizado.

problema se faz sentir como uma tarefa inadiável[167]; mais tarde, na primeira metade do século XIII, naquele grande crivo da operosidade dos glosadores que é a *Magna Glosa*, conservam-se os traços evidentes de uma nova e notável realidade factual a ser disciplinada e surgem hipóteses – que não são absolutamente fora do comum ou da prática – de dúvidas que se manifestam em juízo sobre um novo negócio[168] ou sobre um fato novo[169].

Ciência e práxis demonstram, uma vez mais, sua estreita simbiose, uma simbiose que é validada e consolidada por aquele importante instrumento de mediação – como um ponto de articulação entre as duas dimensões – que é o notariado, ou melhor, o novo notariado de Bolonha. Na primeira parte deste livro enfatizamos a importância do notário protomedieval, mas na maioria dos casos se tratava de um leigo muitas vezes dotado apenas de bom senso e de disponibilidade. O notariado que veremos delinear-se cada vez mais claramente em Bolonha durante o século XII é novo porque vive em estreito contato com a ciência, porque dela absorve cultura e técnica rigorosa.

Não devemos nos esquecer de que é precisamente com base na simbiose entre teoria e práxis que se inaugura a reflexão científica dos glosadores, encontrando em Irnério a perfeita encarnação: o *primus illuminator* não iniciou apenas uma reflexão sobre os textos justinianeus, primeira semente de uma elevada elaboração teórica, mas quis munir a prática notarial de uma ferramenta de trabalho adequada com a confecção de um *Formularium*, uma coletânea de esquemas negociais tecnicamente rigorosos elaborada

---

[167] Cortese, *La norma giuridica...*, cit., v. II, pp. 374-5; Paradisi, *Diritto canonico e tendenze di scuola*, cit., sobretudo p. 623.
[168] "cum dubitatio in iudicio contingit [...] super aliquo novo negotio [...]" (Glosa, *ad l. Non possunt, ff. de legibus* [D. 1, 3, 12], glo. Non possunt).
[169] "cum dubitatur de facto novo quod non est in lege [...]" (Glosa, *ad l. Neque leges, ff. de legibus* [D. 1, 3, 10], glo. Scribi).

para uso exclusivo dos notários. Será precisamente a evolução do formulário notarial entre os séculos XII e XIII que nos dará a confirmação do rápido desenvolvimento da vida jurídica e também da imediata maleabilidade da ciência para considerá-la e resgatá-la no plano técnico. Convém tecer alguns comentários a respeito.

Em seu *Formularium*, Irnério ordenara a abundante matéria notarial com a chamada teoria dos quatro instrumentos, ou seja, a sistematizara, articulando-a e inserindo-a nos quatro grandes esquemas da compra e venda, da enfiteuse, da doação e do testamento[170]. Interessa-nos a enfiteuse, pois, como contrato de concessão fundiária e reflexo fiel do panorama agrário subjacente, é o *instrumento* mais historicamente vivo e, sem dúvida, especular. No início do século XII, quando Irnério escreve, ainda pode ser considerado contrato agrário fundamental, com aquela sua especificidade de contrato de caráter essencialmente de melhoria.

Passam-se cerca de cem anos e do mesmo ambiente bolonhês provém um novo formulário de autor desconhecido[171]; é significativo que este, julgando o esquema irneriano demasiadamente limitado, acrescente um quinto livro contendo as fórmulas "pactorum et cautionum et aliorum contractuum extraordinariorum"[172], ou seja, dedicado a uma porção de figuras atípicas; significativo, pois, que o livro silencie diante do problema técnico da locação de coisas ao qual o antigo modelo romano também poderia ser

---

[170] Cf. G. Orlandelli, "Irnerio e la teorica dei quattro istrumenti", *Atti della Accademia delle Scienze dell'Istituto di Bologna. Classe di scienze morali*, LXI, 1973, passim.

[171] Outrora atribuído ao próprio Irnério (ver "Wernerii Formularium tabellionum", ed. I. B. Palmerio, in *Bibliotheca iuridica medii aevi. Scripta anecdota glossatorum*, v. I, Bononiae, Gandolphi, 1913²), é hoje situado no início do século XIII; ver G. Orlandelli, "Genesi dell'*ars notariae* nel secolo XIII", *Studi medievali*, s. III, 6 (1965), pp. 329 ss.

[172] Wernerii, "Formularium tabellionum", cit., livro I, n. 3.

reproposto, num panorama agrário já reconquistado ao cultivo, mas sobre o qual ainda não havia uma experimentação suficiente[173].

Mais alguns anos e eis que surge um novo formulário, o de Ranieri de Perúgia, no qual se dá um enorme passo adiante: predomina a teoria do domínio dividido, recém-saída do laboratório sapiencial dos glosadores, e se redistribui toda a matéria notarial sistematizando-a numa espécie de grande bipartição: os atos que transferem o domínio direto e aqueles que transferem o domínio útil[174]. Não é o bastante: na década seguinte, o próprio Ranieri ficará insatisfeito com o trabalho realizado e fará novas propostas, aplicando as doutrinas aristotélicas então circulantes[175].

No entanto, iremos nos deter aqui, satisfeitos de podermos verificar concretamente, sob a égide do culto notariado de Bolonha, de um lado, o surgimento, a partir dos fatos cotidianos, de figuras jurídicas antes ignoradas ou abandonadas, de outro, a sensibilidade de uma ciência que se sente chamada a organizá-las e a acompanhar passo a passo a sociedade nas dificuldades da transformação socioeconômica.

É sem dúvida deformador aquele velho figurativismo historiográfico que representa os glosadores como personagens abstratos, exegetas enclausurados e indiferentes de um texto, insensíveis às exigências da práxis e que nutrem desprezo por ela. Ao contrário, é outra a abordagem a fazer sob o aspecto histórico-jurídico: sem

---

[173] G. Orlandelli, "Petitionibus emphyteuticariis annuendo, Irnerio e l'interpretazione della legge iubemus (C. 1, 2, 14)", in *Atti della Accademia delle Scienze dell'Istituto di Bologna. Classe di scienze morali*, LXXI (1983), p. 57.

[174] Como demonstra claramente a rubrica que abre a *pars secunda* ("Instrumentorum dationis vel refutationis seu remissionis directi dominii explicit huius voluminis prima pars. Incipit secunda et ultima de concessione utilis dominii in emphyteosim vel in feudum et de solis possessionibus varie locandis et aliis pluribus instrumentis"), in Ranieri de Perúgia, *Ars notaria*, ed. A. Gaudentio, in *Bibliotheca iuridica medii aevi. Scripta anecdota glossatorum*, v. II, Bononiae, Virano, 1892, p. 56.

[175] Orlandelli, *Petitionibus emphyteuticariis annuendo...*, cit., p. 58.

dúvida, os pioneiros também tinham receios, inércias, fidelidade plena às *leges*, atitudes que devem ser justificadas e compreendidas devido à grande preocupação que nutriam pela validade, à busca desesperada de um momento sólido de validade: é o caso de Irnério e da sua recusa a um costume ab-rogador.

Assim que a situação se torna mais organizada e que as vozes raras e esparsas se tornam um coro amplo e coeso, e que esse coro percebe o próprio peso social e político e toma consciência do seu papel, o glosador assume cada vez mais, na sua abordagem em relação às fontes justinianas, o caráter de *interpretatio* em vez de exegese. Obstinado, conforme vimos, o glosador se torna mais livre e franco, sua ação se faz mais corajosa e veloz e os fatos são enfrentados com imediatidade.

Já na segunda metade do século XII surgem as *quaestiones de facto emergentes*[176], indicando que a atenção se volta à sociedade, aos fatos, às novas figuras da práxis: problematizações teóricas são originadas pelos fatos da vida e os fatos da vida são elevados a objeto do discurso dos juristas.

No início do século XIII talvez seja possível vangloriar-se disso, como o faz o jurista beneventino Roffredo, que, num célebre prefácio à coletânea das suas *Quaestiones*, ostenta com satisfação a consciência pragmática, a origem da práxis, e quase confere valor programático à sua opção e à sua atitude[177].

---

[176] Sobre as *quaestiones de facto emergentes*, cf. M. Bellomo, "Legere, repetere, disputare. Introduzione ad una ricerca sulle 'quaestiones' civilistiche", in id., *Aspetti dell'insegnamento giuridico nelle Università medievali*, I, Le *quaestiones disputatae*, Reggio Calabria, Parallelo, 1974, pp. 16 ss.; Cortese, *Il rinascimento giuridico medievale*, cit., p. 61; id., "Tra glossa, commento e umanesimo", in *Studi senesi*, 104 (1992), pp. 469 ss. Pode ser também uma leitura proveitosa o antigo estudo de A. Solmi, *Alberto da Gandino e il diritto statutario nella giurisprudenza del secolo XIII* (ed. or. 1901), atualmente in id., *Contributi alla storia del diritto comune*, Roma, Foro Italiano, 1937, pp. 367 ss.

[177] "quia erat utilius quaestiones de facto emergentes tractare in sabbatis, quam illas scriptas domini Py [lei] recitare [...] quaestiones de facto emergentes, utiles ac fruc-

Com a obra de Roffredo – que tem data certa – estamos em 1215. No século que se surge diante de nós, não faz mais sentido continuarmos mencionando experimentos singulares: o comportamento se torna coletivo. Práxis judiciária, práxis notarial, costumes e também estatutos comunais (inclusive essa normatização inicialmente vista com muita desconfiança) passam a constituir objeto não secundário das preocupações dos teóricos. E logo chega o momento em que personagens ousados e conscientes executam grandes obras de sistematização, nas quais se dá espaço e voz – paralelamente ao direito justinianeu e ao novo direito canônico – à práxis e à legislação estatutária: eis a *Summa totius artis notariae* de Rolandino Passaggeri[178], o *Speculum iudiciale* de Guillaume Durante[179] e o *Tractatus maleficiorum* de Alberto Gandino[180].

---

tuosas et copiose tractatas ad rogatum meorum sociorum in scriptis redegi" ("Quaestiones sabbatinae", in *Selectae quaestiones juris variae*, Coloniae, 1570, prooemium, B.). Roffredo, professor na Universidade de Arezzo, vangloria-se da novidade de seu método em relação ao que se faz na Universidade de Bolonha, onde se discute – segundo ele – em abstrato, comentando as *quaestiones* do glosador Pílio de Medicina. Acusações injustificadas, mas que servem para sublinhar a convicta adesão dessa abertura à práxis.

[178] Que remonta à segunda metade do século XIII; é a obra-prima da literatura notarial da Idade Média, elevada a verdadeiro modelo seguido e imitado durante séculos. Nessa obra, Rolandino unia uma consistente preparação teórica com uma viva sensibilidade prática. Sobre Rolandino, figura significativa até mesmo da própria vida política de Bolonha do século XIII, ver o comentário de R. Ferrara na introdução a Rolandini Passagerii, *Contractus*, Roma, ed. R. Ferrara, Consiglio Nazionale del Notariato, 1983.

[179] Ampla *summa* teórico-prática do saber jurídico, em que o ponto de vista é sobretudo o processual. Essa obra teve grande êxito inclusive na práxis; não sem razão Guillaume Durante, prelado de origem francesa, mas que quase sempre atuou em Roma na segunda metade do século XIII, foi chamado de "o grande mestre dos advogados" (por Brugi, in *Per la storia della giurisprudenza – Nuovi saggi*, cit., p. 58).

[180] Sobre essa obra e sobre seu autor como criminalista, cf. H. U. Kantorowicz, *Albertus Gandinus und das Strafrecht der Scholastik*, v. I, Berlim, Guttentag, 1907, e v. II, Berlim, De Gruyter, 1926 (nesse segundo volume consta a edição do tratado).

14. Os sinais da continuidade: perfeição da comunidade e imperfeição do indivíduo

A Idade Média, inclusive do ponto de vista jurídico – tornamos a repetir por ser um dado característico –, é civilização plural. Pluralismo sob um aspecto duplo e bastante diferente: porque uma pluralidade de ordenamentos são individuados e se tornam realidade viva, ou seja, uma pluralidade de entes produtores de direito; mas também porque é na pluralidade que se apoia a sua construção, é à pluralidade que confia a sua ordem interna.

É esse segundo aspecto que aqui nos interessa, e é o tema-problema que já enfrentamos no momento da fundação da nossa experiência e que acreditamos identificar com a expressão: perfeição da comunidade e imperfeição do indivíduo.

Pois bem, a Idade Média é e continua a ser, durante todo o seu período, uma civilização plural. O momento sapiencial não nega as instituições do momento anterior, mas valoriza-as, dá-lhes consciência e embasamento, com uma robusta teorização. De resto, isso era evidente quando, na primeira parte, baseamo-nos em santo Agostinho e santo Tomás como testemunhos dos séculos V e XIII. Tomás, intérprete fiel e brilhante da mentalidade medieval, expressão elevadíssima da capacidade de sistematização do pensamento, chega ao cerne do problema quando reconhece a *perfectio*, ou seja, a autonomia, somente na macrocomunidade, na *civitas*; quando contrapõe a fragilidade, a não autonomia de cada indivíduo ou também da família – portadores, ambos, de interesses individuais, parciais enquanto *partes* de um todo orgânico – à *communitas perfecta*, o todo orgânico em que se realiza o bem comum[181].

---

[181] É o famoso texto da *Summa Theologica* (Prima Secundae, q. 90, a. 3, ad tertium), escrito sob a égide remota de uma passagem aristotélica da *Política*: "sicut homo est pars domus, ita domus est pars civitatis: civitas autem est communitas perfecta, ut dicitur in I. Politic. Et ideo sicut bonum unius hominis non est ultimus

A macrocomunidade, como personificação da *tota multitudo*, é também a encarnação mais completa do bem comum enquanto ordem e harmonia essencial entre criaturas socialmente diversas. Eis por que o individualismo é um vício completamente estranho à civilização medieval, seja na sua dimensão filosófica, sociopolítica ou jurídica.

Comportamentos individualistas surgem no século XIV – século de transição – e afloram naquelas correntes teológicas que se baseiam na vontade como dimensão caracterizadora, e com isso isolam – ou arriscam a isolar – o sujeito dos outros sujeitos e da comunidade. Do ponto de vista filosófico e religioso, com essas correntes já estamos num hemisfério novo, já enveredamos por um longo caminho que levará imperceptivelmente à revolução humanista e à revolução religiosa luterana: duas revoluções – ou melhor, dois aspectos de uma mesma revolução – que assinalam a convicção da autossuficiência do indivíduo, da sua *perfectio* (para seguir a terminologia de Tomás), do seu possível isolamento da comunidade, da sua capacidade de prescindir da comunidade, de dialogar sozinho com Deus, de ler sozinho os textos sagrados, de ser o eixo criador da sociedade.

Mencionamos os teólogos voluntaristas do século XIV como o embrião – ainda que latente – dessa enorme transformação, mas não devemos esquecer que serão precisamente esses mesmos teólogos – sobretudo Occam – a dar uma guinada nominalista à maior disputa filosófica da Idade Média e a sepultá-la: a dos universais. Esse grande debate, o mais importante da gnoseologia medieval, que vê os *speculatores* divididos entre realistas e nominalistas, tem

---

finis, sed ordinatur ad bonum commune, ita etiam et bonum unius domus ordinatur ad bonum unius civitatis, quae est communitas perfecta". É por isso, como assinalado acima, que os preceitos (*praecepta*) de um chefe de família não têm *proprie*, isto é, segundo uma acepção rigorosa, a qualidade de *lex*.

apenas um significado essencial que interessa de perto o cientista político e o jurista: a realidade individual é, por si só, perceptível? Ou precisa ser mediada por universais, ou seja, por gêneros e espécies, para ser percebida? Eu, por exemplo, preciso perceber a rosa como gênero para poder ter uma noção clara da flor, realidade concreta e individual, que tenho sobre a minha mesa? O pensamento medieval mais genuíno, na sua humildade cognoscitiva, crê na *realidade* desse instrumento de mediação que é o universal, instrumento de mediação, de filtro, inclusive de condicionamento para o conhecimento do indivíduo, para o contato direto do indivíduo com a realidade individual. Total coerência de uma civilização em que a especulação filosófica e a estrutura sociojurídica são uma só: se a gnoseologia medieval está voltada para o nível filosófico sobre o universal, a ciência política e a ciência jurídica inclinam-se para a comunidade: o primeiro e a segunda são os dois instrumentos necessários para que um indivíduo frágil e tímido possa exprimir-se adequadamente.

Estabelecidos esses pressupostos gerais esclarecedores, cabe-nos dar um passo adiante no que diz respeito às conclusões já indicadas na primeira parte, e, deixando o terreno teológico-filosófico, vamos adentrar especificamente no terreno jurídico para compreender as provas específicas dessa coerência. E o faremos de imediato: ainda que a dimensão da validade leve formalmente a exaltar o príncipe e sobretudo o modelo de príncipe, ou seja, o Imperador, o verdadeiro sujeito essencial, o protagonista mais oculto que evidente, mas onipresente, e que aflora continuamente, é o *populus*: um personagem singular ideal do palco histórico medieval, que podemos comparar àquele protagonista oculto, mas essencial, que na tragédia grega é o coro[182]. O *populus*, com-

---

[182] Nos primeiros tempos de *interpretatio* dos glosadores – tempos em que se exasperou a dimensão da validade – não faltam referências à chamada *lex regia de im-*

preendido na sua dimensão jurídica de comunidade organizada e que, graças ao seu ordenamento interior, realiza a própria unidade e se manifesta como unidade[183]; o povo como *universitas*.

O poder normativo por excelência cabe a ele; a *lex* é, sobretudo, *constituto populi*[184], ligada ao *consensus* da comunidade[185]. O *fragmentum de aequitate* que utilizamos mais acima, testemunho como é de uma reflexão jurídica principiante, já especifica essa ligação e, o mais importante, destaca nitidamente o *officium*, isto é, a função do *populus* como unidade orgânica – *perfecta*, nas palavras de santo Tomás – da função qualitativamente diversa – senão oposta – dos indivíduos: é o povo que tem a função de exprimir (*condere*) a *lex*, de interpretá-la, de difundi-la; aos indivíduos cabe apenas a observância da *lex* e da sua interpretação[186]. Planos diversos, funções diversas, finalidades diversas para a *universitas* e para os *indivíduos*.

---

perio, ou seja, à transferência de poderes do povo romano para as mãos do príncipe: mas logo essa antiga fundação começará a ruir sob a hipótese de que a transferência não fora total nem definitiva e que, portanto, o povo não abdicara totalmente; surge posteriormente a hipótese reducionista de que o príncipe se tornara, por sua capacidade, simplesmente um quase-representante (amplas referências em Cortese, *La norma giuridica*..., cit., v. II, pp. 129 ss. e 175 ss. Por último, de forma sintética, cf. id., *Il rinascimento giuridico medievale*, cit., p. 63). Não passará muito tempo e a essência absolutista da *lex regia* será relegada, sem nostalgia, aos porões. Seja como for, cabe-nos fazer uma observação: a *lex regia* assinalava – se considerada do ponto de vista do *populus* – dois aspectos, um positivo, ou seja, o poder originário de quem o exerce, e outro negativo, ou seja, a transferência. Sendo assim, mesmo quando invocada, é o aspecto positivo que se olha com simpatia, que se valoriza, que se sublinha.

[183] Calasso teve o mérito de insistir a esse respeito com ênfase, mas não sem razão, in *Gli ordinamenti giuridici..*, cit., pp. 272 ss.

[184] Por exemplo, na *Summa Trecensis*, cit., de legibus, n. 4.

[185] Exemplar a Glosa, *ad l. Ergo, de legibus* [D. 1, 3, 40], glo. Necessitas. Alberto Magno, no texto supracitado (p. 175), também definira a *lex* como *constituto populi* em vista do *consensus* que o *populus* é chamado a exprimir.

[186] *Fragmentum de aequitate*, cit., II: "universitas, id est populus, hoc habet officium singulis scilicet hominibus quasi membris providere. Hinc descendit hoc, ut legem condat, conditam interpretur et aperiat [...] singulorum autem officium est leges ipsas legumque interpretationem observare".

Mas é talvez o primeiro glosador quem inaugurou o novo curso de estudos, quem exprimiu com perspicácia a diversidade dos planos e centralizou seu núcleo recôndito e sua razão. Diz Irnério numa célebre glosa conhecida há tempos:

> populus universitatis iure praecipit, idem singulorum nomine promittit et spondet[187].

A *praeceptio*, isto é, o poder de disciplinar com regras normativas, não é um conjunto desordenado de homens, de uma multidão desvinculada, mas somente da multidão que o direito reuniu em unidade e que se apresenta, portanto, como autônoma. O terreno de expressão e de manifestação dos indivíduos, da multidão como soma de indivíduos, por sua vez, é outro, e é precisamente aquele das relações privadas entre esses indivíduos, concretizando-se muitas vezes numa troca recíproca de promessas.

Será um ensinamento constante: a doutrina mais madura irá vincular a *iurisdictio* somente à comunidade organizada. Os indivíduos podem ser muitos, mas, enquanto estiverem desarticulados, não lhes competirá nenhum poder normativo-judicial[188]; esse poder lhes caberá no momento em que "se habeant in unum corpus"[189], e então será um multiplicar-se de *iurisdictiones* em correspondência ao multiplicar-se das autonomias; tantas *iurisdictiones* quantas

---

[187] ("o povo, enquanto unidade orgânica, dispõe; enquanto soma de indivíduos, promete"). É a glo. Rei publice [a D. 1, 3, 1] publicada in Besta, *L'opera di Irnerio*, cit., v. II, p. 5. É um ensinamento que não permanecerá isolado (cf. Cortese, *La norma giuridica*..., cit., v. II, p. 121, nota 41).

[188] De extremo interesse – ao lado de outros textos citados por Vallejo, *Ruda equidad*..., cit., p. 60 – o texto de Sinibaldo Fieschi (séc. XIII), canonista munido de grande formação romanista: "singulorum autem consensus, puta unius vel duorum vel trium vel etiam multorum, dummodo non faciant universitatem civitatis, castri, burgi, vel villae, vel collegii alicuius ecclesiae, vel gratia professionis, vel negotiationis, non dat iurisdictionem ordinariam".

[189] É um texto de Jacques de Révigny citado em Vallejo, op. cit.

entidades autônomas, e serão *civitates, castra, burgi, villae*, conselhos eclesiásticos, conselhos profissionais[190], no ímpeto de um pluralismo jurídico vivo e concretizado.

Uma observação duplamente interessante. Vimos mais acima[191] que, num clima definitivamente antiabsolutista, os nossos juristas constroem um sistema de limites aos poderes do príncipe, forçando e até mesmo falseando a exegese textual. Cabe-nos agora compreender as reações desses juristas a um texto embaraçoso e aparentemente decisivo como a constituição do Código justinianeu, em que se reivindicava ao *solus imperator* o poder de *condere leges*. O espírito e a finalidade da norma antiga é afirmar o monopólio legislativo nas mãos do Imperador, mas os glosadores assim explicam: "solus imperator potest, id est ipse solus, nullus alius solus", "nulla alia persona singularis", "dictio solus excludit singularem personam, non popolum"[192], interpretando (e falseando intencionalmente) o antigo preceito como uma disposição que sanciona excepcionalmente para o Imperador esse poder solitário. O fato de que o príncipe sozinho pode legislar significa simplesmente que, segundo essa abordagem, apenas o príncipe, sozinho, solitariamente, pode legislar, poder que – normalmente – compete à comunidade, à pluralidade organizada em unidade.

---

[190] A enumeração é a do texto de Sinibaldo citado na nota anterior. Ver também a farta documentação sobre o tema da *iurisdictio* e estatutos dos ofícios fornecida por A. Padoa Schioppa, "Giurisdizione e statuti delle arti nella dottrina del diritto comune", *Studia et documenta historiae et iuris*, XXX (1964).

[191] Cf. p. 178.

[192] ("só o Imperador pode, isto é, apenas ele sozinho, nenhum outro sozinho; nenhuma outra pessoa tem esse poder como indivíduo singularmente considerado; a expressão 'só' exclui o indivíduo, não a comunidade organizada"). O primeiro é um texto de Acúrsio, o segundo e o terceiro são de Odofredo, glosador de Bolonha mais ou menos contemporâneo (podem ser encontrados com outros relevantes textos de comentadores in Vallejo, op. cit., pp. 210-4).

Exegese duplamente interessante, conforme dizíamos. Em primeiro lugar, porque confirma o nosso velho discurso: que os mestres medievais – inclusive os glosadores – são intérpretes e não exegetas, mediadores entre o texto antigo e a realidade que lhes é contemporânea, e mediadores tão presos à exigência de efetividade a ponto de não hesitarem sequer por um momento em violar o texto em nome das exigências da vida. De fato, o significado da constituição romana foi nitidamente alterado, conscientemente ajustado às necessidades de que o intérprete se faz portador.

O segundo motivo de interesse nos remete ao objeto específico desta seção: a interpretação distorcida do príncipe *solus conditor legis* confirma que, no ideário político-jurídico medieval, quem normalmente produz o direito é o *populus*, cada *populus*. A Idade Média é e continua a ser uma civilização plural, e o poder solitário do Imperador deve ser considerado uma exceção, um *unicum*: na normalidade dos casos o indivíduo, criatura imperfeita, necessita da *perfectio* de uma comunidade para poder exprimir-se no plano normativo, para poder exercer um papel ativo nesse plano.

Uma última observação, ainda que supérflua, sobre o nosso velho tema do costume: a predileção dos medievais, inclusive dos doutores, por essa fonte de direito repousa no vínculo que ela representa com a comunidade, no fato de propor-se como voz de uma comunidade, em exprimir uma pluralidade de comportamentos: *actus pluralis* – conforme a qualificam os mestres do direito – e assinalam desse modo o motivo mais profundo da sua obstinada inclinação.

CAPÍTULO SETE

PRESENÇA JURÍDICA DA IGREJA

1. A consolidação do direito canônico clássico: o "Corpus iuris canonici"

Nas últimas décadas do século XI, paralelamente a Yves de Chartres há um florescimento daquilo que os historiadores do direito chamam de "coleções canônicas", ou seja, coletâneas de textos autorizados, expressos e observados pela comunidade eclesial ao longo de toda sua vida; por vezes, como sabemos, são também tentativas de harmonização de materiais disformes e remoção de antinomias.

E depois, o novo século, com toda a carga de novidade de que é portador: de um lado, uma Igreja que sai vencedora da controvérsia com o Império, mais desejosa ainda de definir-se como ordenamento jurídico, de produzir um direito não mais ofuscado na teologia como aquele que – no início – servira de maneira notável à luta contra os heréticos; de produzir um direito com a mesma qualidade técnica do direito civil e, portanto, dotado de força expansiva em toda a sociedade; de produzir – orientar e condicionar – um valioso instrumento de controle da vida social; de outro lado, um renovado fortalecimento cultural que já é patrimônio difuso; uma reflexão jurídica que não é mais uma manifestação imprecisa de empiristas, mas análise científica, racional, rigorosa, solidamente fundada.

É nesse clima estimulante e a partir dele que, no novo século, toma forma, por volta de 1140, uma coleção canônica ulterior, uma outra obra de concordância, a obra de Graciano, cujo programa é claramente estabelecido no famoso título: *Concordia discordantium canonum*[1], harmonização de regras canônicas discordantes.

Seria outro elo da longa cadeia ao qual pertenceram o *Decreto* de Yves e vários experimentos com maior ou menor êxito? Sim e não. Graciano, assim como Yves, é um homem pertencente a duas épocas, mas os cinquenta anos – ou quase isso – que separam os dois personagens têm um peso decisivo: ambos, consolidadores do patrimônio do passado[2], distinguem-se por um comportamento psicológico diverso; se a ação do bispo de Chartres é voltada a identificar uma linha interpretativa que dê unidade e sentido aos testemunhos que chegam até ele, a obra de Graciano apoia-se numa psicologia mais ativa e é decididamente projetada em direção ao futuro. Há um olhar mais amplo, realmente abrangente, e há uma tentativa de sistematização mais orgânica, ainda que imperfeita; há um envolvimento mais pessoal e também uma reflexão mais autônoma do coletador que se exprime totalmente nos chamados *dicta*, ou seja, em comentários pessoais, muitas vezes de grande relevância teórica, que Graciano acrescenta aos textos colecionados.

Não poderia deixar de ser assim. Sobre o personagem Graciano sabemos pouquíssimo, tão pouco a ponto de deixar esse aguerrido

---

[1] Sobre Graciano e sua obra, uma síntese instrutiva é fornecida por P. Landau, verbete "Gratian", in *Theologische Realenzyklopädie*, v. XIV, Berlim, De Gruyter, 1984, pp. 124 ss.

[2] A *Concordia* de Graciano é também um repositório muito rico – sobretudo comparado às coleções anteriores – de cânones conciliares, decretais pontifícios, passagens de Santos Padres, textos de direito romano de Teodósio e de Justiniano, da *lex romana visigothorum*, de leis bárbaras, de capitulares carolíngios (ver o cuidadoso rol do impressionante material nos *prolegomena* de E. Friedberg à sua edição do *Decretum* e de todo o *Corpus iuris canonici*, Leipzig, Tauchnitz, 1879, reimpressão anastática, Graz, Akademischer Druck, 1959), pp. XIX ss.

e corajoso obreiro do direito canônico envolto numa atmosfera lendária: provavelmente era um monge, provavelmente era originário da Itália central. Mas um dado é certo e esclarecedor: ele atuou durante muito tempo em Bolonha, onde estudou, e em Bolonha respira o ar vivo e estimulante dos primeiros exercícios irnerianos e pós-irnerinos, das discussões e problematizações teóricas que, já naquelas cinco primeiras décadas do século, percorreram a cidade.

A *Concordia* de Graciano é bolonhesa, tem cidadania específica. Graciano, correspondendo à demanda que surge firmemente na Igreja pós-gregoriana, pretende fixar algo que sirva de fundamento a futuras elaborações mais elevadas e ambiciosas. A Igreja não tem um *corpus* justinianeu sobre o qual edificar uma *interpretatio*, nem as coleções anteriores, bastante disformes, podem ser utilizadas para tal escopo. É preciso sistematizar uma plataforma coerente, reduzida o máximo possível à organicidade, e é preciso apoiar o material com um projeto. Graciano consegue fazê-lo, ainda que de modo rudimentar, com instrumentos ainda imprecisos, como costuma ocorrer com os pioneiros.

Certamente, a *Concordia* – que posteriormente será mais conhecida como *Decretum, Decretum magistri Gratiani* – é a primeira consolidação completa do direito da Igreja, se entendermos por consolidação não uma coletânea material de textos, mas uma seleção histórica governada por uma articulação sistemática. Se o *Decretum* de Yves foi definido como um repositório de textos[3], a *Concordia* de Graciano é algo qualitativamente diverso, fruto de tempos novos e de um personagem em grande sintonia com o presente, que adota o ensino da dialética abelardiana, que se põe a ouvir o debate dos primeiros glosadores.

---

[3] Segundo Paul Fournier, citado por Landau, *Ivo von Chartres*, cit., p. 423.

E há sobretudo um direito canônico descarnado dos redundantes e embaraçosos tecidos teológicos, já reduzido a norma técnica de uma *societas iuridice perfecta*, norma autônoma em todas as suas singularidades. Inicia-se com Graciano aquele itinerário contínuo, sem interrupções, que conduzirá diretamente – através da Idade Média tardia e dos períodos tridentino e pós-tridentino – ao primeiro Código do direito canônico de 1917: a Igreja jurídica como *societas inaequalis*, o direito canônico construído como *Klerikerrecht*, um direito de padres[4], em que uma casta superior – os ordenados *in sacris* – é titular de todos os poderes e o *populus fidelium* é destinatário do zelo pastoral, mas particularmente dos poderes quase exclusivos dos presbíteros. Em suma, Graciano oferece à Igreja pós-gregoriana uma armadura jurídica compacta para enfrentar o século, dominá-lo; oferece, em todo o seu valor, uma grande arma – a do direito – à política teocrática do Pontificado romano.

A consolidação de Graciano obteve sucesso em toda a Europa. Graciano se impôs a todos como *magister*, o mestre por excelência. Foi bem-sucedido na práxis e também um estímulo para a criação e o desenvolvimento de uma escola de intérpretes – os decretistas – com contribuições muitas vezes de notável qualidade especulativa. E é relevante observar que o sucesso não decorreu de ser a *Concordia* voz oficial do poder eclesiástico; ao contrário, a obra de Graciano nasce das bases, é e permanece como iniciativa privada de um operador que encontra o próprio estímulo no clima histórico circunstante e nas exigências circulan-

---

[4] "Die katholische Kirche ist die Kirche des Klerus" [A Igreja católica é a Igreja do clero] é a conclusão reducionista com que um notável historiador alemão do direito canônico, o protestante Ulrich Stutz, rotulou o Código de 1917, naquela que é a primeira análise científica autorizada da nova produção legislativa: *Der Geist des Codex iuris canonici. Eine Einführung in das auf Geheiss Papst Pius X. Verfasste und von Papst Benedikt XV. erlassene Gesetzbuch der Katholischen Kirche*, Stuttgart, Enke, 1918, p. 85.

tes, responde e corresponde plenamente a essa exigência e em tal correspondência funda o próprio êxito.

Depois de Graciano, e graças ao seu *Decretum*, abre-se – conforme dissemos – um momento de extraordinária vitalidade especulativa: sobre os fundamentos de Graciano começa-se a construir aquele que não por acaso é chamado de "direito canônico clássico", ou seja, um conjunto de análises científicas, de intervenções normativas, de atividades práticas em que se exprime com plena maturidade a consciência da originariedade e originalidade de um ordenamento, realizando-a num conjunto de institutos típicos, num sistema completo.

Dissemos "intervenções normativas", como efetivamente o são. Depois de Graciano há uma presença mais ativa da autoridade central da Igreja, já empenhada frontalmente numa construção jurídica. O novo direito canônico, paralelamente ao caminho da ciência, que é o instrumento mais congenial em que se exprime a juridicidade tardo-medieval, encontra um canal privilegiado de fluxo na atividade normativa dos Pontífices.

A época pós-graciana é um período de decretais. O direito canônico, centralizando-se e oficializando-se, mostra-se cada vez mais como *ius decretalium*, um direito feito de decretais, e como tal será chamado até a entrada em vigor do *Codex* de 1917[5].

Decretalis, decretal, é um adjetivo e significa – *grosso modo* – decisório. Subentende o substantivo *epistola*, carta. Pelo que, decretal é uma carta decisória, como é óbvio, do Pontífice Romano; é a resposta papal – como a define o decretista Sicardo de Cremona – acerca de uma dúvida proposta à Sé Apostólica[6].

---

[5] E intitula-se *Ius decretalium* o último grande estudo do *ius vetus*, lançado apenas alguns anos antes do *Codex*, de autoria do jesuíta F. X. Wernz (Prati, Giachetti, 1911-15).
[6] "Decretalis epistola, idest responsio domini Pape super aliquo dubio negocio" (citado por C. Lefebvre, "Formation du droit classique", in G. Le Bras (org.), *Histoi-*

A decretal é fonte singular em vários aspectos e de grande interesse para o jurista. Em primeiro lugar, porque demonstra claramente a inexistência de uma divisão de poderes na Igreja. Como carta, a decretal poderia parecer um ato administrativo; como decisão de um caso concreto submetido à atenção do Papa, poderia parecer uma sentença; como provimento destinado a exorbitar a esfera dos fatos singularmente considerados e a regular casos análogos – ou seja, destinada a adquirir uma relevância autenticamente normativa –, poderia parecer uma lei. Também aqui é necessário fazer nossa recomendação metodológica tantas vezes indicada nestas páginas: isto é, renunciar ao ponto de vista "moderno" e seu respectivo patrimônio mental, que poderiam ser apenas causa de equívocos. O Pontífice é síntese de poderes na Igreja; possui uma *plenitudo potestatis*, e a decretal é simplesmente o ato que formalmente a exprime e a realiza, ou seja, é o espelho de um personagem que é – conjuntamente – governador, juiz e legislador supremo na Igreja e cujos atos podem ser – ao mesmo tempo – ato administrativo, sentença e lei.

Um segundo aspecto que torna interessante essa singular fonte canônica é a índole casuística, pelo que o direito canônico é a fusão única entre estímulos que chegam do concreto, da práxis, do pluralismo da práxis, e função centralizadora e unificadora da Sé Apostólica.

É um fato inegável que, depois de Graciano, sobretudo com o pontificado do papa Alexandre III (1159-1181)[7], que é também um grande jurista, o número das decretais se intensifica[8], o eixo

---

re du droit et des institutions de l'Eglise en Occident, v. VII, *L'age classique*. 1140-1378. *Sources et théorie du droit*, Paris, Sirey, 1965, p. 136).

[7] Sobre Rolando Bandinelli, notável decretista, posteriormente papa com o nome de Alexandre III, cf. F. Liotta (org.), *Miscellanea Rolando Bandinelli – Papa Alessandro III*, Siena, Accademia Senese degli Intronati, 1986.

[8] Lefebvre, *Formation du droit classique*, cit., pp. 139 ss.

EDIFICAÇÃO DE UMA EXPERIÊNCIA JURÍDICA · 255

de sustentação normativo se desloca para a atividade pontifícia como fonte de direito. E é compreensível por que, nos primeiros decênios do século XIII, já existam algumas tentativas de coletânea desse material normativo, já tão relevante, e por que o Pontífice Gregório IX (1227-1241), que acabou de ascender ao trono pontifício, confie ao canonista catalão Raimundo de Penyafort a tarefa de avaliar, reunir e sistematizar, de modo orgânico, o grande volume de decretais[9] que se acumularam até ele e que representavam a nova feição do direito canônico, depois da reviravolta de Graciano, no seu esforço de erigir-se a norma técnica de uma Igreja dominadora e em expansão. Disso resultou aquela coletânea conhecida como *Decretalium Gregorii IX. compilatio*[10], que, promulgada em 1234, enviada por Gregório às Universidades de Bolonha e de Paris, representava o sinal da maturidade canonística, a feição já aperfeiçoada do direito canônico clássico, no mais, sua feição oficial.

O material normativo, dividido em cinco livros, fora articulado por Raimundo segundo uma ordem lógico-sistemática que refletia em grande parte aquela do *Corpus* justinianeu. É evidente o modelo seguido: também para o direito canônico, o velho direito romano justinianeu oferece a sua terminologia rigorosa, os seus instrumentos técnicos refinados, os seus enquadramentos sistemáticos. A influência do direito romano como saber sistemático e organizativo é forte sobre os canonistas, e não apenas aqueles medievais[11], mas não se deve enfatizar – como fizeram

---

[9] Fontes de outro tipo representam uma quantidade irrisória em relação à grande quantidade de decretais.

[10] Os autores antigos citavam-na como *Decretales Gregorii*, ou simplesmente *Decretales* (as decretais por excelência), ou também *Liber extra*, isto é, *Liber extravagantium*, ou seja, coletânea de fontes não incluídas no Decreto de Graciano.

[11] Pensemos no êxito, junto aos canonistas, da tripartição romana "personae-res--actiones": em meados do século XVI, é o arcabouço com que Giovan Paolo Lan-

alguns[12] – uma influência que não parece diferente daquela exercida sobre glosadores e comentadores, e que se concretiza sobretudo na linguagem específica e técnica construtiva; principalmente nos canonistas, que não necessitavam – como os pobres civilistas – de um modelo de validade e que tinham de lidar com fundações totalmente próprias e peculiares de cunho pastoral como a *salus aeterna animarum* e a *ratio peccati vitandi*.

A atividade sistematizadora pontifícia não parou por aí: em 1298, o papa Bonifácio VIII promulgou uma nova coletânea de decretais e atos conciliares, o chamado *Liber sextus decretalium Bonifacii papae VIII*; *Liber sextus*, porque se situava formalmente como continuação dos cinco livros da coletânea gregoriana. Em 1317, outra coletânea foi promulgada por João XXII, que, com base no nome do Papa que a promovera e realizara, Clemente V, foi chamada de *Clementinae*.

Com a publicação das *Clementinae* encerra-se, ao menos no nível oficial, o grande esforço da Igreja medieval de constituir um corpo normativo adequado, e está por encerrar-se também a época do direito canônico clássico como momento de edificação, no plano normativo, e momento criativo, no plano doutrinal. A ciência canonística continuará a esboçar arquiteturas intelectualmente robustas por todo o século XIV[13], ao passo que, no nível

---

celotti constrói suas *Institutiones iuris canonici*, estudo doutrinário com caráter semioficial, quase como as antigas *Instituições* de Justiniano, e modelo de muitas experiências posteriores; o Código de 1917 irá adotá-la e, para respeitá-la, chegar-se-á a inserir no livro três, "de rebus", toda a matéria sacramental.

[12] Por G. Le Bras em várias contribuições, mas conclusivamente in *Droit romain et droit canon au XIIIᵉ siècle*, Roma, Accademia Nazionale dei Lincei, 1967 (Problemi attuali di scienza e di cultura, Caderno n. 92).

[13] Podemos lembrar os nomes de Giovanni d'Andrea, Pietro d'Ancarano, Antonio da Budrio, Francesco Zabarella, e, ainda em pleno século XV, o grande nome de Niccolò de' Tedeschi (o Panormitano), e, posteriormente, os de Giovanni d'Anagni, Andrea Barbazza, Felino Sandeo e Mariano Socini, o velho.

normativo, não haverá iniciativas oficiais ulteriores. As duas coletâneas posteriores existentes, as chamadas *Extravagantes Iohannis XXII* e as chamadas *Extravagantes communes*, além da modéstia das suas contribuições, são compilações totalmente privadas.

Pode ser interessante ao leitor um esclarecimento: no início do século XVI todo esse material heterogêneo, constituído de fontes oficiais e não oficiais, ou seja, o Decreto de Graciano, as Decretais gregorianas, o Sexto de Bonifácio, as Clementinas, as Extravagantes de João XXII e as Extravagantes comuns, será reunido numa grande coletânea que receberá a qualificação, de cunho romano, de *Corpus iuris canonici*. E será o *Corpus iuris canonici* a principal fonte da Igreja até 1917.

A partir do século XVI já se manifestam demandas maiores e diversas: inicialmente, o protesto religioso e as novas confissões reformadas; depois, o confronto, e muitas vezes o embate, com aquele novo sujeito político embaraçoso que é o Estado moderno e, por fim, o embate frontal com as demandas secularizadoras, que surgem cada vez mais na sociedade e na cultura modernas, obrigam a Igreja a pensar diferente, a defender-se no plano da ortodoxia e da estrutura disciplinar. As tentativas de sistematização do próprio material normativo – que cresce e se acumula com o tempo – são modestas e frustram a todos. Será preciso esperar o final do século XIX, no movimento geral de codificação em todo o mundo, visando remediar os grandes problemas de certeza normativa, para que se pense num Código também para o direito canônico.

2. "Aequitas canonica"

Na primeira parte, na tentativa de abordar o nascimento e o desenvolvimento do direito canônico no primeiro milênio como criação jurídica totalmente peculiar, sob a égide de Yves de Chartres como sintetizador de um longo itinerário, centramos o olhar numa dialética de contrários que caracteriza o *ius ecclesiae*: de um lado, uma espécie de direito "constitucional" imóvel e perpétuo, o direito "divino"; de outro, o mutável, o elástico direito "humano", pronto a se adequar, por motivos pastorais, por força da sua instrumentalidade, àquilo que os lugares, os tempos, as motivações e as circunstâncias diversas requeriam. E nas páginas do *Prologus* de Yves, nas muitas fontes esparsas citadas por ele, há uma repetição contínua de termos-conceitos como *temperantia* e *relaxatio*, sinais de uma norma que deve servir aos homens pecadores no caminho para a salvação, a custa de chegar até a ser anulada.

Tal atitude é uma constante no direito canônico desde sempre, ligada à sua pastoralidade e, portanto, à sua instrumentalidade; e a encontramos intacta por todo o direito canônico clássico em Graciano, na produção contínua das novas decretais e nas reflexões científicas de decretistas e de decretalistas. Com a seguinte particularidade: os reclamos à temperança e ao enfraquecimento da norma deixam o vazio de noções apenas esboçadas e tornam--se algo mais preciso, mais tecnicamente preciso; tornam-se *aequitas, aequitas canonica*[14].

Tomemos como exemplo Graciano, que reúne cuidadosamente um grande número de textos autorizados com conteúdo nitidamente "relaxante"[15] e que fixa com precisão, em dois *dicta*, os planos bastante diversos em que se articula a juridicidade eclesiástica. Vamos ouvi-lo:

---

[14] Útil como inventário de textos o vetusto volume de E. Wohlhaupter, *Aequitas canonica. Eine Studie aus dem kanonischen Recht*, Paderborn, Schöningh, 1931. Não é particularmente claro o capítulo que lhe dedica Lefebvre, in *L'age classique*, cit., pp. 406 ss.
[15] Ver sobretudo a *distinctio* XXIX da *prima pars*, inteiramente dedicada às variações da *regula* de acordo com as diversidades dos tempos, lugares, pessoas e causas.

Naturale ius ab exordio rationalis creature incipiens [...] manet immobile[16].

Valet ergo [...] Sancta Romana Ecclesia quoslibet suis privilegiis munire et extra generalia decreta quedam speciali beneficio indulgere, considerata tamen rationis equitate, ut que mater iusticiae est in nullo ab ea dissentire inveniatur[17].

Dialética de contrários: o direito natural, instilado pelo próprio Deus desde o princípio dos séculos na essência da consciência humana e que se identifica numa opção tipicamente racional, portanto, imóvel, perpétuo e inatacável por forças históricas; o direito humano, que a Santa Igreja não enrijece em regras absolutamente gerais, mas varia de acordo com a exigência da *ratio aequitatis*, princípio supremo do qual ela não pode se afastar porque é garantia de efetiva justiça. A Igreja, que é mãe da justiça, deve ser fiel à equidade, que é instrumento indispensável da justiça[18].

E falarão obsessivamente de *aequitas* todas as grandes decretais do período clássico, que surgem a partir de casos práticos, de questões empíricas dos operadores eclesiásticos, e nas quais a elasticidade e a versatilidade da regra canônica encontram verificações pontuais. Será Honório II (1124-1130), no momento imediatamente pós-gregoriano, quem irá contrapor à rígida coerção das

---

[16] ("O direito natural, que tem início com o surgimento da criatura racional sobre a terra, [...] permanece imóvel"), *Decretum magistri Gratiani*, ed. Friedberg, prima pars, distinctio VI, can. III, dictum.

[17] ("A Santa Igreja Romana pode reservar um tratamento especial a pessoas e avaliar alguns fatos de modo particular para além das normas gerais positivas; isso não por arbítrio, mas pela atenção que dedica às razões de equidade, de tal modo que ela – que é mãe da justiça – desta não se afasta por nada"), ibid., secunda pars, causa XXV, quaestio I, can. XVI-dictum, § 4.

[18] Cf. J. Gaudemet, *Equité et droit chez Gratien et les premiers décrétistes* (ed. or. 1966), atualmente in id., *La formation du droit canonique médiéval*, Londres, Variorum Reprints, 1980.

normas civis a *aequitas* dos sagrados cânones[19]; e Alexandre III, o jurista, advertirá sobre "iuxta iuris aequitatem procedere", já que *aequitas* é a consideração racional das peculiaridades dos casos singularmente considerados[20]; e Inocêncio III (1198-1216), o precursor da teocracia papal, não se cansará de convidar a agir "aequitate suadente"[21], a sopesar tudo à luz da equidade ("aequitate pensata")[22], e irá glorificar-se de percorrer sempre "o caminho da equidade"[23]; Honório III (1216-1227) apontará a *aequitas* como critério seguro para todo superior eclesiástico e a confirmará dignamente como fonte formal do direito na sua veste de instrumento apto a preencher eventuais lacunas da lei positiva:

> In his vero, super quibus ius non invenitur expressum, procedas aequitate servata, semper in humaniorem partem... declinando secundum quod personas et causas, loca et tempora videris postulare[24].

Portanto, apelos contínuos à *aequitas*; a *aequitas* como modelo de ação proposto aos detentores do poder na Igreja, para o exercício correto desses poderes.

Nada disso é novidade, e na primeira parte vimos o grande espaço da dimensão equitativa na sociedade eclesial do primeiro período medieval. Aqui, no entanto, tudo se intensifica, especifi-

---

[19] "non ex legum districtione, sed ex canonum aequitate" (*Decretales*, ed. Friedberg, 2,7,2).

[20] "[iudex] debet tamen rationabiles exceptiones admittere et in causa iuxta iuris aequitatem procedere" (*Decretales*, I, 29, 13).

[21] *Decretales*, I, 29, 24.

[22] *Decretales*, I, 41, 6.

[23] "nos autem per aequitatis semitam incedentes" (*Decretales*, I, 29, 26).

[24] ("Onde o direito positivo não prevê expressamente algo, deve-se proceder sempre com respeito à equidade, sempre inclinando-se para a solução mais benévola, levando em consideração o que requerem as diversidades das pessoas e das causas objetivas, dos lugares e dos tempos") *Decretales*, I, 36, 11.

ca-se e também adquire tecnicidade: a *aequitas*, de vago ideal de justiça efetiva, torna-se princípio geral e instituto basilar de uma ordem jurídica, torna-se até mesmo fonte formal do direito.

Não há dúvida de que é forte a influência da escola civilista de Bolonha, que desde os primeiros glosadores, desde o próprio Irnério, vira na *aequitas* uma válvula de segurança e um meio dinâmico de adequação; não há dúvida de que justamente a *aequitas*, assim como os bolonheses a construíram, com aqueles caracteres de decisiva factualidade, fosse convincente para o legislador canônico.

Os fatos, os fatos particulares, possuíam força suficiente para dobrar a rigidez do *strictum ius*: isso era bastante apropriado para um direito canônico humano que durante séculos fora estruturado como material flexível. Os glosadores falavam a mesma linguagem: bastava apenas dar um conteúdo espiritual aos fatos invocados pelos civilistas, enquadrar normas e fatos na visão tipicamente pastoral de uma sociedade religiosa, e a *aequitas* podia constituir--se como o eixo, o código secreto, a constituição material de todo o ordenamento da Igreja.

Assim foi: a equidade canônica é o edifício que nasce das pedras acumuladas pelos bolonheses; pedras, todavia, cimentadas e compostas numa arquitetura abrangente que as transfigura completamente. A equidade canônica assume, para sua construção, estímulos e materiais provenientes da análise jurídica laica, mas os descaracteriza segundo suas finalidades específicas. É a *ratio peccati vitandi*, é o *periculum animae* que – não digo – legitimam, mas até exigem a *aequitas*[25]; que a impõem como princípio constitucional não escrito do direito canônico; que a constituem não como poder discricionário do juiz e do superior, mas como dever

---

[25] Esclarecedoras as páginas de P. Fedele, verbete "Equità canonica", in *Enciclopedia del diritto*, v. XV, Milão, Giuffrè, 1966.

elementar e imprescindível. Nessa roupagem, a equidade canônica – realidade intangível, que pode talvez emergir à superfície das normas, mas que na maioria das vezes é latente, subjacente a toda norma canônica, invisível porém bastante presente – é a verdadeira fonte do direito, a primeira fonte do direito por ser a própria voz da divindade. De fato, "nihil aliud est aequitas quam Deus"[26].

Mais acima citamos uma famosa decretal de Honório III que aponta a equidade como fonte de integração. No entanto, ela é fonte também em outro sentido, um sentido que pode parecer suicida e escandaloso para olhos imbuídos de consciência laica: o juiz, se *aequitas suadet*, movido pela equidade e graças a ela, preenche as lacunas da lei positiva; tem, todavia, o poder-dever de não aplicar a lei positiva se, no caso específico que lhe é submetido, a considera *peccati enutritiva*, ou seja, motivo de um risco ou de um dano espiritual para os sujeitos que tem diante de si[27].

É o homem pecador, é sua salvação eterna, é a razão fundamental de evitar a ocasião de pecado que pressionam e forçam o ordenamento canônico a opções que, vistas de fora, podem até parecer subversivas. O direito canônico humano tem em sua elasticidade sua principal característica; a sagrada hierarquia – à qual compete o momento aplicativo – aplicará ou dispensará, atenuará ou endurecerá, conforme as circunstâncias em que a regra geral incide e se concretiza, conforme a exigência da *ratio aequitatis*.

3. O limite extremo do "caminho" equitativo: "dissimulatio" e "tolerantia" canônicas

O "caminho da equidade" não consiste numa boa imagem literária, mas provém, como vimos pouco mais acima, da chancela

---

[26] Id., "Nihil aliud est aequitas quam Deus", in *Etudes d'histoire du droit canonique dédiées à Gabriel Le Bras*, Paris, Sirey, 1965.

[27] Nisso insiste com razão – documentando – Fedele, "Equità canonica", cit., p. 151.

de Inocêncio III. A imagem do caminho é bem elaborada, pois sublinha que a dimensão da equidade canônica é um território vasto onde, ao adentrar, deparamo-nos com manifestações equitativas cada vez mais intensas. É no seu limite extremo que encontramos a *dissimulatio* e a *tolerantia*, dois institutos exclusivos e típicos do direito canônico, que representam o limite último a que chega o princípio da *aequitas* ao buscar uma justiça que tem fundamentos especificamente pastorais e que, aos olhos laicos, pode parecer uma monstruosidade repugnante.

Mas vejamos de imediato o que se entende quando, no direito canônico clássico, fala-se precisamente de *dissimulatio* e *tolerantia*: o comportamento esquivo de um superior eclesiástico diante de um ilícito com o objetivo de evitar um mal maior[28].

E vamos corroborar essa pequena definição com um exemplo esclarecedor: Alexandre III, o grande jurista, um dos protagonistas mais ativos do novo direito canônico como direito de decretais, interpelado pelo bispo de Exeter sobre o comportamento a ser seguido diante de alguns subdiáconos que haviam ousado contrair matrimônio contrariando a lei eclesiástica sobre o celibato de todos os ordenados *in sacris* (e, portanto, também dos subdiáconos), assim responde: é preciso indagar da parte do prelado a qualidade da vida daqueles antes das uniões matrimoniais imputadas; se se comprovar que tinham uma vida castigada a ponto de se prever que, se obrigados a deixar a companheira, observarão a castidade, então deverão ser obrigados a isso; se a vida pregressa deles era desregrada, de modo a se prever o risco de que, sem a companheira, haverá uma frequentação mais escandalosa com outras mulheres, então "tu id dissimulare poteris et pro gra-

---

[28] Cf. G. Olivero, *Dissimulatio e tolerantia nell'ordinamento canonico*, Milão, Giuffrè, 1953.

viori lapsu vitando, quod insimul maneant sustinere"[29], ou seja, o prelado poderá ter um comportamento esquivo, dissimulador e tolerante a essas uniões, certamente com o único propósito de evitar uma situação pecaminosa de maior gravidade.

Sem condenações gerais nem aplicações generalizadas da regra canônica, mas uma aplicação flexível baseada em circunstâncias específicas, desprovida de um rigor formalmente igualitário, ajustada às fragilidades do *homo viator*, em respeito às quais – por finalidades pastorais das quais é árbitra a sagrada hierarquia – pode chegar até a ser suprimida.

Não se suprime – que fique bem entendido – a norma, mas sim a aplicação rigorosa da norma, se for o caso. O ilícito permanece e pode comportar aplicação sancionadora severa num caso análogo, chegando a uma violação aparentemente repugnante da igualdade formal, como no exemplo dos subdiáconos ingleses decidido por Alexandre III; os castos receberão tratamento rigoroso, ao passo que os desregrados serão tratados de modo permissivo. Na economia da ordem pública da Igreja, permanece a laceração representada pelo ilícito; o *periculum animae* e a *ratio peccati vitandi* – sempre em relação ao fim supremo e premente da salvação eterna –, ou seja, as fundações pastorais da equidade canônica impõem a desigualdade formal e o escândalo aparente do pecador "tolerado" e do justo "punido".

A *dissimulatio* é a aplicação extrema, no campo do direito, da opção do Cristo apontada no Evangelho, que negligencia os noventa e nove justos e se ocupa apenas da ovelha perdida. Nessa visão, na visão da Igreja, o pecado e o ilícito não são abstrações que comportam punições abstratas. Existe acima de tudo o pecador a ser conduzido a salvo ao Reino, não se esquecendo sequer por um instante a sua carga de fragilidades humanas.

---

[29] O texto é reportado em ibid., p. 31.

Certamente, *dissimulatio* e *tolerantia*, como comportamentos da sagrada hierarquia, permitem a permanência de um ilícito no tecido social da Igreja, representam realmente o limite extremo a que a visão equitativa pode conduzir numa perspectiva nitidamente canônica e a extrema aplicação do princípio da elasticidade.

4. Incidências canonistas: equidade canônica, "simplicidade canônica" e teoria do contrato

Na presente seção, assim como na próxima, pretendemos sublinhar a notável influência do direito canônico clássico no desenvolvimento de toda a juridicidade ocidental, muito além – portanto – dos limites fechados do ordenamento da Igreja[30]. Só os que se obstinam numa falta de conhecimento comum podem ver no direito canônico apenas um arsenal de noções e institutos teologizantes dotados de algum interesse unicamente para o fiel; ao contrário, como procuramos demonstrar, o direito canônico é também (ou se traduz também em) uma mentalidade jurídica. A posição central da equidade canônica, verdadeira norma constitucional não escrita; o sentimento constante da variabilidade do direito humano; a consequente e necessária elasticidade deste e o papel relevante do juiz aplicador são pontos indiscutíveis que ultrapassam os limites restritos da sociedade eclesial, penetrando na ordem jurídica da sociedade civil, estimulando-a e permeando-a.

Isso pode ser facilmente intuído no caso do direito medieval, que tem como base uma fusão perfeita e harmônica entre dimen-

---

[30] Para a Europa continental, ver as proveitosas sínteses de P. Landau, "Der Einfluss des kanonischen Rechts auf die europäische Rechtskultur", in R. Schulze (org.), *Europäische Rechts- und Verfassungsgeschichte*, Berlim, Duncker & Humblot, 1991, e de K. W. Nörr, "Il contributo del diritto canonico al diritto privato europeo", in R. Bertolino, S. Gherro, L. Musselli (org.), *Diritto canonico e comparazione*, Turim, Giappichelli, 1992; para os países de *common law*, cf. R. Van Caenegem, *The Birth of the English Common Law*, Cambridge-Londres, Cambridge U.P., 1973, e também J. H. Baker, *An Introduction to English Legal History*, Londres, Butterworths, 1990³.

são religiosa e civil, mas também pode ser identificado em percursos aparentemente distantes e que levam bem mais longe: apontou-se, por exemplo, uma influência determinante no surgimento e no desenvolvimento da *common law*[31] da área anglo-saxônica e não se deixou de precisar o peso da noção de *aequitas canonica* sobre a de *equity*[32].

Ora, nossa tarefa é intencionalmente mais modesta e pretende apenas relacionar certas peculiaridades do direito canônico a alguns desdobramentos decisivos da mentalidade jurídica no Ocidente, mostrando a precisa ligação entre aquelas e estes. Os exemplos poderiam ser vários, mas selecionamos dois, de particular interesse para o historiador do direito: o primeiro, tendente a ressaltar a influência da equidade canônica na evolução da teoria do contrato; o segundo, tendente a destacar a contribuição decisiva das raízes teológicas do direito canônico, da familiaridade deste com as noções teológicas, para a criação de uma teoria da pessoa jurídica.

O primeiro pretende levar o leitor a refletir sobre o tema-problema da eficácia dos pactos nus, tão rebatido e discutido por ter-se tornado quase um lugar-comum, muitas vezes enfatizado e por vez também distorcido, mas que nos é útil pela intensidade de seus conteúdos equitativos.

Para maior clareza, vamos repetir onde reside o problema histórico-jurídico: na doutrina de Justiniano qualifica-se como "pacto nu" (*pactum nudum*) uma convenção que não é prevista pelas formas prefixadas nem inserida num dos tipos causais pre-

---

[31] Van Caenegem, op. cit., passim.
[32] L. De Luca, "'Aequitas' canonica ed 'equity' inglese", in *Ephemerides iuris canonici*, III (1947); E. Wohlhaupter, "Der Einfluss naturrechtlicher und kanonistischer Gedanken auf die Entwicklung der englischen Equity", in *Acta Congressus Iuridici Internationalis*, v. II, Roma, Pontificium Institutum Utriusque Iuris, 1935.

vistos pelo ordenamento geral; portanto, não é capaz de transferir direitos nem há ação processual para sua tutela.

É uma doutrina que exprime com clareza o severo controle, por parte do Estado, sobre a autonomia dos particulares coarctada nos canais necessários e obrigatórios de formas rígidas e de tipos contratuais igualmente rígidos. Tal comportamento transmite-se do direito justinianeu ao direito comum medieval e entra necessariamente em contato com o universo jurídico canônico: aqui, em contato com um mundo dominado por uma visão instrumental do direito e impregnado por uma valoração totalmente substancial das estruturas jurídicas, esse patrimônio começa a ser impiedosamente analisado à luz da equidade canônica e, por conseguinte, passa a se deteriorar.

Entre os canonistas e os historiadores do direito houve e há um debate acalorado sobre a dimensão dessa deterioração e sobre suas consequências no âmbito processual, ou seja, sobre o alcance do reexame canonista no que diz respeito à tutela jurídica de um pacto nu[33]. É um debate que nós, neste livro e para nossos objetivos, deixaremos de lado, satisfeitos apenas com o destaque que queremos fazer: é justamente à luz da equidade canônica que a doutrina dos *pacta nuda* se mostra insatisfatória e é superada.

O *pactum*, mesmo o mais rudimentar e o mais desprovido de formas, enquanto livre convenção entre duas ou mais partes, representa uma confiança recíproca que deve ser respeitada. A utilização da falta de observância às formas ou da violação à obrigatoriedade de tipicidade para frustrar o compromisso assumido contraria os princípios moralmente imperativos da boa-fé e da

---

[33] Uma exposição detalhada do debate está em Fedele, *Lo spirito del diritto canonico*, cit., p. 697.

responsabilidade como consequência do compromisso; entra em jogo o *periculum animae*, o rigor legalista torna-se *peccati enutritivus*; ou seja, deflagram-se os pressupostos da equidade canônica, formidável força subversiva da ordem formal, mas força restauradora de uma ordem substancial mais relevante.

O rigorismo totalmente legalista da irrelevância dos pactos nus não pode deixar de ser abandonado: não por tutelar o livre consentimento, a vontade livre dos contraentes, como por vezes se afirmou[34], antecipando arriscadamente nos canonistas medievais perspectivas próprias da futura teoria iluminista do contrato e totalmente estranhas à visão da Igreja, sempre suspeitando das liberdades individuais não funcionalizadas, mas sim para garantir o respeito à palavra dada, para reivindicar a responsabilidade, antes moral e depois jurídica, do compromisso assumido, em nome de uma boa-fé que deve permanecer como regra indefectível de toda convenção.

Os formalismos desabam diante do estratagema da equidade canônica como os muros de Jericó ao som das trombetas de Josué. O *pactum*, todo *pactum*, segundo Baldo, ainda que desprovido de formas, para o canonista é munido, corroborado por seu conteúdo de equidade natural[35]. Isso é suficiente para o direito canônico, que prefere não se distanciar dos caminhos equitativos, cuja visão dos instrumentos jurídicos é sempre simples e substancial, nunca formalista.

É o grande canonista Guido de Baisio, atuante no início do século XIV, quem invoca o que ele eficazmente chama de *simplicitas canonica*, a simplicidade canônica que está na essência das

---

[34] Por exemplo, por Roussier (v. as críticas bem fundamentadas em ibid., p. 703).
[35] "secundum communem opinionem canonistarum et veram ad roborandum pactum sufficit aequitas naturalis" (citado por F. Spies, *De l'observation des simples conventions en droit canonique*, Paris, Sirey, 1928, p. 82).

coisas e segundo a qual (*secundum simplicitatem canonicam*), como diz Guido, "inter simplex verbum et iuramentum nulla est differentia"[36], isto é, não existe nenhuma diferença entre a mera palavra informal, que reflete um compromisso moral e jurídico assumido pelos contraentes, e um juramento solene.

É importante acrescentar ao leitor o seguinte: a revisão de uma teoria contratual demasiado rígida exigida pela equidade canônica e a insatisfação que ela manifesta por uma visão formalista e tipificadora. E é uma contribuição notável, ainda que não contenha o significado individualista que se lhe pretendeu atribuir no longo e tortuoso caminho rumo a uma moderna teoria do contrato.

5. Incidências canonistas: ideário teológico e conceito de pessoa jurídica

O mundo jurídico romano conheceu e aplicou vários tipos de pessoas jurídicas, mas graças à sua costumeira abordagem empírica não elaborou uma teoria a respeito. O mundo protomedieval – como salientamos na primeira parte – teve grandes dificuldades, devido à factualidade dominante, de perceber outras entidades além das presentes e tangíveis na natureza física. Essas dificuldades não desapareceram com os glosadores civilistas, gravando-lhes no inconsciente o naturalismo erosivo do primeiro período medieval. Os historiadores do direito há tempos identificaram no direito canônico clássico a reflexão inovadora[37], que chegará a perceber com extraordinária nitidez a autonomia da pessoa jurí-

---

[36] O expressivo texto de Guido de Baisio é citado em ibid., p. 75.
[37] Ver a percepção segura que tem a esse respeito O. Von Gierke, *Das Deutsche Genossenschaftsrecht*, v. III (1881), reimpressão anastática, Graz, Akademischer Druck, 1954, pp. 238 ss.; ou F. Ruffini, *La classificazione delle persone giuridiche in Sinibaldo dei Fieschi (Innocenzo IV) ed in Federico Carlo di Savigny* (ed. or. 1898), atualmente in id., *Scritti giuridici minori*, Milão, Giuffrè, 1936, v. II.

dica, a construir o próprio conceito de pessoa jurídica e a fornecer as bases para toda teorização moderna[38].

Pessoa jurídica é uma criação que não encontra paralelos na realidade sensível, e é fruto de um processo de elaboração e de abstração da ciência jurídica que cria do nada um sujeito novo ao qual imputar, por necessidade da difusão jurídica, a titularidade de direitos e de relações: uma associação formada por dez pessoas é apenas a soma de dez individualidades, de dez pessoas físicas, até o momento em que o ordenamento a transforma em entidade, criando um novo sujeito abstrato, o novo sujeito "associação", que se coloca, no nível da construção jurídica, como o décimo primeiro sujeito ao lado dos dez membros componentes. A dificuldade consiste na separação entre pessoas físicas, que formam o colegiado, e pessoa jurídica, que é constituída daquelas pessoas que consistem no imprescindível substrato humano; a dificuldade é poder-se chegar a um grau tão intenso na capacidade de abstração e de elaboração a ponto de realizar uma separação conceitual.

Muitas vezes – por exemplo, ainda nos glosadores civilistas – existe a osmose entre substrato físico e construção jurídica, e o processo de separação se mostra imperfeito. Os canonistas, ao contrário, conseguem uma separação completa por uma única razão: porque são canonistas, adeptos de uma ciência jurídica muito peculiar, com raízes profundas num complexo *húmus* teológico.

Vamos esclarecer melhor: os canonistas chegam ao resultado não obtido pelos civilistas porque têm uma flecha a mais no arco, qual seja, a familiaridade com noções tipicamente teológicas. Desde a grande reflexão de são Paulo, desde os primeiros Padres, o grande problema da teologia cristã é a construção de uma Igreja

---

[38] Esse modelo é claro na principal reflexão italiana moderna sobre a pessoa jurídica, que é a de F. Ferrara, *Teoria delle persone giuridiche*, Turim, Utet, 1915.

perfeitamente separada, conceitualmente distinta dos fiéis que a compõem, pois estes são, e não podem deixar de ser, pecadores, ao passo que a Igreja é inevitavelmente uma estrutura puríssima, imaculada do fardo dos pecados que pertencem a cada um de seus membros. A separação representa uma necessidade teológica exasperada, vital; e tem de ser bastante nítida.

É a partir dessa exigência que se estimula, a partir de são Paulo, a elaboração da teoria do *corpus mysticum*: paralelamente aos corpos físicos dos fiéis que compõem a Igreja, existe também, no plano misterioso, metafísico, o corpo da Igreja, corpo imaculado porque completamente cindido e insuscetível de influências mundanas. A teologia cristã, para suas finalidades e para seus caminhos, chegava a construir criação metafísica, com um necessário substrato físico – o conjunto dos fiéis, para cuja salvação ela nascera e subsistia –, mas que, no plano teológico, conseguia obter subjetividade e vida própria com uma divisão conceitual que não podia ser mais nítida.

É essa a flecha a mais no arco dos canonistas: a familiaridade – que o civilista não poderia ter – com esse patrimônio cultural tão peculiar. E o canonista irá utilizá-lo plenamente: movido pela necessidade de uma enorme organização feita de bispados, paróquias, abadias, congregações, fábricas, irmandades e pela exigência de separar a vida de todas essas estruturas dos sujeitos titulares *pro tempore* (bispos, párocos, abades e assim por diante). O canonista adotará os resultados da teologia cristã e utilizará, no terreno do direito, sua conquista conceitual mais visível, a doutrina do *corpus mysticum*, aplicando-a à Igreja universal e às várias estruturas componentes. Associações (ou seja, conjunto de homens) e fundações (ou seja, conjunto de bens) têm um corpo moral que idealmente se situa ao lado dos corpos físicos constituídos de pessoas e coisas. Corpo moral é terminologia posterior bastante utilizada na cultura jurídica moderna e corrente ainda hoje, e é terminologia que traz, no adjetivo "moral", o signo da antiga derivação teológica.

Esse é o caminho pelo qual, no direito canônico clássico e sobretudo na grande reflexão do canonista italiano Sinibaldo Fieschi (que se tornará Papa com o nome de Inocêncio IV), chegou-se à criação de uma *persona ficta*, de um sujeito artificial que existe apenas na construção do direito, mas que, nessa construção, tem perfeita autonomia e existência independente.

Persona ficta: nesse caso, o adjetivo tem um valor complexo e, como é próprio da palavra latina, significa, negativamente, o artifício, mas também, positivamente, a criação intelectual, o fruto da dimensão criativa de uma elaboração intelectual; um adjetivo que traz em si o elogio à capacidade dos canonistas de edificar seu mundo com figuras abstratas, mas nem por isso menos eficazes e menos incidentes na realidade[39]. Bártolo de Sassoferrato, que vive e atua no século XIV, pressupondo o refinado trabalho de investigação dos canonistas do século XIII, contemplará satisfeito a análise e os resultados construtivos alcançados e os reivindicará abertamente, para orgulho da classe dos juristas[40].

---

[39] Textos em Ruffini, op. cit., pp. 14-9.
[40] "sicut ponimus nos iuristae" (ver o texto em ibid., p. 20).

CAPÍTULO OITO

PLURALISMO JURÍDICO DA IDADE MÉDIA TARDIA: DIREITO COMUM E DIREITOS PARTICULARES

1. As diversidades na unidade

O grande momento da edificação não nega aquilo que nos pareceu indicar como uma das mensagens mais nítidas e constantes do período de fundação: o pluralismo jurídico; pelo contrário, valoriza-o.

Graças à ausência – que continua – de um sujeito político forte, a dimensão jurídica mantém intacta a sua liberdade de ação, já que seu vínculo seguro é com o social, sua característica é de expressão fiel de uma sociedade e de uma cultura, em suma, de uma civilização. E uma dialética intensa domina o universo jurídico, que é aquela entre universal e particular; e muito mais do que antes, justamente porque, se a dimensão do particular continua a se identificar com uma riquíssima manifestação (e consolidação) consuetudinária, a dimensão do universal já está ligada à ciência, a seus esquemas gerais de organização, a suas arquiteturas indiferentes a projeções territoriais limitadas ou a limitados âmbitos étnicos, de linhagem ou profissionais.

Ao menos durante todo o século XIII, período de genuinidade medieval ainda presente, permanece em toda parte essa sobreposição e essa convivência, muitas vezes harmonizando-se, muitas vezes integrando-se, por vezes chocando-se, entre direito comum e direitos particulares, entre um patrimônio jurídico de cunho predominantemente científico – por sua natureza e vocação –, universal e uma profusão de demandas consuetudinárias locais – as mais variadas, como veremos – sempre marcadas por um forte particularismo.

Não é um traço apenas do panorama jurídico italiano, mas de toda a Europa continental, com variações e diversificações conforme as diversas situações políticas, que não negam, todavia, a essência do fenômeno; nem mesmo na França, que a partir do século XIV será o laboratório típico de um Estado autêntico e no qual a monarquia – de Filipe Augusto († 1223) em diante – começa a se conscientizar de seu papel na produção do direito e, sem se empenhar ainda numa regulamentação própria e direcionada, inicia uma arguta obra de controle do fenômeno *coutumier*[1].

Como dissemos mais acima, trata-se de um particularismo com várias feições. A expressão mais difundida é a do uso com projeção territorial, que começa a ser redigido parcialmente até consolidar-se num corpo normativo, por vezes merecedor inclusive de algum respeito. Para ficar apenas na Itália, trata-se daquele fenômeno que, gerando inicialmente manifestações tímidas e bastante parciais de um amplo substrato usual (sublinhado pelos próprios títulos: *Liber iurium, Constitutum usus, Liber consuetudinum, Consuetudines*), irá desembocar num rico florescimento normativo: referimo-nos à exuberância de "Estatutos" na civilização comunal da Itália centro-setentrional.

Nessa sua expressão, o particularismo nada mais é que o localismo jurídico. Mas existe outra manifestação particularista bastante relevante, que encontra seu limite não numa fronteira

---

[1] Cf. Ourliac, "1210-1220: la naissance du droit français", cit., pp. 489 ss.

espacial, mas na qualidade dos sujeitos legitimados à fruição de determinadas regras jurídicas: é o caso do direito feudal e do direito comercial[2].

O direito feudal é aquele conjunto de costumes[3] (e mais tarde, mas secundariamente, de algumas leis imperiais, sentenças de cúrias feudais, teorizações doutrinais) que pouco a pouco se acumularam durante todo o primeiro período medieval e que disciplinam aquele universo de relações entre senhores e vassalos, entre superiores e inferiores, que é a ordem feudal: relações pessoais que consistem em homenagem e fidelidade por parte do vassalo e em proteção por parte do senhor[4]. Um universo jurídico exclusivo, que desenvolveu suas próprias regras e que tem seus próprios tribunais para aplicá-las; que, sob esse aspecto, pode ser perfeitamente qualificado como manifestação de particularismo, ainda que seja necessário acrescentar que a dimensão universal do fenômeno feudal leva os mestres do direito a inserir o tesouro consuetudinário feudal, os chamados *Libri feudorum*, no apêndice

---

[2] Em contrapartida, não se faz referência ao direito canônico, que não é de modo algum o direito particular dos padres, mas, na Idade Média, é a expressão jurídica da Igreja romana, dimensão espiritual e religiosa de toda a sociedade humana.

[3] O direito feudal tem natureza e características eminentemente consuetudinárias; o uso é sua fonte primária. Um dos mais célebres consolidadores do direito feudal, o juiz milanês Oberto dell'Orto, ao qual se deve a primeira redação – no século XII – do material consuetudinário feudal, não hesita em inverter a graduação entre *lex* do príncipe e *consuetudo*, apontada na famosa constituição de Constantino I que já mencionamos (cf. mais acima, p. 231): a autoridade das *leges* romanas não é pouca – ensina o autor –, mas não é suficiente para fazê-la prevalecer sobre os usos e costumes ("sed non vim suam extendunt ut usum vincant aut mores"). Ver o texto citado por Calasso, *Medioevo del diritto*, cit., p. 555.

[4] É o que ocorre no primeiro, e genuíno, direito feudal. Só posteriormente o dado – ocasional no início – da concessão ao *inferior* de uma terra (*beneficium*) levará a uma concretização natural da relação, e então será possível falar de uma "terra feudal", que traz em si o caráter da feudalidade e que o transmite a todos os futuros titulares, inclusive àqueles que conquistaram a terra com uma simples relação patrimonial, por exemplo, uma compra. Patrimonialização e descaracterização daquele que fora um direito de caráter muito pessoal, baseado na fidelidade.

do próprio *Corpus iuris civilis*, como matéria digna de ser estudada e comentada também pela ciência.

O direito comercial é, também ele, ao menos no início, aquele conjunto de usos que a classe dos mercadores – cada vez mais forte no âmbito econômico, social e político, cada vez mais consciente de seu papel e tendente a construir defesas jurídicas para seus interesses – elabora, para disciplinar de modo autônomo as transações comerciais: usos nascidos espontaneamente da práxis cotidiana; usos nascidos localmente na práxis de uma praça mercantil, mas que posteriormente se tornaram gerais em virtude da valorização universal do *coetus mercatorum*. Pouco a pouco, durante o segundo período medieval, criam-se continuamente novos instrumentos (títulos de crédito, sociedades comerciais, falência, contratos de seguro), simplificam-se e agilizam-se antigos instrumentos subtraídos às obstruções romanistas e ajustados às exigências do comércio (representação, cessão de crédito), superam-se antigas hesitações já injustificáveis (contrato em favor de terceiro): um conjunto orgânico de institutos toma cada vez mais forma e, ao mesmo tempo, uma complexa organização de classes e de profissões, acompanhada da instituição de foros especiais. O direito dos mercadores é sem dúvida um dos protagonistas do particularismo jurídico do final da Idade Média.

O que importa notar diante dessas manifestações particularistas é que elas não possuem pretensões totalitárias, não se colocam em antagonismo frontal com o direito comum; antes, no seu âmbito e ordem, integram-no, especificam-no, chegam até a contradizê-lo com variações particulares; não chegam (nem o pretendem fazer) a negá-lo.

Pelo contrário, elas o pressupõem, colocando-se em posição dialética – ou seja, em relação, patente ou latente – com esse imenso patrimônio que circula por toda parte e que constitui o *ius*, o *ius* por excelência. Estatutos comunais, costumes locais, primeira legislação principesca nas monarquias já fortes, direito feudal e direito mercantil se afirmam e vivem dentro do grande respiro do direito comum, só podem ser concebidos no interior do direito comum: quase como as correntes que se inserem ativamente na atmosfera geral de um ambiente, enriquecendo-o e diversificando-o, mas que continuam a viver nela e graças a ela.

Em conclusão: o particularismo da Idade Média tardia não é laceração, não é ruptura de uma grande ordem unitária. É a ordem abrangente que se torna multifacetada, que se complica em autonomias, articula-se numa pluralidade de ordenamentos conviventes: não podemos nos esquecer de que o que caracteriza um ordenamento jurídico é a autonomia, noção tipicamente relativa, que não tem nada de absolutista, que não significa independência. A ordem jurídica medieval é um mundo de autonomias, fundado e construído nessa noção fundamental e característica, em relação à qual é fácil e simples (quase óbvio) supor, num mesmo lugar e dentro de uma mesma entidade política, a concorrência de uma pluralidade de ordenamentos, cada qual com seu âmbito específico; pressupõe a convivência e o respeito por outros, não tem pretensões de expansionismos abrangentes.

As pretensões surgirão rapidamente na era de transição para o "moderno", e logo acompanharão a vida histórica do novo sujeito político forte, o Estado, num crescendo de afirmações e de realizações. A história de todo o primeiro período da Idade Moderna é marcada por um itinerário solidamente traçado, que vai do pluralismo ao monismo jurídico no âmbito de cada Estado. Muitos Estados, muitas soberanias, muitos direitos nacionais de cunho tipicamente legislativo regulados por um sólido princípio de hierarquia das fontes.

Um particularismo totalmente novo irá proliferar-se, e isso se dará como ruptura de uma unidade, de uma dimensão universal. E a Europa será um mosaico de direitos estatais territoriais, cada qual pretendendo regular de modo cada vez mais exclusivo as relações jurídicas entre os súditos.

É o longo caminho que irá desembocar no regime do pleno absolutismo jurídico e da solução mais absolutista no plano das fontes do direito privado: o Código.

2. Significado do "direito comum"

Falamos muitas vezes de direito comum, mas de maneira esparsa. Convém dar ao leitor uma imagem conclusiva sobretudo agora que o vimos, na seção anterior, em posição bastante dialética com os vários *iura propria*.

O direito comum se encarna e se identifica na *interpretatio*. Isso significa duas coisas: que tem uma dimensão substancialmente científica, é produzido pela ciência; que a ciência – enquanto *interpretatio* – não o produz sozinha a partir de sua imaginação, mas o elabora com base e sob a égide de um texto dotado de autoridade. O direito comum se compõe e se combina sempre em dois momentos inseparáveis: o momento de validade, representado pelo *Corpus iuris civilis* e pelo *Corpus iuris canonici*, e o momento de efetividade, representado pela construção doutrinal (e só secundariamente judiciária e notarial). Nossa ciência jurídica não pode ser concebida sem o texto a ser interpretado, mas o texto não pode ser considerado algo além de uma insubstituível referência formal.

Não podemos nos esquecer de que a *interpretatio* é declaração, mas é também complementação, correção, modificação do texto; que ela tem dois objetos diante de si: formalmente, o texto e substancialmente, os fatos; que ela é mediadora entre estes e aquele. Nessa função, é criadora e construtora do direito. A opinião de

Bártolo, ou seja, daquele que é considerado o mais respeitado jurista do direito comum, não tem nenhum caráter normativo; por sua vez, a *interpretatio Bartoli* tem caráter normativo como relação entre um texto dotado de autoridade e uma construção doutrinal, entre momento de validade e momento de efetividade. Todavia, sabendo perfeitamente – como nos mostra uma saborosa anedota que representa várias verdades históricas[5] – que Bártolo primeiro construía sua arquitetura jurídica sobre os fatos e depois perguntava ao amigo Tigrínio em quais textos justinianeus poderia apoiá-la.

O texto não raro parece obrigatório nos primeiros glosadores. No entanto, à medida que o tempo passa e que a ciência jurídica se torna uníssona e adquire consciência do próprio papel, das próprias responsabilidades e do próprio peso, não há dúvida sobre o distanciamento substancial do texto quando necessário. O direito comum tem bem pouco de exegese de um conjunto textual; ao contrário, é *interpretatio*.

É por isso que o mundo histórico do direito comum não é nem pode ser a continuação, no âmbito medieval, do antigo direito romano, pois seu conteúdo são os fatos da época medieval que, graças ao costume e à equidade, tornam-se também fonte formal. É por isso que "glosadores" e "comentadores" são substancialmente bem pouco glosadores e comentadores; são menos ainda romanistas, e o direito comum é bem pouco direito romano modernizado. Em suma, o direito comum é um grande fato da civilização medieval, talvez o maior; deve ser inserido e compreendido nessa civilização.

Insistir, como faz Francesco Calasso, no caráter "legislativo" do direito comum, concebê-lo como um conjunto de "leis", falar

---

[5] Citamos mais acima, p. 211.

do sistema do direito comum como "sistema legislativo"[6], parece-nos, pelos motivos que acabamos de expor, equivocado e também errôneo. É um erro de perspectiva enxergar essa enorme construção do ponto de vista de sua plataforma de mera validade, pois corre-se o risco de não chegar a compreender as verdadeiras qualidades da construção; significa deslumbrar-se com cerimoniais de reverências formais (isto é, reverências ao texto), com o risco de exilar e empobrecer todo o esforço científico numa atividade exegética reducionista. Não podemos nos esquecer da advertência áurea de Alain de Lille, segundo a qual os medievais – e, portanto, também os juristas – não podem prescindir, na sua solidão, de uma autoridade formal, mas que para eles essa autoridade tem nariz de cera, ou seja, deve ser entendida como matéria plástica e pode ser direcionada para um lado ou para outro dependendo das exigências do operador.

É singular e em certo sentido surpreendente que essa insistente repetição do adjetivo "legislativo" como adjetivo caracterizador tenha saído da pena de Calasso. Entre os glosadores do direito, foi ele quem inaugurou um estudo cientificamente sério do problema, que o compreendeu justamente "como fato espiritual"[7], que entendeu plenamente – e isso é o cúmulo – o papel da *aequitas* em sua essência. Digo o cúmulo porque justamente a *aequitas* – entendida corretamente como a entendeu o grande historiador de Lecce: estratagema para desagregar toda obstrução legalista – deveria ser-lhe repugnante, assim como é para nós a qualificação de "legislativo", que não se amolda absolutamente ao direito comum.

---

[6] E o faz plenamente já na severa recensão crítica do ensaio de E. Bussi, *Intorno al concetto di diritto comune*, Milão, Vita e Pensiero, 1935, que Calasso redige em 1936 – atualmente in *Annali di storia del diritto*, IX (1965), cit.; a citação está à p. 572.

[7] Esse é o título da reflexão mais madura de Calasso, a sua perspicaz introdução romana intitulada precisamente *Il diritto comune come fatto spirituale*, de 1948.

Como dissemos no segundo capítulo e como voltaremos a repetir daqui a pouco, trata-se certamente da incoerência de um grande homem: uma incoerência que se deve ao fato de Calasso não ter conseguido se libertar totalmente da própria consciência pós-iluminista e estatista, pensar sem prevenções e preconceitos sobre a teoria romaniana da pluralidade dos ordenamentos jurídicos que ele foi o primeiro a aplicar – como historiador do direito – e com resultados frutíferos para a ordem jurídica medieval. Em suma, Calasso não conseguiu pensar o direito sem o Estado, portanto, não conseguiu pensá-lo sem ter como fundação necessária a manifestação de vontade estatal, ou seja, a lei.

O direito comum, ao contrário, tinha por base uma lei única como legitimação última e substancial, uma lei que era – esta sim – ato de vontade suprema: ou seja, o direito divino, munido, na sociedade medieval, de uma positividade incontestável e proveniente do único soberano que a civilização jurídica medieval reconhece em sua autonomia potestativa. Somente nesse sentido poderíamos ratificar, também nós, a qualificação de "legislativo" como caracterizadora do direito comum.

3. Significado da relação entre direito comum ("ius commune") e direitos particulares ("iura propria")

Tudo o que dissemos até agora ajudará a entender a relação entre direito comum e direitos particulares num mesmo âmbito espacial, a resolver o problema da convivência entre eles e, o mais importante, a covigência. Um problema de solução bastante difícil quando o observamos sem nos despojar de nosso costumeiro hábito mental de observadores "modernos", sem realizar aquela depuração interior que invocamos para a análise do direito medieval desde os "pressupostos organizativos" deste livro.

Acreditamos que este é o melhor terreno para verificar, no plano histórico, a teoria romaniana da pluralidade dos ordenamentos jurídicos; acreditamos que a teoria romaniana é o único esquema interpretativo que permite uma compreensão eficaz. Todavia, com uma condição: que se renuncie a todo estatismo latente, que se depure o próprio sangue daquelas visíveis gotas de positivismo jurídico que ficam perenemente estagnadas, e que se perceba com pureza de olhar, em sua liberdade e autonomia, a sobreposição, num mesmo espaço, dos direitos comum, feudal, mercantil, estatutário, do *droit coutumier* e do *derecho foral*, como concorrência de múltiplos ordenamentos[8].

A pureza de olhar está toda em pensar essa concorrência e esse entrelaçamento concebendo o universo jurídico apenas em relação com a sociedade e com a civilização circunstantes, e não com as várias projeções políticas contingentes; concebendo a dimensão jurídica como detentora de seu primado e de sua autonomia, prescindindo da legitimação de um poder político, mas, antes, contendo em si mesma sua legitimação e, portanto, sua autonomia; concebendo a ordem jurídica fora da sombra do Estado, que, aliás, não existe e que não pode estender sobre o direito sua presença fortemente condicionante.

O pressuposto libertador (e o único correto) é aquele de um "direito sem Estado", de um direito que vive e atua (ou melhor, que pode viver e atuar) para além dos poderes políticos e da coação destes. E é libertador porque livra o campo histórico de ônus, livra os próprios ordenamentos de condicionamentos externos e estranhos e os surpreende na sua liberdade de ação no seio da sociedade, diante da relativa indiferença dos detentores do poder.

---

[8] Observações inteligentes em B. Clavero, *Temas de historia del derecho. Derecho común*, Sevilha, Universidad, 1977, pp. 77 ss.

Suponhamos, por exemplo, a relação – bastante controvertida na historiografia jurídica italiana – entre direito comum e regulamentação estatutária comunal na Itália centro-setentrional nos séculos XII-XIII; um exemplo que nos é próximo e familiar, e certamente um dos mais notáveis para a história do entrelaçamento *ius commune-iura propria*. É preciso estabelecer dois pressupostos esclarecedores, um referente ao chamado direito estatutário e o outro ao direito comum.

Direito estatutário é um termo conveniente, mas imperfeito: poderia efetivamente gerar no leitor a ideia de um conjunto orgânico, sustentado por um programa unitário; mas não é isso. Quando aqui se fala de direito estatutário, deve-se entender a soma das regulamentações particulares de comunas, inclusive as pequenas, consolidações quase sempre de costumes locais, bastante desvinculadas umas das outras, expressões ativas (e por isso mesmo não negligenciáveis no plano das fontes) da vida jurídica local.

Fontes não negligenciáveis, mas cuja importância não se deve enfatizar[9]. O conteúdo jurídico delas é modesto: e não porque os estatutos são portadores quase sempre de um saber jurídico vulgar e rudimentar (pois cairíamos naquilo que sempre procuramos evitar, ou seja, a viseira do cultismo), mas porque, para o legislador comunal, o direito interessa num plano primitivamente instrumental: o que lhe importa é fixar as regras que hoje chamaríamos de direito "constitucional" e "administrativo", ou seja, concernentes ao aparelho organizativo do poder, e de direito "penal", dedicando ao direito da vida cotidiana uma atenção esparsa

---

[9] Parece-nos exemplar a equilibrada avaliação sobre o fenômeno estatutário italiano como fonte de direito de U. Santarelli, "Riflessioni sulla legislazione statutaria d'Italia", in *Miscellanea storica della Valdelsa*, LXXXVII (1981). Reflexões pontuais também em V. Piergiovanni, "Statuti e riformagioni", in *Civiltà comunale: libro, scrittura, documento*, Atti del Convegno Genova, 8-11 de novembro de 1988, Gênova, Società Ligure Storia Patria, 1989.

e sem organicidade, muitas vezes ocasional[10]. E é preciso constatar a desproporção entre a atenção dedicada a pormenores de nenhum interesse para o historiador do direito (por exemplo, a falta de limpeza das vias públicas) que, por sua vez, concretizam-se em categorias prolixas de normas, e uma atenção muito relativa às estruturas negociais vitais e bastante difundidas no dia a dia.

Este discurso não deve ser interpretado como reprodução anti-histórica do desprezo e da soberba que os primeiros glosadores ostentaram em relação às novas regulamentações comunais; pretende-se constatar uma realidade nas suas proporções objetivas sem qualquer juízo de valor obscuro. E a realidade é que o legislador estatutário simplesmente realizava o seu ofício, que consistia em organizar a convivência da indócil sociedade citadina e não em elaborar um "código civil". Seu âmbito é e pretende ser delimitado no plano objetivo, assim como o é no plano territorial; pressupõe inevitavelmente a existência de outro ordenamento que, no nível da regulação jurídica, pensa em tudo e tem soluções para tudo e para todos, que é o direito comum.

O estatuto – e aqui Calasso enxergou sem dúvida corretamente – não pode ser considerado como um produto isolado e abstrato, mas em estreita dialética com a presença universal e onivalente do *ius commune*, que pressupõe essa inevitável presença, inevitável como o ar que se respirava em cada cidade e que cada cidade tinha em comum com o mundo inteiro. O estatuto é fonte valiosa e fiel de uma práxis, e é capaz – por vezes – de apontar-nos também a indiferença da ciência no que diz respeito às demandas

---

[10] Como se observou mais acima (p. 62, nota 17), com exceção do direito comercial, que, nas corporações de artesãos, exerce um papel quase "constitucional". Os estatutos dedicam notável atenção ao ordenamento judiciário e ao processo: mas isso faz parte do aparelho organizativo do poder político. Não podemos esquecer que o processo civil será inserido com Windscheid (e também com Savigny), ou seja, em pleno século XIX, no chamado "direito político".

da vida cotidiana[11], mas é fonte parcial e bastante limitada no seu campo de observação jurídico.

É uma abordagem que nos introduz lentamente a outro pressuposto esclarecedor: o direito comum é e continua a ser *o direito*, o *ius*, uma espécie de cofre bastante rico e farto, que guarda em si as soluções para cada caso, ainda que o mais remoto e intricado; soluções, mas, antes ainda, uma linguagem técnica e esquemas técnicos organizativos capazes de formalizar os fatos mais particulares e mais imersos na contingência e também aqueles mais recentes; em suma, um patrimônio de princípios, noções e expedientes universais porque fundados na razoabilidade, universais porque expressão de uma civilização jurídica experimentada pelos séculos; como tais, universalmente presentes e vigentes em todos os tempos e em todos os lugares. Os citadinos, para continuar a nossa imagem de algumas linhas acima, vivem imersos no ar da cidade, mas imersos também no ar de uma cultura jurídica "comum", à qual não era necessário abrir as portas dos muros para fazê-la entrar. Tratava-se efetivamente de um patrimônio de toda a humanidade civilizada, fundado na razão.

Podia ocorrer que o *ius proprium* complementasse com as suas especificações o *ius commune*; podia também ocorrer que produzisse variações particulares no tecido jurídico universal. Nesse caso, o direito comum – realidade extremamente elástica – contraía-se, por assim dizer, dando lugar a um direito local mais concreto e especial, ainda que destinado a mudar rapidamente conforme a mudança dos detentores do poder comunal. E o legislador comunal muitas vezes tem o cuidado de ressaltar a especialidade da sua norma, sanciona a sua aplicação e impõe aos juízes que se atenham a ela como regra prioritária.

---

[11] Ver mais adiante, no cap. IX, p. 310.

Mas não devemos falar de "hierarquia das fontes", como, no entanto, se fez. Tal noção é totalmente moderna e pressupõe a convicção de um único ordenamento válido, de um único ente produtor de direito, de uma única fonte de direito identificada na manifestação de vontade do ente e em relação a qual qualquer outra deve ser considerada como secundária e condicionada. A hierarquia das fontes pressupõe uma visão rigidamente monista da ordem jurídica, que mostra o Estado como único ente legitimado a produzir o direito, o único que pode também legitimar a sua produção no âmbito que ele predeterminar e definir. Ou seja, estamos necessariamente num horizonte que é o oposto do medieval, o oposto de uma pluralidade de ordenamentos, o oposto de uma prioridade do jurídico sobre o político.

A visão correta da complexa experiência jurídica medieval assim como se apresenta a nós em pleno século XIII, na sua completa maturidade, compõe-se, ao contrário, de múltiplos ordenamentos: múltiplos ordenamentos concorrentes que não requerem legitimação externa, mas que substancialmente se autolegitimam enquanto expressões espontâneas das mais variadas dimensões do social; dimensões que podem ser a comunidade humana universal produtora, por inspiração divina, de regras racionais interpretadas pelas *leges* e pela ciência, as comunidades territoriais particulares produtoras de normas locais, os sujeitos do universo feudal, a classe dos mercadores, um *éthnos* particular que pretende reafirmar em nível jurídico a própria originalidade, e assim por diante.

Isso tudo é direito. Não existem juridicidades de grau superior e inferior; não existe um ordenamento mais válido: o direito universal, o direito experimentado nos séculos, o direito científico, pode ceder diante da pequena manifestação local. Não é uma hierarquia das fontes, mas um jogo de relações entre ordenamentos que, convivendo e covigendo, comprimem-se na relatividade da vida jurídica.

A nosso ver – convém repetir – esse entrelaçamento complexo de relações é bem expresso e resolvido numa realidade de múltiplos ordenamentos; nem acreditamos poder concordar com quem – recentemente[12] – considerou "não de todo satisfatória" a aplicação medieval da hipótese romaniana. Não de todo satisfatória, a nosso ver, é a utilização que dela fez Calasso, porque incompleta e até deturpada. Calasso percebeu muito bem a fertilidade da intuição de Romano, mas não conseguiu utilizá-la na única visão realmente libertadora no âmbito cultural e realmente expressiva da estrutura medieval, ou seja, na visão de um direito sem Estado.

É por esse motivo que, segundo Calasso, o direito comum se apresenta como sistema legislativo e é também por esse motivo que o direito comum deve ser ancorado a uma entidade política (o Império), ainda que se trate – na Idade Média tardia – quase sempre de um símbolo e não de uma efetividade política. Na reconstrução calassiana, essa ancoragem obsessiva ao Império, o fato de se constituir a *ratio Imperii* como fundamento de legitimação do direito comum é insatisfatório porque artificial e forçado. Insatisfatório por ser duplamente forçado: pela realidade histórica e pela própria hipótese de múltiplos ordenamentos. Isso exige que se com-

---

[12] Com U. Santarelli, "Ius commune e iura propria: strumenti teorici per l'analisi di um sistema", in *Studi in memoria di Mario E. Viora*, Roma, Fondazione Mochi Onory, s.d., p. 646. Não acredito que seja útil a substituição – que Santarelli propõe – do esquema interpretativo de "ordenamento jurídico" pelo de "experiência jurídica" (e do "conjunto de experiência"). "Experiência jurídica" é um esquema interpretativo valioso ao qual não deixamos de recorrer inúmeras vezes neste volume; mas trata-se de um esquema muito amplo, de cunho claramente antropológico, que precisa de um ulterior instrumento de concretização e de especificação para se tornar disciplinador e organizador da vida jurídica. "Experiência jurídica" é a própria vida em sua dimensão jurídica, é noção sociológico-filosófica que exige um grau ulterior de especificação para poder funcionar também como instrumento técnico nas mãos do jurista. É esse o mérito do "ordenamento jurídico" romaniano. Por isso falamos mais acima de "uma" experiência jurídica para "múltiplos" ordenamentos jurídicos.

preenda o ordenamento, cada ordenamento, no social e a partir do social: é a própria sociedade que, sem filtros políticos, ao se auto-ordenar, torna-se direito, provoca o milagre do direito.

É preciso fazer uma observação antes de encerrar, observação essa que integra e que define o igualitário panorama de múltiplos ordenamentos que mais acima oferecemos ao leitor. O direito comum, no qual a universalidade nada mais é do que o reflexo da sua íntima racionalidade, tem capacidades organizacionais extraordinárias e, por conseguinte, tem força expansiva igualmente extraordinária: porque é *o* direito, e é tal porque encarna a pura racionalidade jurídica.

Portanto, o *ius commune* tem uma penetração que é abrangente inclusive nos ambientes mais fechados e hostis do *ius proprium*: pensemos em Veneza, que entende ser *in mari fundata* e por isso subtraída às influências circulantes em toda a terra firme e que, portanto, sente a necessidade de confrontar-se com o patrimônio jurídico comum; ou na França de Filipe, o Belo, já em pleno século XIV, quando o príncipe – apesar do seu projeto jurídico nacional e nacionalista – não pode deixar de prestar um sincero tributo ao direito comum, estimulando o seu estudo graças à sua dimensão equitativa e racional[13]; e pensemos também em Frederico II, o ambíguo legislador do *Liber constitutionum*, o qual, enquanto impõe o *Liber* como norma particular do Reino da Sicília, admite o direito comum como objeto principal de estudo nas reformuladas escolas jurídicas napolitanas, convocando professores de nítida formação bolonhesa[14].

E como não imaginar as multidões de estudantes que suportam longas viagens cansativas para ouvir, nos mais renomados

---

[13] V. as citações in G. Cassandro, *Lezioni di diritto comune*, v. I, Nápoles, E.S.I., 1971, respectivamente (para Veneza) p. 160 e (para a França) p. 201.

[14] M. Bellomo, *L'Europa del diritto comune*, Roma, Il cigno, 1993⁶, p. 107.

centros universitários (em primeiro lugar, certamente, Bolonha) os grandes mestres civilistas e canonistas; estudantes destinados, nas suas futuras vidas de advogados, juízes, notários, não a "filosofear" sobre o direito, mas a desempenhar profissões extremamente práticas nos seus respectivos locais de origem?

E como não imaginar a infinita literatura de pareceres jurídicos, dirigidos ao juiz ou às partes, todos destinados à solução de controvérsias particulares em âmbitos judiciários particulares, mas todos dominados por princípios e soluções do direito comum, dentro dos quais eram contempladas e inseridas as normas raramente alegadas do direito local?

O panorama dos multiplos ordenamentos igualitários atenua-se diante de um incontestável protagonismo incômodo do direito comum no palco histórico-jurídico da Europa continental.

CAPÍTULO NOVE

FIGURAS DA EXPERIÊNCIA

1. Práxis e ciência no seu papel organizativo: os direitos reais

Assim como fizemos na primeira parte, vamos nos dedicar agora às figuras da experiência, sem a pretensão de traçar um quadro abrangente do direito da vida cotidiana, mas apenas com a intenção de compreender alguns traços típicos e de obter algumas comprovações do projeto geral já delineado. Também em relação à Idade Média tardia, admitem-se como objeto de observação o campo dos direitos reais e o das estruturas negociais *inter vivos*, por serem particularmente expressivos. Só que aqui o quadro se complica: enquanto no tempo de fundação a força dinâmica é uma práxis em ação, no tempo de edificação, que é o momento sapiencial, é uma combinação entre práxis e ciência, por vezes de maneira harmônica, mas algumas raras vezes em desarmonia (e isso não deixaremos de observar).

O campo dos direitos reais é um sinal evidente da perfeita continuidade entre os dois momentos de uma experiência jurídica unitária. A grande tensão do primeiro período medieval para "realizar" as mais variadas situações de efetividade sobre um bem continua; e continua a grande relevância do uso, do usofruto, do exercício; continua a sua valorização por parte da ordem jurídica em detrimento total das titularidades formais.

Só que, enquanto a práxis protomedieval limita-se a intuir um peso jurídico e a esboçar, por conseguinte, figuras robustas, mas factuais – trata-se das situações reais, mas assim as qualificamos para sublinhar sua factualidade –, a nova ciência de glosadores e comentadores, coerentemente com o seu ofício, sente a necessidade de organizá-las em esquemas mais rigorosos, elaborados inclusive teoricamente. E aqui se tem a demonstração mais pontual da instrumentalidade do direito romano para nossos doutores. Lança-se mão do repositório romano, mas para ter – mais que os conteúdos – sua linguagem precisa e os instrumentos técnicos apropriados, e também sua sólida plataforma de validade.

Mas sobre essa plataforma, dentro dessa linguagem e desses instrumentos, os intérpretes medievais planam em alto voo.

O direito romano resolvia o mundo dos direitos reais no esquema do pertencimento: um esquema unitário, porque construído do ponto de vista do sujeito que é uma entidade não desmembrável; um esquema potestativo, pois as relações homem-bens são concebidas como poder do homem sobre os bens; um esquema absolutista, porque o vínculo com um bem é visto como expressão de liberdade do sujeito e, enquanto tal, dimensão que não sofre limitação nem condicionamento. O *dominium* romano é isso tudo, e o *Corpus iuris* fala em abundância sobre esse *dominium*, e o *dominium* será a expressão e o esquema técnico sobre o qual glosadores e comentadores irão trabalhar.

Esse trabalho consistirá na reflexão e na sistematização das situações reais em termos de *dominium*; porém, acrescentamos de imediato que o *dominum* se parece – para retomar uma imagem que usamos mais acima – com um recipiente vazio no qual colocar os novos conteúdos medievais a ponto de forçá-lo e descaracterizá-lo. E será efetivamente forçado e descaracterizado.

É óbvio que os conteúdos autenticamente romanos do *dominium* não podiam ser adequados para os *interpretes* e é óbvio que estes o tocaram profundamente com seu buril. Havia vários resgates a fazer, que pressionavam de maneira nítida e intensa a consciência dos glosadores: a centralidade da coisa e não do sujeito, a carga normativa intrínseca à coisa; a visão não individualista, que reclamava condicionamentos para vincular um bem a um indivíduo, e cuja pretensão estava inserida no respeito pela natureza cósmica e dentro da comunidade e do bem comum; a tutela da empresa econômica sobre o bem, isto é, de toda gestão e exercício efetivo sobre o bem, a custa de sacrificar o proprietário capitalista. Um emaranhado de demandas atormentadoras que não podem ser negligenciadas porque ligadas à fisionomia de uma civilização jurídica, à sua fisionomia essencial.

A resposta foi a doutrina do domínio dividido. Não mais o *dominium*, mas os *dominia*, o domínio direto e o domínio útil. Sobre uma mesma coisa eram possíveis duas situações de vínculo, aquela relacionada a uma espécie de núcleo interno, de substância recôndita (a *substantia rei*) e aquela relacionada a uma espécie de exterioridade economicamente apreciável e fruível, a utilidade (a *utilitas rei*)[1].

É claro o processo construtivo dos juristas, que não parte do sujeito, mas da coisa; e esse é o primeiro ponto digno de ser sublinhado. O discurso, não expresso, mas substancial, é o seguinte: as figuras dos direitos reais devem ser construídas a partir da coisa,

---

[1] Para saber mais sobre essa construção original de glosadores e comentadores, recomendamos a leitura de algumas de nossas páginas: Grossi, *Le situazioni reali...*, cit., pp. 144 ss. Oferecemos um esboço mais sintético in "La proprietà e le proprietà nell'officina dello storico", cit., pp. 394 ss.

e, uma vez que a coisa revela duas dimensões fundamentais, a ordem jurídica não poderá deixar de levá-las em consideração: haverá, em relação à substância, um domínio direto e, em relação à utilidade, um domínio útil.

O "romanismo" dos juristas consiste unicamente no fato de terem refletido sobre todo o problema em termos de *dominium*: a forma – o recipiente vazio – é romana, mas os conteúdos são todos medievais, tanto que manifestam aquele equívoco do ponto de vista romanístico que é a divisão e a duplicação do domínio: vários proprietários sobre a mesma coisa, ainda que em conexão com diversos aspectos da coisa, ambos autônomos; e dois domínios, que têm vida jurídica autônoma e circulação jurídica distinta.

O discurso expresso, a motivação declarada – e não aquela impressa na mentalidade e, portanto, latente – remete-se, obviamente, a textos romanos: será constatada a existência, no *Corpus iuris*, de uma *rei vindicatio utilis* e se discutirá da situação processual à substancial, da ação ao direito, chegando-se à conclusão de que a *rei vindicatio utilis* é a manifestação processual de uma situação substancial correspondente, o domínio útil; e será intepretada, forçando-a, a passagem de Paulo sobre os *agri vectigales*[2], que já conhecemos.

No entanto, o domínio útil, mais do que na *vindicatio utilis* romana ou no fragmento de Paulo, é fundado na consciência de juristas que pretendiam acatar o resultado das investigações da oficina protomedieval. O importante para eles era introduzir no nível de vínculo várias situações de efetividade sobre o bem (de enfiteutas, feudatários, foreiros, superficiários, arrendatários a longo termo) que desempenhavam um papel relevante no tecido econômico da sociedade; o importante para eles era conceder ao

---

[2] Examinamos de perto o fragmento de Paulo mais acima, à p. 213.

proprietário capitalista, ao titular cadastral dos bens, a posição estéril do domínio direto, desvitalizando-o e excluindo-o de toda eficácia econômica; o importante era visar o empreendedor, já protagonista da vida econômica e agora elevado à categoria jurídica do domínio.

O campo dos direitos reais mostra uma singular sintonia entre ciência e práxis: é da práxis anterior que a ciência recebe a indicação e constrói o seu edifício, e é o edifício científico que a práxis notarial acolhe nesse momento, reconhecendo-o como instrumento organizativo eficaz. Na primeira metade do século XIII, conforme já apontamos, Ranieri de Perúgia, notário e mestre da arte notarial, organiza os formulários dos diversos atos numa grande sistematização bipolar: os traslativos do domínio direto e os traslativos do domínio útil, adotando, portanto, a doutrina do domínio dividido, criação original dos glosadores, como esquema teórico de sustentação[3].

A doutrina, que não nascera do vazio, da imaginação dos juristas, mas que pretendera acolher as intuições da práxis secular da alta Idade Média, retornava à culta arte notarial bolonhesa como contribuição construtiva. Ciência e práxis parecem trabalhar para um mesmo fim organizativo.

2. Sobre a "realização" do contrato de locação de coisas, em particular

De toda a complexa construção que, no período do direito comum clássico, opera-se sobre os direitos reais, depois dessa opção fundamental pela pluralidade dos domínios, gostaríamos apenas de destacar aquele que nos parece o resultado extremo (e também o mais interessante do ponto de vista construtivo): a "realização"

---

[3] Sobre a utilização, por parte de Ranieri, do esquema do domínio dividido, ver o que falamos mais acima, à p. 238.

do contrato de locação de coisas. Resultado extremo, pois, se havia uma concessão fundiária concebida e estabelecida como traslativa da simples detenção, concebida e estabelecida como instrumento não condicionante pelo concedente, era justamente a *locatio-conductio rei* romana; e fora precisamente isso, como já observamos na primeira parte[4], um dos motivos que provocaram a "volatização" dessa estrutura contratual durante todo o primeiro período medieval.

Na Idade Média sapiencial, reconquistada boa parte das terras ao cultivo, num clima socialmente mais organizado, a locação pode renascer; e efetivamente renasce. Mas na mentalidade dos glosadores, que ainda é dominada pelo princípio da efetividade e que ainda sente a influência, no nível intuitivo, do enorme peso incisivo da duração de uma relação, surgem grandes problemas quando se tem de avaliar um contrato de locação que se prolonga no tempo. E é fruto muito peculiar da análise doutrinal aquela divisão – que, a partir da segunda metade do século XII, se tornará indiscutível e tradicional – entre locação a curto prazo e a longo prazo[5].

Enquanto não se hesita em disciplinar a primeira de acordo com as regras do direito romano, isso se torna dificultoso para a segunda. Como podem – esses doutores habituados a superestimar o fator duração e a admitir sua força incisiva – reconhecer que a longa permanência de um indivíduo no gozo do bem não tem nenhuma consequência e que esse indivíduo é apenas um simples detentor? Incide sobre eles a plurissecular práxis erosiva da oficina da alta Idade Média, que viu na duração um fato profundamente modificador, porque é precisamente a duração que transforma a situação de fato em situação efetiva e lhe garante um

---

[4] Cf. p. 131.
[5] Sobre a construção da locação a longo prazo como contrato traslativo do domínio útil, cf. as considerações que desenvolvemos in *Le situazioni reali...*, cit., pp. 215 ss.

lugar no campo do "real". As situações reais do primeiro período medieval veem efetivamente intensificada a sua qualidade jurídica por serem todas *ad longum tempus*, graças ao *longum tempus*. Surge, portanto, a necessidade de diferenciar dentro do mesmo contrato de locação, e diferenciar com base num elemento que pode parecer absolutamente extrínseco à nossa sensibilidade atual. Surge aquele instituto totalmente medieval que é a *locatio ad longum tempus*: uma locação e não um contrato de melhoria, isto é, cessão de uma quantidade de gozo atual contra o pagamento de uma quantidade proporcional de aluguel em dinheiro ou em espécie, mas com a seguinte particularidade: trata-se de um contrato com eficácia real, é traslativo ao locatário, por toda a longa duração do contrato, de um domínio útil. Temos, portanto, o resultado macroscópico de um locatário *dominus*, quer seja *dominus utilis* ou *ad tempus*, isto é, até o término do prazo contratual.

Uma pergunta se faz necessária: sob quais fundamentos? Aqueles substanciais, bastante recônditos na mentalidade dos glosadores, já os colocamos em evidência. O momento de efetividade do novo instituto situa-se ali. Mas e o momento de validade? Onde se situa o momento de validade, que é inelimininável para o glosador? É algo que pode ser intuído: situa-se dentro daquele acúmulo sem fim de princípios, máximas, regras, noções, que é o *Corpus* justinianeu, onde se encontrará também uma "autoridade" cujo nariz se pode torcer (oh, o bom Alain de Lille!) e ajustar às necessidades medievais.

Sendo assim, a operação – desta vez – consiste num ousado transplante do terreno das servidões prediais àquele – tecnicamente distante – da locação. Leva-se em consideração que, no direito romano, as servidões prediais, para serem reconhecidas como *iura in re aliena*, não devem corresponder a exigências efêmeras dos prédios rústicos e urbanos, mas devem satisfazer a uma necessidade permanente, duradoura. Como diz o jurisconsulto Paulo num conhecido fragmento do Digesto[6], devem ter uma "causa perpétua", ou seja, uma continuidade de exercício efetivo.

É fácil para os glosadores verem na duração, na continuidade do exercício do locatário a longo prazo, uma "causa perpétua" e identificar nele uma situação real não diferente daquela de um titular de servidão predial. Sem dúvida, trata-se de uma transposição indevida e de um romanismo forçado e grosseiro. Mas já não nos surpreendemos mais: entre o glosador e um exegeta há uma grande diferença. O essencial para ele não é a fidelidade ao texto, mas a fidelidade à sua missão de edificador de uma ordem jurídica adequada ao seu presente.

3. Práxis e ciência no seu papel organizativo: sobre algumas estruturas negociais entre vivos

No que diz respeito ao vasto campo dos negócios *inter vivos*, também nos limitaremos a indicar alguns traços gerais, valiosas para concluir, integrar e verificar o plano contido no volume. E isso não apenas porque é o que se espera de um livro voltado a delinear os traços de uma mentalidade jurídica, mas também por dois bons motivos específicos: porque o campo das relações obrigacionais e das fontes dessas relações espera ainda ser analisado em profundidade e, por conseguinte, espera ser completamente historicizado; porque – de resto – é um campo extremamente complexo e intricado, sobre o qual seria despropositado mas também muito difícil fazer aqui uma análise minuciosa, complicado – além disso – pela circunstância de ser o principal campo de manifestação e de expressão da ação humana assim como se manifesta entre vários indivíduos.

---

[6] D. 8, 2, 27: "omnes autem servitutes praediorum perpetuas causas habere debent".

A obrigação é uma relação intersubjetiva, é o momento de atrito entre duas ou mais entidades subjetivas que, inevitalmente, impregnam a própria relação daqueles valores morais e econômicos de que são portadoras; o acordo entre dois ou mais sujeitos (por ora, vamos usar intencionalmente uma noção totalmente genérica), isto é, a fonte predominante de relações obrigacionais; é efetivamente, do ponto de vista antropológico, o confronto – encontro ou embate – entre esses valores. Por trás do *vinculum iuris* e de suas fontes, existe a pressão de forças morais e econômicas. Isso faz com que a Igreja, não indevidamente, pretenda ocupar-se a respeito; e, de modo igualmente não indevido, também se ocupam a respeito as cada vez maiores e relevantes organizações profissionais de operadores econômicos. O terreno dos acordos humanos e de suas respectivas relações torna-se também necessariamente uma porção do direito canônico e do direito mercantil, e ambos não são recipientes inertes e passivos, mas portadores de demandas e, portanto, modificadores poderosos segundo as diretrizes dos respectivos universos jurídicos (constatamos um exemplo disso mais acima, a propósito da relevância dos chamados "pactos nus" no âmbito da ordem jurídica da Igreja).

Estabelecido este pressuposto útil para delinear preliminarmente um horizonte muito mais movimentado e complexo do que o dos direitos reais (sobre os quais, por exemplo, a Igreja adequara-se de maneira bastante passiva), convém insistir sobre o ponto – que acabamos de mencionar – da insuficiente historicização desse imponente material jurídico, que valerá como introdução viva da problemática.

Reafirmamos que estamos diante de um terreno ainda não satisfatoriamente investigado; e a confirmação disso nos é dada justamente pelos dois mais notáveis estudiosos italianos contemporâneos da matéria; estudiosos – aliás – inesquecíveis pela qualidade das suas contribuições para a história do direito medieval: trata-se de Guido Astuti[7] e de Francesco Calasso[8]. Ambos dedicaram abundantes esforços ao estudo dos casos históricos dos negócios *inter vivos*, mas, a nosso ver, ambos, de algum modo, erraram o alvo. Astuti, profundo conhecedor (e, sobretudo, pesquisador) do direito romano e também do direito intermediário, deixou-se impressionar demasiadamente pela mensagem daquelas fontes romanas que são – conforme sabemos – o momento de validade de glosadores e comentadores; e entendeu ser a voz destes uma repetição veemente daquela mensagem (mensagem de tipicidade negocial), detendo-se nos resultados formais e impedindo a possibilidade de identificar o esforço de se desvencilhar de certos pesos bastante onerosos e vinculativos da herança romana (precisamente, uma rigorosa peculiaridade), que é o traço historicamente mais vivo da tão pouco exegética *interpretatio* dos nossos doutores[9]. Calasso, como já mostramos ao falarmos da sua análise da *convenientia* protomedieval, deixou-se – ao contrário – desviar por sua ideia principal – a relevância do consentimento, da vontade dos sujeitos e a sua força criadora –, entendendo toda a Idade

---

[7] A grande reformulação de Astuti sobre os contratos obrigacionais detém-se no período anterior a Irnério; as ideias de Astuti sobre o desenvolvimento posterior são sobretudo expressas no amplo "verbete" enciclopédico *Contratto-diritto intermedio* (ed. or. 1961), atualmente in id. *Tradizione romanistica e civiltà giuridica europea*, Nápoles, E.S.I., 1984, III, e na breve síntese *I principi fondamentali dei contratti nella storia del diritto italiano* (ed. or. 1957), atualmente ibid., v. II. De Astuti, como reiteração de seu estudo, recomendamos também o "verbete" *Cessione* (ed. or. 1959), atualmente ibid., v. III.

[8] No "curso" romano sobre *Il negozio giuridico*, que é o último grande trabalho do Mestre (a. 1959).

[9] Astuti demonstra certa indiferença quando reduz a proliferação de distinções e exceções na doutrina do direito comum do século XV a simples "degeneração da jurisprudência escolástica", vislumbrando nela "uma divisão e subdivisão tão artificial quanto inútil" (*Contrato-diritto intermedio*, cit., p. 1.932): afirmações não sustentadas por uma tentativa adequada de compreensão histórico-jurídica.

Média – inclusive o primeiro período medieval – como o terreno ideal para o cultivo de uma semente que terá um grande desenvolvimento nos séculos do individualismo moderno. Desse modo, Calasso configurara uma ordem jurídica medieval extraordinariamente antecipadora de eventos futuros e intensificara a ligação de continuidade entre aquela a estes.

A nosso ver, a verdade não está absolutamente a meio caminho entre o "romanismo" de Astuti e o "antecipacionismo" de Calasso; é apenas mais complexa. Tentaremos aqui oferecer um esboço essencial, advertindo o leitor, com sincera humildade, que – no aguardo de pesquisas aprofundadas e satisfatórias – estamos conscientes principalmente do caráter provisório do próprio esboço[10].

A tendência da alta Idade Média, acima mencionada[11], em relação à atipicidade – uma atipicidade que não é respeito e tutela à liberdade contratual, mas aderência a uma massa consuetudinária extremamente plástica –, continua também na Idade Média sapiencial; mas continua inevitavelmente com dificuldades muito maiores. Se no primeiro período medieval o principal órgão produtor é o notário, e o modelo de validade está muito diluído na essência dos fatos, na Idade Média tardia a fonte principal é a ciência e o modelo de validade inscrito na compilação justiniana é forte.

E com essas ulteriores complicações: que, se fora simples seccionar o *dominium*, muito mais complicado deveria ser um esboço de modelos típicos (os "contratos") em relação aos quais os meros acordos (os "pactos") se colocavam como irrelevantes; que, se o *dominium* único romano era uma construção jurídica negada pela

---

[10] Ainda que dedicadas ao direito comum tardio, são todavia esclarecedoras, pela compreensão de todo o complexo desenvolvimento, as pesquisas iniciadas por I. Birocchi, *Saggi sulla formazione storica della categoria generale del contratto*, Cagliari, CUEC, 1988, e "Notazioni sul contratto", in *Quaderni fiorentini per la storia del pensiero giuridico moderno*, 19 (1990).

[11] Cf. mais acima, à p. 128.

práxis e também pela mentalidade dos próprios juristas medievais, muitos contratos do sistema romano coincidiam com os pontos de vista dos *interpretes*. Trata-se de um emaranhado de motivos, que devemos procurar ordenar de maneira resumida.

E comecemos com uma constatação: se o campo dos direitos reais nos mostra uma consonância bastante harmônica entre práxis e ciência com a rápida criação doutrinal do domínio dividido, fruto de atenção à práxis circulante e valioso esquema organizativo para a práxis futura, o campo das relações obrigacionais nos mostra dificuldades e discrepâncias, e uma harmonia que é conquistada tardiamente com dificuldade.

O panorama torna-se diversificado: a Igreja, por conta própria, começa rapidamente a dar relevância aos pactos nus em nome daquela "simplicidade canônica" baseada na consideração dos contraentes como possíveis pecadores e na exigência de eliminar a dimensão pecaminosa do ato; a práxis mercantil[12], prontamente observada, na Itália, por uma legislação estatutária citadina, que expressa cada vez mais a classe mercantil, visa a instrumentos simples e funcionais[13]. E a ciência? Limitou-se, como

---

[12] Um exemplo nítido dessa tendência da práxis mercantil pode ser oferecido por uma análise dos vários títulos de crédito, que vão se aperfeiçoando cada vez mais nas eficazes criações dos vários costumes locais; mas isso extrapolaria os limites impostos a uma observação geral. Satisfazemo-nos com um único exemplo, que mostra como a práxis, nesse campo, corre mais rápido que a ciência. Trata-se da letra de câmbio, que a práxis cunha como contrato formal baseado nos direitos e nas obrigações das partes com plena abstração do negócio que, todavia, dava-lhe causa, sem se importar com a evidente indiferença dos juristas e com o objetivo de obter um instrumento ágil e constante ao frenético tráfico cambiário.

[13] Antigos e instrutivos estudos da mais retrospectiva historiografia jurídica italiana há tempos apontaram e documentaram o seguinte: do nosso primeiro grande "tratado", o de A. Pertile, *Storia del diritto italiano dalla caduta dell'Impero romano alla codificazione*, v. IV, "Storia del diritto privato", Turim, Utet, 1893², pp. 681 ss., às conclusões sintetizadoras de F. Schupfer, *Il diritto delle obbligazioni in Italia nell'età del risorgimento*, v. I, Turim, Bocca, 1921, pp. 67 ss., ao "curso" de E. Besta, *Le obbligazioni nella storia del diritto italiano*, Pádua, Cedam, 1937, passim, às pesquisas es-

pretendia Astuti, a repetir com pouquíssimas variações as certezas romanas?

Vejamos, no entanto, em que consistiam essas certezas, que o *Corpus* justinianeu conservava substancialmente inalteradas. Para a compreensão do leitor, achamos por bem reduzi-las a estas poucas, porém fundamentais: o controle severo, por parte do Estado, da autonomia dos particulares e a negação da força criativa à livre vontade das partes; ou a vontade se inseria nos tipos preestabelecidos pelo ordenamento estatal, tipos preexistentes à formação contingente da vontade, os chamados *contractus*, e tinha total relevância e tutela, ou restava desvinculada deles, e era o reino dos *pacta nuda* sem qualquer eficácia obrigacional[14]; uma concepção personalíssima – diríamos quase sanguínea[15] – da autonomia privada, com base na qual o sujeito podia pensar validamente e prover unicamente aos próprios interesses específicos, com a consequência de excluir a possibilidade do contrato em favor de terceiro, de tornar extremamente dificultoso o princípio de uma representação direta[16] ou de uma cessão da relação obrigacional.

Essa construção sólida e também rígida possuía aspectos que poderiam se mostrar adequados ou difíceis aos *interpretes*: para sua mentalidade não individualista, era apropriada a ideia de que

---

pecíficas de A. Lattes, *Il diritto commerciale nella legislazione statutaria delle città italiane*, Milão, Hoepli, 1884, e *Il diritto consuetudinario delle città lombarde*, Milão, Hoepli, 1899. Mas ver atualmente a síntese pontual de V. Piergiovanni, "Diritto commerciale nel diritto medievale e moderno", in *Digesto IV edizione*, Turim, Utet, 1989.

[14] Que produzem uma obrigação natural no direito justiniano, onde – aliás – permanece a contraposição entre *contractus* e *pactum*.

[15] E. Betti, *Istituzioni di diritto romano*, v. I, Pádua, Cedam, 1947, p. 222, discorre, com linguagem apologética, sobre um "viril sentimento pelo interesse e pela responsabilidade pessoal". Preferimos sublinhar a ideia, que se evidencia, de um envolvimento pessoal quase físico, precisamente sanguíneo.

[16] Ibid., pp. 219 ss.

os contratos fossem algo dado, uma realidade objetiva que as partes usavam sem nenhum poder de criação nos seus negócios cotidianos; era difícil, ao contrário, a ideia de esquemas rígidos, formais, que a vida medieval necessitava superar variando e inovando segundo os estímulos propulsores dos costumes locais e gerais.

Desse comportamento psicológico complexo decorre a arquitetura contratual da doutrina do direito comum: que – formalmente – é "justiniana", formalmente respeitosa, como diz Astuti, das conclusões apontadas no *Corpus iuris*: até então, com os comentadores do século XIV, o princípio fundamental parece ser a contraposição romana entre *contractus* e *pacta*. Mas assim que o olhar se faz mais atento às análises complexas e prolixas dos intérpretes – aparentemente, complicações e fraquezas escolásticas inúteis e artificiais –, percebemos que o juramento de fidelidade à contraposição romana é apenas o momento de validade a ser afirmado *in limine* e anteposto à análise, para depois tentar, dentro ou ao redor, fazer de tudo para superá-lo: o recipiente vazio da nossa velha imagem, a ser modificado até se chegar a forçá-lo; ou, se preferirmos, o plástico nariz de cera de que fala Alain de Lille, a ser girado – movido por instâncias racionais – na direção que se desejar.

As direções são diversas, mas duas parecem ser as mais difusamente percorridas desde as reflexões dos glosadores maduros, num crescendo que alcança as construções corajosas e desenfreadas dos orleaneneses e dos comentadores italianos dos séculos XIV-XV.

Um dos caminhos é conceber toda a realidade das convenções humanas como o terreno que tem como figura unificadora o *pactum*, o acordo genérico, subdividindo-o em duas grandes categorias, a dos *pacta nuda* e a dos *pacta vestita*, cujo caráter discriminante destes últimos é o *vestimentum*, a veste, sendo que por veste entende-se sobretudo a causa, ou seja, a função social que a ordem jurídica reconhece a certas estruturas negociais[17].

Não podemos nos eximir de uma observação preliminar: segundo essa visão, em que toda realidade convencional é pensada como *pactum*, é o *pactum*, ou seja, cada *pactum*, que termina por ser valorizado e recebe uma avaliação mais positiva, apesar da imediata distinção "romanista" entre pactos nus e vestidos. Em segundo lugar, deve-se sublinhar o processo de desgaste a que é submetida a distinção teoricamente estabelecida com tanta clareza e jamais negada, um desgaste que faz uso de dois instrumentos corrosivos: o agigantamento das exceções (as chamadas *fallentiae*) ao princípio da irrelevância do pacto nu[18]; a multiplicação dos *vestimenta*, das vestes, das causas, utilizando com versatilidade o meio lógico da analogia com as causas típicas[19] e chegando a vestes francamente reconhecidas pela má (ou boa?) consciência dos intérpretes como anômalas e irregulares[20]. Se há uma observação a fazer, ela se refere à dificuldade no que diz respeito à capacidade do *consensus* de funcionar como *vestimentum* adequado, e não se deixa de sublinhá-la: "tenuis vestis est consensus, quae non detur nisi certis contractibus enumeratis"[21], ou seja, o consenso, a vontade das partes isoladamente considerada, é circunstância socialmente tão tênue a ponto de poder tor-

---

[17] Astuti, *Contratto-diritto intermedio*, cit., p. 1.929.
[18] E. Bussi, *La formazione dei dogmi di diritto privato nel diritto comune (diritti reali e di obbligazione)*, Pádua, Cedam, 1937, pp. 234-5.
[19] H. Dilcher, "Der Typenzwang im mittelalterlichen Vertragsrecht", in *Zeitschrift der Savigny-Stiftung für Rechtsgeschichte. Romanistiche Abteilung*, 77 (1960), sobretudo pp. 277 ss., e, com consciência mais lúcida do processo em ação, R. Volante, *Alteri stipulari. Evoluzione delle forme di riconoscibilità contrattuale ed enucleazione di uno schema negociale a favore di terzo nelle dottrine dei glossatori*, Florença, Centro Duplicazione Offset, 1993, pp. 34 ss.
[20] Astuti, *Contrato-diritto intermedio*, cit., p. 1.931.
[21] Ibid., p. 1.930.

nar-se causa apenas dentro das estruturas típicas indicadas no *Corpus* justinianeu.

Um segundo caminho é aquele que nos introduz indiretamente à alusão que acabamos de fazer às vestes anômalas e irregulares, e é a identificação (e distinção), que o olhar penetrante dos intérpretes chega a perceber na própria estrutura de um *contractus*, entre a *substantia* e a *natura*[22]. O significado dessa distinção, que reina soberana na ciência do direito comum, da metade do século XII até suas últimas consequências na Idade Moderna, está bem contido num texto de Baldo que expressa fielmente o sentido de toda uma operação científica:

> est autem substantia id quo primum res aliquid est. Natura, qua primum res talis est [...] Substantia ponit rem in quidditate, natura ponit eam in qualitate et differentia[23].

Vamos nos apressar em traduzir, um pouco livremente, para melhor compreensão: a substância é a essência primeira pela qual uma coisa é aquela coisa; a natureza é a virtude inerente graças à qual uma coisa se manifesta como tal. A substância diz respeito à quididade, à essência; a natureza diz respeito às qualidades que diferenciam uma coisa da outra. Explicitemos melhor: *substantia* e *natura* referem-se, ambas, à estrutura; pertencem à ontologia deste ou daquele instituto jurídico, mas repousam em diversos níveis de profundidade estrutural; a primeira incide na *quidditas*, a segunda na *qualitas*; a primeira se identifica com o núcleo insuprimível sem o qual o instituto não existe, a segunda, com aqueles traços qualitativos que permitem a existência do instituto com algumas características e não com outras.

---

[22] Para maiores esclarecimentos e aprofundamentos, cf. Grossi, "Sulla 'natura' del contratto", *Quaderni fiorentini per la storia del pensiero giuridico moderno*, 15 (1986).
[23] Baldo Ubaldi Perusini *In VII. VIII. IX. X et XI. Codicis libros commentaria*, cit., ad. l. *Etiam, de executione rei iudicatae* [C. 7, 53, 5], n. 3.

Como nos indica com toda evidência aquele termo extremamente filosófico que é a *quidditas*[24], conscientemente usado pelo jurista-filósofo Baldo, a distinção é técnica – ou melhor, tornou-se também técnica –, mas é tomada inteiramente de um universo cultural teológico-filosófico e reproduz a dialética entre essência e existência, entre uma dimensão interna do instituto, imune ao devir histórico e rígida como a ossatura de um organismo, e uma dimensão igualmente interna, mas sensível ao devir e que garante historicidade ao instituto.

Diferentemente da substância, a natureza é uma característica inerente a este ou àquele contrato, mas é uma característica plástica, não rígida, que encontra na observância da comunidade dos usuários, na permanência ou na variação da vida social, as razões de seu contínuo ajustamento e elasticização; uma regra, uma regra normalmente observada. E a ideia de comparação que surge é a do costume; regra natural, espontânea, extremamente plástica, "altera natura", segunda natureza, como os jurisconsultos gostam de repetir[25].

Voltemos à nossa exposição: a distinção substância/natureza de um contrato não é o cimo inútil de uma fina torre ornamental imaginária, mas tende ao concreto, quer ser operacional. Visa efetivamente ao resultado palpável de um pleno resgate da estrutura contratual ao jogo das forças históricas: a "natureza", à qual se referem os juristas, não é efetivamente aquela natureza rígida e imóvel de um mineral; ao contrário, é justamente uma elasticização que se pretende alcançar. O contrato, vivendo no social, poderá ter sua natureza variada conforme a variação do tecido socio-

---

[24] O termo *quidditas*, quididade, como sinônimo de essência, começa a ser usado nas traduções latinas de obras árabes. A partir do século XIII, entra no léxico comum da Escolástica.
[25] Grossi, "Sulla 'natura' del contratto", cit., p. 611.

econômico; paralelamente ao arquétipo imutável, podem gerar-se muitas modificações da regra geralmente e comumente observada, muitas estruturas *irregulares* – extremamente flexíveis – que trazem consigo as demandas da mudança social e econômica.

Vamos dar apenas um exemplo, no qual os intérpretes trabalham profundamente e que servirá muito bem para a nova circulação e para as novas transações mercantis: o depósito irregular, uma estrutura anômala que vê modificada a natureza do tipo contratual "depósito" (depósito, "regular", de coisa, sem transferência de propriedade para o depositário, com a obrigação deste último de restituir a mesma coisa depositada) graças ao seu objeto que consiste numa coisa fungível, quase sempre uma soma em dinheiro, com transferência de propriedade para o depositário e obrigação de restituir o *tantundem*[26].

São caminhos diversos, os da multiplicação dos *vestimenta* e da distinção substância/natureza, mas que visavam a um mesmo fim e levavam a um mesmo resultado: avançar no caminho do resgate da validade de estruturas pactuais atípicas cada vez mais numerosas. O caminho é difícil, cheio de empecilhos que bem conhecemos, com uma tensão à efetividade que se deslinda lenta e arduamente dos obstáculos da validade. Mas o resultado é alcançado, e responde-se aos reclamos da vida com sensibilidade.

Uma última observação sobre esse ponto vital da disciplina jurídica da vida cotidiana: a dilatação das figuras jurídicas, a legitimação também formal de *nova negotia*, ocorre no plano do reconhecimento de uma realidade objetiva em transformação, de causas e de funções que um formalismo "romanista" arriscava a confinar no exílio da irrelevância ou no limbo da não acionabilidade.

---

[26] Cf. as observações extremamente pontuais de U. Santarelli, *La categoria dei contratti irregolari. Lezioni di storia del diritto*, Turim, Giappichelli, 1990.

Ao mesmo tempo, não se pode negar que, na longa estrada que a *interpretatio* percorre, aquela circunstância "tênue" que é o consentimento também adquire mais força e se encaminha para novas consciências e sensibilidades; o direito canônico, com aquela sua preocupação com as reais intenções dos contraentes, mesmo do ponto de vista da boa-fé recíproca e do respeito à palavra dada, certamente dava uma contribuição – involuntária – para uma valorização do consentimento das partes. Essa valorização pode ser constatada, por exemplo, em Baldo degli Ubaldi, cujas reflexões constituem a base predominante da reconstrução de Calasso. Mas Baldo é uma figura complexa: é também um grande canonista, autor de um dos mais famosos comentários às Decretais de Gregório IX; e é um homem entre duas épocas, situado temporalmente no final do século XIV. E por ser um homem entre duas épocas, pode dar-nos valiosos panoramas retrospectivos de um caminho já percorrido (é o significado do texto sobre a dialética *substantia/natura*), mas pode dar-nos também o sentido de um caminho a percorrer (como no caso das reflexões sublinhadas por Calasso). Mas é preciso ter a seguinte clareza: o consensualismo é ainda um pano de fundo distante e será preciso uma grande revolução antropológica – a revolução humanista – para encontrar o terreno apropriado e fixar raízes; será o terreno de uma nova experiência jurídica distinta da anterior, graças a uma nova visão das relações entre o indivíduo e o cosmo e do papel daquele no interior deste.

Poderíamos considerar nosso itinerário cumprido, mas acreditamos ser oportuno completar esse panorama sumário acerca das estruturas negociais entre vivos com alguns esclarecimentos voltados ao campo específico da superação da relação obrigacional como relação personalíssima (mais acima, dissemos, inclusive, sanguínea). É o campo de institutos vitais à circulação econômico-jurídica como a representação e o contrato em favor de terceiro. Trata-se de institutos que a reflexão civilista distinguiu tecnicamente há tempos[27], mas que podemos contemplar de maneira unitária, seja porque o aspecto que aqui interessa está associado à superação que acabamos de indicar, seja porque, numa visão unificadora, foram percebidos pela práxis e pela ciência do primeiro período sapiencial como modos tendentes a alcançar um único e grande resultado.

O tema comum é efetivamente aquele da intervenção de um sujeito para a realização de negócios jurídicos válidos para outros: é uma exigência da nova circulação econômica, que nasce nos fatos e dos fatos, que chama a atenção do precoce legislador estatutário, do notário perspicaz, do doutor sensível. Os vestígios dessa manifestação são visíveis nas próprias fontes doutrinárias: o glosador Bulgarus, já na primeira metade do século XII, registra a frequência na prática cotidiana de atos em favor de terceiros, que se situam fora da regra romana e que, justamente por serem frequêntes, busca-se resgatá-los[28]; mais de cem anos depois, um prático de grande envergadura, o príncipe dos notários de Bolonha, numa vertente diversa, mas sempre na ótica da superação do hiperpersonalismo romano, irá observar que as promessas do fato de um terceiro são um hábito diário: "ut tota die accidit"[29].

---

[27] Cf. P. Cappellini, "Rappresentanza in generale-diritto intermedio", in *Enciclopedia del diritto*, XXXVIII, Milão, Giuffrè, 1987, p. 445, onde se indicam especificamente o processo e o momento em que a doutrina do direito comum chega à percepção da distinção teórica e técnica. No plano civilista, basta remeter às claras explicações de F. Messineo, "Contratto nei rapporti col terzo", in *Enciclopedia del diritto*, X, Milão, Giuffrè, 1962, p. 207.

[28] Volante, op. cit., p. 55.

[29] Rolandino Passaggeri, "Tractatus notularum", em apêndice à *Summa totius artis notariae*, t. II, Veneza, 1574, f. 495 v.

Se os estatutos, apesar das incertezas, estão prontos a receber a mensagem[30], se a "simplicidade canônica" não tiver dificuldade alguma em absorver a superação e consolidá-la em regra, de modo a acolhê-la justamente como *regula* no *Liber sextus* de Bonifácio[31], maiores dificuldades terá – como de costume – a ciência do direito civil em razão das suas bases formais romanistas. O caminho é o mesmo de sempre: não uma negação do princípio, mas sua erosão indireta.

Para a representação, o instrumento é a multiplicação das derrogações específicas[32], até chegar-se a moldar uma limitação de caráter geral ao princípio negativo sancionado com claras anotações no *Corpus iuris*[33].

Para o contrato em favor de terceiro, em particular, o principal caminho foi a *interpretatio* livre dos textos romanos; e se o texto presumia a falta de interesse do estipulante nessa estrutura contratual, a Glosa acrescentava: caso haja interesse, essa estipulação deve ser considerada válida[34]. Uma glosa aparentemente inócua e integrativa, mas que servia para romper o exclusivismo romano. E conseguia: por meio dessa brecha chegar-se-á rapidamente – de maneira plena com os comentadores – a inverter a presunção e a presumir, em geral, o interesse do estipulante[35].

---

[30] Ver a exemplificação oferecida por Schupfer, *Il diritto delle obbligazioni*, cit., pp. 69 ss. e 75 ss.

[31] Trata-se precisamente das *regulae* LXVIII ("Potest quis per alium, quod potest facere per se ipsum") e LXXII ("Qui facit per alium, est perinde ac si faciat per se ipsum"), que se mostram nitidamente esculpidas no repertório de regras intitulado, imitando o Digesto, *De regulis iuris* e inserido como apêndice final do *Liber Sextus*.

[32] Basta citar um texto famoso de Acúrsio, em que eram enumeradas cerca de dezesseis delas (cf. Cappellini, op. cit., p. 444).

[33] Essa transição é bem compreendida por Cappellini, op. cit., p. 445.

[34] Cf. Glosa, ad. l. *Stipulatio ista §. Alteri stipulati, de verborum obligationibus* [D. 45, 1, 38, 17], glo. Nihil interest mea. Com riqueza de referências. Volante, op. cit., pp. 56 ss.

[35] Schupfer, op. cit., p. 73.

ÍNDICE ONOMÁSTICO*

Abelardo, P., 184 e n.
Acúrsio, 196 e n, 246n, 311n.
Adalberon de Laon, 107, 108n.
Agostinho (santo), 94 e n, 97, 101 e n, 103n, 115, 141n, 142, 241.
Alain de Lille, 199n, 200 e n, 280, 297, 304.
Alberico de Rosciate, 176 e n, 204 e n.
Alberto Magno, 175 e n, 244n.
Alexandre III (papa), 254 e n, 260, 263-4.
Afonso III (rei de Portugal), 164.
Afonso X (rei de Castela), 164.
Alger de Liège, 148n.
Almeida Costa, M. J. de, 164n.
Ambrósio (santo), 182 e n.
Anselmo d'Aosta, 103n.
Antoni, C., 51n.
Antonio de Budrio, 256n.
Arcari, P. M., 69n.
Ardens, R., 180 e n.
Aristóteles, 99 e n, 169.

Ascoli, M., 202 e n.
Astuti, G., 129n, 300 e n, 301-4, 305n.
Aubert, J. M., 173n.
Azo, 177n, 189, 190n, 231 e n, 232n, 234 e n.
Baker, J. H., 265n.
Baldo degli Ubaldi, 181, 182 e n, 187, 229 e n, 233n, 268, 306 e n, 307, 309.
Bandinelli, R. ver Alexandre III.
Barbazza, A., 256n.
Bártolo de Sassoferrato, 177, 204 e n, 212, 214, 228n, 230n, 272, 279.
Beaumanoir, P. de, 60n.
Bellini, P., 60n.
Bellomo, M., 66n, 68n, 166n, 239n, 288n.
Bento XV (papa), 138.
Bernardo de Chartres, 199n.
Bernardo Silvestre, 103n.

---

* Este índice registra os nomes citados diretamente, não os mencionados de forma ocasional e indireta (p. ex., os organizadores de obras coletâneas, de reimpressões, de novas edições, os editores de fontes, os tradutores e os destinatários de estudos em honra e em memória).

Besta, E., 220n, 245n, 302n.
Betti, E., 202 e n, 303n.
Birocchi, I., 301n.
Biscardi, A., 127n.
Bloch, M., 6n, 92n, 123n.
Bobbio, N., 108n.
Bodei, R., 100n.
Bodin, J., 59n.
Bognetti, G., 68n, 109n.
Bonifácio VIII (papa), 256, 311.
Boulet-Sautel, M., 216n, 224n.
Brugi, B., 12n, 197n, 202n, 215n, 240n.
Brunner, O., 44n.
Bulgarus, 223, 310.
Bussi, E., 280n, 305n.

Caenegem, R. van, 265n, 266n.
Calasso, F., 36, 41, 42 e n, 43 e n, 44, 53, 60n, 67n, 73n, 130n, 136n, 162n, 166n, 177n, 178 e n, 216n, 218, 220n, 244n, 275n, 279, 280 e n, 281, 284, 287, 300-1, 309.
Calcídio, 103n.
Cammarata, A. E., 70n.
Cantarella, G. M., 153n.
Capitani, O., 44n, 145n, 181n.
Capograssi, G., 28n, 40 e n, 43.
Cappellini, P., 102n, 310n, 311n.
Caprioli, S., 209n.
Cassandro, G., 288n.
Cassiodoro, 103.
Cavanna, A., 92n, 89n, 90n.
César, Gaio Júlio, 19.
Cesarini Sforza, W., 24n, 40, 41n, 71n.
Chabod, F., 52n.
Chenu, M. D., 99n, 103n, 183n, 184n, 185n, 212n.
Cícero, 115, 169.
Cino de Pistoia, 177, 224, 229 e n.

Cipriano (Pseudo-), 116n.
Cipriano (são), 116n.
Clavero, B., 165n, 282n.
Clemente V (papa), 256.
Coing, H. 163n.
Cortese, E., 36n, 176n, 178n, 186n, 193n, 195n, 203n, 208n, 210n, 211n, 214n, 216n, 218n, 221n, 234n, 236n, 239n, 244n, 245n.
Costa, P., 59n, 117n, 161n, 162n, 163n, 177n, 203n.
Constantino I (imperador), 231, 233, 275n.
Cotta, S., 98n.
Crescenzi, V., 203n.

D'Avack, P.A., 143n.
Deciani, T., 211n.
De Francisci, P., 133n.
Delogu, P., 92n.
De Luca, L., 266n.
Dilcher, G., 109n.
Dilcher, H., 305n.
Dionísio Areopagita, 99n.
Diurni, G., 196n.
Duby, G., 100n.
Durante, G., 240 e n.

Eckhardt, W.A., 114n.
Egídio de Corbeil, 199n.
Engelmann, W., 215n.
Escoto Erígena, J. 103n
Espinosa Gomes da Silva, N., 164n.
Étienne de Tournai, 185.

Febvre, L., 6n.
Fedele, P., 143n., 261n, 262n, 267n.
Frederico I, Barbarruiva (imperador), 162, 187n, 225n.
Frederico II (imperador), 53n, 165-6, 288.

ÍNDICE ONOMÁSTICO · 315

Feenstra, R., 197n.
Ferrara, F., 270n.
Ferrara, R., 240n.
Fieschi, S., *ver* Inocêncio IV.
Filipe Augusto (rei da França), 164n, 274.
Filipe IV, o Belo (rei da França) 164, 288.
Fitting, H., 217n, 219n, 222n.
Flach, J., 123n, 129n.
Flumene, F., 229n, 230n.
Fournier, P., 145n, 251n.
Frezza, P., 82n.
Fried, J., 157n, 195n.
Friedberg, E., 250n, 259n, 260n.
Frosini, V., 202n.
Fulgosio, R., 215n.

Gagnér, S., 178n.
Gambiglioni, A., 220.
Gandino, A., 240.
Ganshof, F., 35n, 69n, 114n.
Garancini, G., 218n, 226n.
Garin, E., 185n.
Gaudemet, J., 128n, 259n.
Gazzaniga, J. L., 129n, 164n.
Gentili, A., 211n.
Gibert, R., 133n.
Gide, A., 15 e n.
Gierke, O. von, 269n.
Giordanengo, G., 164n.
Giovanni Bassiano, 235.
Giovanni d'Anagni, 256n.
Giovanni d'Andrea, 256n.
Giuliani, A., 186n.
Gouron, A., 120n, 164n, 232n, 233n.
Grabmann, M., 180n.
Grand, R., 133n, 134n.
Graciano, 171 e n, 184, 250 e n, 251-4, 255 e n, 257-8.
Gregório I, Magno (papa), 146.

Gregório VII (papa), 145, 153.
Gregório IX (papa), 255, 309.
Gregory, T., 97n, 99n.
Grossi, P., 6n, 25n, 37n, 83n, 84n, 92n, 111n, 115n, 116n, 118n, 120n, 121n, 127n, 132n, 293n, 306n, 307n.
Guarino, A., 20n.
Guilherme d'Auvergne, 103n.
Guido de Baisio, 268, 269n.
Gurevič, A. Ja., 92n.
Gurvitch, G., 28n.

Hincmaro, 116n.
Honório II (papa), 183, 259.
Honório III (papa), 187n, 260, 262.
Honório de Autun, 183.
Hugo de São Vítor, 94, 95n, 103n, 180 e n.

I Deug Su, 59n.
Iglesia Ferreirós, A., 112n, 196n, 197n.
Inocêncio I (papa), 146.
Inocêncio III (papa), 260, 263.
Inocêncio IV (papa), 272.
Irnério, 177, 195, 196, 220, 223, 231, 232 e n, 234n, 236, 237 e n, 239, 245.
Isidoro (santo), 113n, 116 e n, 161 e n, 169, 170 e n, 171..

Jacques de Révigny, 211, 230n, 231n, 234n, 245n.
Jeauneau, E., 199n.
João de Salisbury, 161 e n, 171 e n, 199n, 219n.
João VIII (papa), 146.
João XXII (papa), 256.
João Paulo II (papa), 138.
Jouvenel, B. de, 59n.

Juliano (jurisconsulto romano), 231.
Justiniano I (imperador), 189, 194, 209, 234.

Kantorowicz, E. H., 167n.
Kantorowicz, H. U., 212, e n, 222n, 235n, 240n.
Kaufmann, E., 114n, 115n, 117n.
Kehr, P. F., 19n.
Kern, F., 92n.
Köbler, G., 110n.
Krings, H., 100n.
Kroeschell, K., 110n.
Kuttner, S., 145n, 146n.

Lachance, L., 105n.
Lagarde, G. de, 100n.
Landau, P., 144n, 145n, 250n, 251n, 265n.
Lange, H., 216n.
Lattes, A., 303n.
Le Bras, G., 143n, 187n, 253n, 256n.
Lefebvre, C., 203n, 208n, 211n, 216n, 253n, 258n.
Legendre, P., 234n.
Leicht, P. S., 82n, 133n.
Lemarignier, J. F., 120n.
Leão Magno (papa), 146, 149n.
Levy, E., 65n, 131n.
Lévy-Bruhl, L., 84n.
Lombardi, L., 215n.
Lottin, O., 169n, 173n.
Luca da Penne, 220.
Luís, o Piedoso (imperador), 114n.

Maccagnolo, E., 103n.
Martinus (glosador), 220, 223, 224.
Matteucci, N., 40n.
Mayali, L., 163n, 229n.
Mazzarese Fardella, E., 166n.
Meijers, E. M., 216n, 224n, 233n.

Michaud-Quantin, P., 100n, 102n, 103n.
Miglio, G., 60n, 178n.
Mitteis, H., 51n, 104n.
Mochi Onory, S., 120n.
Mor, C. G., 51n.

Nardi, B., 97n.
Nehlsen, H., 110n.
Nicolaj, G., 75n, 130n.
Nicolini, U., 178n, 226n.
Nicolau I (papa), 146.
Nörr, K. W., 104n, 265n.

Oberto dell'Orto, 275n.
Occam, G., 173, 242.
Odofredo, 246n.
Olivecrona, K., 138n.
Olivero, G., 263n.
Olivier Martin, F., 164n.
Opocher, E., 31n.
Orestano, R., 29n.
Orlandelli, G., 237n, 238n.
Ornaghi, L., 102n.
Otte, G., 197n.
Ourliac, P., 129n, 130n, 164n, 274n.

Padoa Schioppa, A., 246n.
Panormitano, 256n.
Paulo (jurisconsulto romano), 213-4, 294 e n, 298.
Paulo (são), 99n, 149n, 270-1.
Papias, 128n.
Paradisi, B., 42n, 72n, 110n, 193n, 197n, 212n, 216n, 236n.
Passaggeri, *ver* Rolandino.
Pene Vidari, G., 226n.
Pertile, A., 302n.
Peterson, C., 170n.
Petit, C., 112n.
Piacentino, 209, 232 e n.

ÍNDICE ONOMÁSTICO · **317**

Piano Mortari, V., 211n.
Piergiovanni, V., 283n, 303n.
Pieri, S., 19n.
Pietro d'Ancarano, 256n.
Pierre de Belleperche, 211.
Pierre de Blois, 199n.
Pedro Lombardo, 184.
Pedro (são), 153.
Pílio de Medicina, 240n.
Post, G., 60n.
Poumarède, J., 120n.
Preti, G., 185n.
Pugliese, G., 65n.

Raimundo de Penyafort, 255.
Ranieri de Perúgia, 238 e n, 295 e n.
Riccobono, S., 12n.
Rigaudière, A., 164n.
Roffredo Beneventano, 239, 240
Rogério, 209n, 222 e n, 235 e n.
Rolandino Passaggeri, 240 e n, 310n.
Romano, S., 24n, 38 e n, 39, 40, 41 e n, 43, 58 e n, 287.
Rossi, G., 215n.
Rotari, 56, 68, 110n.
Roussier, J., 268n.
Ruffini, F., 269n, 272n.

Salomão (abade de S. Gallo), 128n.
Sandeo, F., 256n.
Santarelli, U., 238n, 287n, 308n.
Savigny, F. K. von, 12n, 81n, 212, 284n.
Sbriccoli, M., 203n.
Schmitt, C., 44n, 59n, 178n.
Schupfer, F., 82n, 302n, 311n.
Sedúlio Escoto, 101n.
Sestan, E., 51n, 55 e n, 56 e n, 57n.
Sicardo de Cremona, 253
Socini, M. (o Velho), 256n.
Solmi, A., 239n.

Spies, F., 268n.
Steenberghen, F. van, 97n, 99n.
Stutz, U., 252n.

Tabacco, G., 104n.
Tedeschi, N. de, *ver* Panormitano.
Teodorico (rei dos ostrogodos), 56.
Teodorico (rei dos francos), 113n.
Tertuliano, 137 e n, 138, 142n, 146n.
Tigrínio, 212, 279.
Tocqueville, A. de, 15.
Tomas y Valiente, F., 165n.
Tomás (são), 58 e n, 94, 96 e n, 97n, 98, 99n, 100n, 101 e n, 102n, 105n, 116n, 161 e n, 171, 172 e n, 173 e n, 174 e n, 175, 185, 241-4.
Tronchet, F.-D., 134n.

Vallejo, J., 162n, 167n, 203n, 216n, 245n, 246n.
Villey, M., 104n.
Violante, C., 157n.
Vismara, G., 72n, 75n, 128n, 136n.
Volante, R., 305n, 310n, 311n.
Volpe, G., 157, 182n.

Yves de Chartres, 144 e n, 145 e n, 146 e n, 147 e n, 148 e n, 149n, 150 e n, 151, 152, 184 e n, 249-50, 257-8.

Waelkens, L., 230n, 231n, 234n.
Weber, M., 178n.
Wehrle, 146n.
Weigand, R., 176n.
Wernz, F. X., 253n.
Wieacker, F., 65n.
Windscheid, B., 284n.
Wohlhaupter, E., 258n, 266n.

Zabarella, F., 256n.